陈平原著作系列

封面书名题字：陈平原

陈平原 著

现代中国的述学文体

北京大学出版社
PEKING UNIVERSITY PRESS

图书在版编目（CIP）数据

现代中国的述学文体/陈平原著. —北京：北京大学出版社，2020.8
（陈平原著作系列）
ISBN 978-7-301-31366-4

Ⅰ.①现… Ⅱ.①陈… Ⅲ.①学术思想–思想史–研究–中国–现代 Ⅳ.① B260.5

中国版本图书馆CIP数据核字（2020）第103393号

书　　　名	现代中国的述学文体 XIANDAI ZHONGGUO DE SHUXUE WENTI
著作责任者	陈平原　著
责任编辑	张文礼
标准书号	ISBN 978-7-301-31366-4
出版发行	北京大学出版社
地　　　址	北京市海淀区成府路205号　100871
网　　　址	http://www.pup.cn　　新浪微博：@北京大学出版社
电子信箱	pkuwsz@126.com
电　　　话	邮购部 010-62752015　发行部 010-62750672　编辑部 010-62767315
印　刷　者	北京中科印刷有限公司
经　销　者	新华书店
	650毫米×980毫米　16开本　25.25印张　306千字 2020年8月第1版　2020年8月第1次印刷
定　　　价	88.00元

未经许可，不得以任何方式复制或抄袭本书之部分或全部内容。
版权所有，侵权必究
举报电话：010-62752024　电子信箱：fd@pup.pku.edu.cn
图书如有印装质量问题，请与出版部联系，电话：010-62756370

目　次

前　言 …………………………………………………………… 1

第一章　现代中国的述学文体
　　　　——以"引经据典"为中心 ………………………… 13
　　一　作为述学文体表征的"引语" …………………………… 13
　　二　明引与暗引 ……………………………………………… 17
　　三　正引与反引 ……………………………………………… 24
　　四　全引与略引 ……………………………………………… 29

第二章　有声的中国
　　　　——演说与近现代中国文章变革 …………………… 35
　　一　演说之于"开启民智" ………………………………… 38
　　二　演说的诸面相 …………………………………………… 49
　　三　演说与学堂之关系 ……………………………………… 57
　　四　"学艺"还是"事业" ………………………………… 65
　　五　文章体式的革新 ………………………………………… 76
　　六　以"演说"为"著述" ………………………………… 85

第三章　学术讲演与白话文学
　　　　——1922年的"风景" …………………………… 95
　　一　四座城市与四位学者（上）…………………………… 98

1

二　四座城市与四位学者（下）……………………105
三　讲演者的风采……………………………………111
四　"白话"如何"文学"……………………………122
五　以"讲演"为"文章"……………………………136

第四章　何为"大学"以及如何"大学"
　　　　——蔡元培的学术立场及文体意识……………144
一　大学史及"蔡元培神话"………………………145
二　"博大"而非"精深"的教育家…………………151
三　"大学"面面观…………………………………160
四　作为演说家的蔡元培……………………………173
五　"演说"是如何成为"文章"的…………………178
六　大学是做出来的，也是讲出来的………………185

第五章　兼及"著作"与"文章"
　　　　——关于章太炎的《国故论衡》…………………189
一　学术史家的自我定位……………………………190
二　"精心结构"的"著作"…………………………194
三　在"管籥"与"堂奥"之间………………………199
四　"文实闳雅"的著述……………………………203

第六章　"元气淋漓"与"绝大文字"
　　　　——梁启超及"史界革命"的另一面……………209
一　"史界革命"与"文界革命"……………………210
二　政论文章与历史著述……………………………216
三　"极宜着意修饰"的"论学文字"………………226
四　史家的"文人习气"………………………………232

第七章　分裂的趣味与抵抗的立场
　　——鲁迅的述学文体及其接受··········242
　　一　文体家的别择··········242
　　二　论著、杂文与演讲··········250
　　三　古书与口语的纠葛··········258
　　四　直译的主张与以文言述学··········263
　　五　文体的"抵抗"··········274

第八章　"精心结构"与"明白清楚"
　　——胡适述学文体研究··········282
　　一　"论学"与"述学"··········284
　　二　述学文体之选择··········293
　　三　文章结构与名学根基··········304
　　四　演讲兴趣与文章功底··········313

附录一　关于现代中国的"述学文体"··········322
附录二　如何"述学",什么"文体"··········334
引用及参考书目··········346
人名索引··········358
书名、篇名索引··········369
后　记··········394

前　言

一

与唐宋诗文或上古史研究不同,"现代中国研究"往往与当下的思想文化潮流乃至政治局势相互激荡,好处是问题意识突出,缺陷则是容易陷入古今循环论证。当初选择这个题目,确实别有幽怀,日后在推进过程中,腾挪趋避,更是得失寸心知。如今到了收官阶段,正准备撰写序言,收拾无比杂乱的书房时,竟然发现好几篇早年文章手稿,其中有两则让我感慨万端。

初刊《东方》创刊号(1993年10月)、后收入《当代中国人文观察》(北京:人民文学出版社,2004年;增订本,北京:北京大学出版社,2010年)的《当代中国人文学者的命运及其选择》,其中这段话,已经过去四分之一世纪了,至今重读,仍让我热血沸腾:

> 我曾经试图用最简洁的语言描述这一学术思路:在政治与学术之间,注重学术;在官学与私学之间,张扬私学;在俗文化与雅文化之间,坚持雅文化。三句大白话中,隐含着

一代读书人艰辛的选择。三者之间互有联系，但并非逻辑推演；很大程度仍是对于当代中国文化挑战的一种"回应"——一种无可奈何但仍不乏进取之心的"回应"。

只有明白上世纪90年代初中国社会及学界的状态，才能体会其中的憋屈与悲壮。不知道为何这份手稿居然能存留下来，当初文章完稿后，一般都是直接送编辑部或印刷厂，极少有重抄或复印留底的。

更不可思议的是《章太炎与中国私学传统》，此文初刊《学人》第二辑（南京：江苏文艺出版社，1992年7月），后收入王晓明主编《批评空间的开创：二十世纪中国文学研究》（上海：东方出版中心，1998年）等，是我比较得意的长文之一。文章写在广播电视出版社每页500格的大稿纸上，总共59页，书写潇洒，偶有涂抹，几乎可做纪念品收藏。更重要的是，此文最后两段，既是史学论断，也隐含着我当年的心境：

> 章太炎对中国私学传统的推崇，在学术精神上是力主自由探索"互标新义"，反对朝廷的定于一尊与学子的曲学干禄；而在具体操作层面，则是借书院、学会等民间教育机制，来传国故继绝学，进而弘扬中国文化。
>
> 民间讲学涉及经济、政治等一系列问题，并非一句"学术自由"就能解决。章太炎一生坚持私人讲学，多次拒绝进入大学当教授，有其明确的学术追求。至于章氏私人讲学所

面临的困境、所取得的实绩,以及借此建立学派设想之实现等相关问题,只能留待专文论述;这里只是突出章太炎对中国私学传统的体认与继承。

手稿及刊本所署写作时间,都是1991年1月15日;可我清楚记得,此文应写在《在政治与学术之间——论胡适的学术取向》(撰于1991年6月19日,刊《学人》第一辑,南京:江苏文艺出版社,1991年11月)之后。翻查日记,终于发现"立字为据"也不一定可靠——此文1991年11月开笔,完稿于1992年1月15日。当初大概是忙晕了,题写时间时,忘记已经"天增岁月人增寿"。

1991年对我来说是个十分关键的年份。元旦那天,写下《〈千古文人侠客梦〉后记》,为完成一部突发奇想的小书而得意扬扬;半年后撰写"校毕补记",则感叹喜爱剑侠的父亲去世,"再度灯下涂鸦,不禁悲从中来"。接到父亲病危的电话,我正在香港中文大学访学,急忙赶回潮州。病床前,母亲称已无力回天,父亲弥留之际,多说好听的,让他宽心上路。日后多次回想当时的情景,埋怨自己不该絮絮叨叨,但又真的不知道该做什么好。

父亲的英年早逝,对我是个巨大打击,但也促使我迅速成熟。这个世界上,最关心、也最牵挂我的人走了,以后一切都只能自己做主。因机缘凑合,在日本"国际友谊学术基金会"(筹)及江苏文艺出版社的支持下,我与王守常、汪晖合作主编的《学人》在这一年11月问世。事后想来,以当时的舆论环境,《学人》能够破土而出,实在是个奇迹。起码开创了民间办刊的新路径,也算是实践了章太炎的私学理念——起码我自己是这么想的。

我在《学人》第一辑上,除了《学术史研究随想》,还有一篇专业论文《在政治与学术之间——论胡适的学术取向》。单看题目,不难明白当初我的困惑与抉择。可我更怀念的是同年4月撰写,因各种缘故压了两年才刊出的《学者的人间情怀》(《读书》1993年5期),此文当初引起不小的争议,日后收入《另一种散文》(上海:上海教育出版社,1998年)、全日制普通高级中学《语文读本》第五册(北京:人民教育出版社,1999年)、《北大百年散文精选》(北京:中央编译出版社,2002年)、《中国当代作家面面观》(上海:华东师范大学出版社,2002年)、《白话的中国》(北京:商务印书馆,2003年)等。这回翻箱倒柜,特别希望能找到此文稿,可惜没能如愿。

对于我来说,1991年是重要的转捩点,如此巨变,既是人生体验,也是学问境界。当年发表大小十二文,谈武侠的属于前一年的积累,说学术史的,方才是刚刚开启的新天地,而《在政治与学术之间——论胡适的学术取向》《在专家与通人之间——论胡适的学术取向》《章太炎与中国私学传统》三文,日后收入《中国现代学术之建立——以章太炎、胡适之为中心》(北京:北京大学出版社,1998年)。因这三篇论文(加上那则《学者的人间情怀》)与我日后的人生选择及学术道路密切相关,我对自家的学术史"三部曲"十分在意。

二

在撰于1991年6月的《学术史研究随想》(《学人》第一辑,南京:江苏文艺出版社,1991年11月)中,我曾这么谈论学术史研究:

> 在我看来,这既是一项研究计划,更是一种自我训练。在探讨前辈学人的学术足迹及功过得失时,其实也是在选择某种学术传统和学术规范,并确定自己的学术路向。能不能写出像样的学术史著作,这无关紧要,关键是在这一研究过程中,亲手"触摸"到那个被称为"学术传统"的东西。……也就是说,在学术流派的形成、概念术语的衍变、学科的崛起、方法的更新以及名著的产生等之外,还必须考察作为治学主体的学者之人格。"独立之精神,自由之思想"固然值得大力褒扬,可由于特殊思想背景造成的学者落寞的神色、徘徊的身影以及一代学术的困惑与失落,同样也很值得研究。这种研究,不乏思想史意义。

话虽这么说,作为职业读书人,自我训练之外,还是希望能写出稍微像样点的学术史著作。二十多年来,从最开始的"学人精神"(《中国现代学术之建立》,北京:北京大学出版社,1998年;2005年;2010年),到"学科体制"(《作为学科的文学史》,北京:北京大学出版社,2011年;增订版,2016年),再到眼下的"述学文体"(《现代中国的述学文体》),终于完成自成一格的现代中国学术史"三部曲"。只是如此环环相扣,并非一开始就成竹在胸,而是在漫长的探索过程中逐渐调整而成的。

在上世纪90年代初讨论晚清及五四两代读书人如何在求是与致用、官学与私学、学术与政治、专家与通人的夹缝中挣扎与前行,当然是有感而发。不过,《中国现代学术之建立》更有价值的是以章、胡为中心说开去,讨论经学子学方法之争、晚清志士的游侠心态、现代中国的"魏晋风度"与"六朝散文",以及现代中国学者的自我陈述等。而其中谈论胡适的文学史研究,促使我从个人著述转向学科体制,于是有了《作为学科的文学史》。

2016年增订版《作为学科的文学史》,加了个副题"文学教育的方法、途径及境界",主旨更为显豁。全书共十二章,大致分为三块,分别讨论学科建立与学术思潮、学人及其著述、若干专业领域的成绩与拓展的可能性。第一章至第四章从课程、教师、教材、课堂入手,讨论百年来中国大学里以文学史为中心展开的文学教育,分析其利弊得失。第五章至第八章谈论具体的文学史家。第九章至第十二章牵涉小说史、散文史、戏剧史和现代文学四个专业领域,属于典型的学术史思考。其中《"文学"如何"教育"——关于"文学课堂"的追怀、重构与阐释》一章,自认为颇多新意:从"声音"角度探索文学教育的方法与途径,与《现代中国的述学文体》中关于演说与近现代中国文章变革的思考思路相通。

十几年前,我曾为北大中文系研究生开设"现代中国学术"专题课,开场白整理成《"学术文"的研习与追摹》,初刊《云梦学刊》2007年第1期，后收入北京大学出版社2010年版《当代中国人文观察》。那门课共挑了十五个研究对象，每人选三文，既是历史文献，也是学术文章，要求学生阅读时兼及"学问"和"文章"两个不同的维度，且特别提醒：

> 学问千差万别，文章更无一定之规。"学术文"的标准，到底该如何确立？唐人刘知几讲，治史学的，应具备三本领：才、学、识。清人章学诚又添加了一项"史德"。史才、史学、史识、史德，四者该如何搭配，历来各家说法不一。我想补充两点：第一，选题及研究中"压在纸背的心情"；第二，写作时贯穿全篇的文气。

此处提及的"学术文"，用的是老北大的课程名称，转化成我的研究课题，便是"述学文体"。

三

谈论现代中国的"述学文体"，与传统中国的文体学、目录学以及西方的修辞学等有关系，但又不全然相同。我最关心的，其实是在中外新旧文化激烈碰撞的时代，中国学者如何建立"表达"的立场、方式与边界。

《现代中国的述学文体》共八章，个案部分，除了已完成的五章，原本还选了陈垣、陈寅恪、冯友兰、钱穆、朱自清、顾颉刚、俞平伯、郑振铎、李泽厚、余英时等十位，都是述学方面的高手，值得再三推敲；可说着说着，越来越往修辞学方向走，这可不是我的愿望。于是当机立断，就此打住，因为，单就"述学文体"这个话题而言，前五个案例已经足够精彩，再多说就是具体的技术分析了。五个案例中，谈论章太炎那一章最薄弱，因最初是为整理本《国故论衡》做导读，笔墨不免拘谨。好在关于章太炎的思想、学问及文章，此前我在《中国现代学术之建立》中多有涉及，读者也可参考《触摸历史与进入五四》（北京：北京大学出版社，2005年；2010年；2018年）的第四章《学问该如何表述——以〈章太炎的白话文〉为中心》。

借如何"引经据典"来讨论晚清以降述学文体的变革，是个有趣的入口。原本设想的章节还有《教科书、专著与札记——著作成何体统》《杂志、学报与副刊——学问怎样发表》《标点、段落与文气——文章如何呈现》，为此我还做了许多理论及资料准备，最终没能完成，固然很可惜，但以目前中国学界的状态，能将此类题目经营得风生水起的大有人在。

相对来说，我更看好从演说角度切入，讨论近现代中国文章的变革。此举可以上挂下联，纵横驰骋，自认为颇具创见。这里牵涉声音与文字、文言与白话、大学与社会、论著与杂文等，可以说牵一发而动全身。实际上，本书好多个案都涉及此话题，只是立场及趣味不同而已。

需要多说几句的，是关于著作的想象。清儒章学诚《文史通义》以及今人余嘉锡《古书通例》都曾讲到著述体例，但不及以下三位痛切精辟。王国维刊于1914年的《二牖轩随录》中有一则"古今最大著述"：

> 余尝数古今最大著述，不过五六种。汉则司马迁之《史记》，许慎之《说文解字》，六朝则郦道元之《水经注》，唐则杜佑之《通典》，宋则沈括之《梦溪笔谈》，皆一空倚傍，自创新体。后人著书，不过赓续之，摹拟之，注释之，改正之而已。

吴汝纶在《天演论序》中提到，古今之文大体可以分为"集录之书"和"自著之言"："集录者篇各为义，不相统贯，原于《诗》、《书》者也；自著者建立一干，枝叶扶疏，原于《易》、《春秋》者也"，汉代多自著之书，唐宋以后则多集录之文，"独近世所传西人书，率皆一干而众枝"，这点很令人羡慕。胡适也曾列举自古以来若干"成体系"的著作，如《文心雕龙》《史通》《通典》《文史通义》《国故论衡》等，给予特殊表彰，称之为学术著述的极则。这里的"最大著述""自著之言"以及"成体系"，与传统中国的四部分类没关系，乃中国学者面对西潮冲击的自我反省与价值重估。

晚清以降，在中国学界，这种"一干而众枝"的著述形式逐渐兴起，而传统的"文集之文"相对衰落。这牵涉近代中国的知识转型，以及新的表达方式的确立。但著作的定义并非一成不变，完全可以百舸争流。针对世人抱憾陈寅恪没能撰写"中国通史"，我曾撰《学者的幽怀与著述的体例——关于〈陈寅恪集·书信集〉》(初刊《读书》2002年第1期,收入《当年游侠人——现代中国的文人与学者》,北京:三联书店,2006年),对此略有辨析:

> 陈先生无疑是很讲"通识"的史家,无论讲课或者著述,其眼光从不为一时一地一民族一文化所限。可假如从著述体例考虑,撰写"通史"又恰好不是其着意经营的目标。还不是晚年双目失明或精力不济,而是其研究及著述深受欧洲汉学以及传统中国学术的影响,以专深的论文,而不以系统的著作为主要工作方式。

身处大变革时代,学者到底该如何思考、表述与立说,前辈们做了许多艰辛而有效的探索,初步勾勒了若干可行的通路,让后来者有所依傍。但所有探索,即便十分成功的,也都只是范例,而不是定律。

四

当初《中国现代学术之建立》出版,学界反响极佳,背后有一代人的心路历程,这点以后很难复制。虽然此书获教育部颁发的第三届中国高校人文社会科学研究优秀成果一等奖(2003年),算是人文学著作所能得到的最高褒奖,《作为学科的文学史》也不逊色,先后获北京市第十二届哲学社会科学优秀成果奖二等奖

（2012年）、教育部颁发的第六届高等学校科学研究优秀成果奖论文二等奖（书中一章，2013年），以及中国现代文学研究会颁发的第四届王瑶学术奖著作奖（2016年）等，但我自己知道，后者虽学术上更为娴熟，也更多创获，仍只能在专业圈子里博得掌声，很难为知识界（更不要说公众）所激赏。

如今谈论"述学文体"，这个话题更专深，要想引起公众的兴趣，几乎是不可能的事情。至于学界，那就很难说了。2006年4月29日至5月1日在香港城市大学举办"现代性与20世纪中国美术转型"国际学术研讨会，作为特邀的门外汉，我做了《关于现代中国的"述学文体"》的专题发言（录音整理稿初刊宋晓霞主编《"自觉"与中国的现代性》，香港：牛津大学出版社，2006年；见本书"附录一"），居然大获好评。我称现代性是一种思想体系，一种思维方式，一种生活方式，同时，也是一种表述方式。而我理解的"表述"，包括日常生活中的表述，文学家的表述，还有学者的表述——后者最容易被忽视，在我看来却最值得关注。这里所说的基本定型且意蕴宏深的述学文体，包括学科边界的确立、教科书的编纂、论文与专著的分野、标点符号的意义、演说与文章之关系，还有如何引经据典等。

照道理说，既然不乏知音，那就该搁置其他杂务，取狂飙突进姿态才是。可实际上，本书总共八章，七章撰写于2006年年底前（各文撰写及发表状态参见本书"后记"）。为什么？除了精力分散（我2006年后出版的著作有《作为学科的文学史——文学教育的方法、途径与境界》《左图右史与西学东渐——晚清画报研究》《"新文化"的崛起与流播》《作为一种思想操练的五四》，以及"大学五书"等），还有就是悬的过高，而又力所不逮。论题再三推敲，资料也积累了不少，甚至还在北大研究生课堂上讲过，但不敢贸然下笔。过于矜持的结果，就是眼看许多后起之秀翩然起舞，异彩纷呈，很多重要话题已经不需要我努力发掘了。这才想起胡适为何被人嘲笑"半部书"先生，就因当初没能一鼓作气，故再而衰，三而竭。

另外，还有一个缘故，就因"有声的中国"那一章颇多心得，越写越高兴，其学术延长线上，浮现出"声音"的生产、传播与复原，而不再是"述学文体"了。深恐尾大不掉，冲淡了本书主旨，于是壮士断腕，只保留以"讲演"为"文章"者。

二十多年前，初闯此领域，那时意气风发，以为路子走对了，持之以恒，总能做出大成绩。可如今奉献给读者的，也就只有这区区三书。好在我的学术史研究，是与文学史、教育史研究结伴而行；三者成果无法叠加，但相互映照，多少也是一种精神支撑。

2017 年 7 月 14 日初稿
2019 年 9 月 20 日改定于京西圆明园花园

第一章　现代中国的述学文体
——以"引经据典"为中心

一　作为述学文体表征的"引语"

晚清以降，著作体例与述学文体的巨大变更，使得现代中国的人文学者步履艰难。从当初的"拿来主义"，到今日的"与世界接轨"，在20世纪中国学界，占主导地位的声音是以"科学"取代"夸饰"。著述的不严谨乃至抄袭成风，确实是中国学界的痼疾，可这并不能掩盖问题的另一面，即人文学本身带有很强的"修辞"意味。谈论人文研究的修辞学[①]，不妨先从述学文体说起，因这既牵涉到学术训练、表述能力，更根源于文化心态。不管是赓续传统，还是译述西学，如何弥合自家文体与论述对象之间的巨大缝隙，都是一个必须直面的难题。为了集中笔墨，这里只涉及作为现代中国述学文体之表征的"引语"。

---

① 尼尔逊、梅基尔、麦克洛斯基等人在《学问寻绎的措辞学》中强调："由数学推证到文学批评，学者都是措文弄辞地写作"；其中，"寻绎的措辞学对人文科学（有关人类的系统研究）尤有价值"。参见香港岭南学院翻译系编译《社会科学的措辞》1—20页，香港：牛津大学出版社，1997年。

现代中国的述学文体

  阅读20世纪前后中国的学术著作，最为直接的感受，很可能是引语的内容变了，姿态变了，功能也变了。古今中外，凡有著述，在自我表述之外，大都还需要引入他人言语——或引录先贤判断，或摘抄相关史料。这似乎只是一种简单的写作技巧，任何一个提笔为文者，不经意间，就能安排妥帖。可仔细分析，你会发现，论者对于他人言语如何引录、怎样衔接、能否驾驭，其实关系重大。就以现代中国学术史上建立典范的开风气之作《中国哲学史大纲》为例，蔡元培（1868—1940）归纳其特点为证明的方法、扼要的手段、平等的眼光、系统的研究四点，而且明确指出该书能有如此成绩，得益于"依傍西洋人的哲学史"①。如此高屋建瓴的论述，最好配上冯友兰（1895—1990）生动的记忆：胡书一改传统的著述体例，经典的原文不是作为正文用大字顶格写下来，而是变成低一格书写（冯称书中引用古人的话变成小字，这点记忆有误）；反而是作者胡适（1891—1962）的话成为正文，用大字顶格写下来。为何如此细节特别让青年学生冯友兰激动不已，几十年后还耿耿于怀？就因为这一新的著述体例，无意中凸显了大时代的变迁："封建时代的著作，是以古人为主。而五四时期的著作是以自己为主。"② 何以能如此见微知渐，就因为百年中国的著述文体，受制于"西学东渐"以及"旧学新知"两大潮流的牵引，一举一动，均意味深长。上下文之间，并非只是论述中

---

 ① 蔡元培：《〈中国古代哲学史大纲〉序》，见胡适《中国哲学史大纲》，上海：商务印书馆，1919年。
 ② 参见冯友兰《三松堂自序》213—216页，北京：三联书店，1984年。

必要的停顿与过渡，而很可能蕴涵着权力、欲望与美感。

这里不准备像苏联文艺理论家巴赫金那样抽象地谈论他人言语如何展示，以及间接言语、直接言语及其变体①，而是落实为对百年中国述学文体变迁的思考。古人早就意识到"语出于己，作之固难；语借于古，用亦不易"②，不过着眼点主要在于强调引用者必须学识渊博，以免出乖露丑。而对于身陷"三千年未有之大变局"的现代中国学者来说，知识纷至沓来，文本斑驳陆离，如何在自家著述中恰如其分地安置他人言语，这一工作，远比知识系统相对封闭的明清时代要困难得多。

"引经据典"作为一种广泛使用的修辞手段，对著书立说、讲古论今者来说，几乎是必不可少的。正因为其身影无所不至，故人们容易习焉不察。而这里所讨论的引语，既涉及修辞手段，更包含学术规范与文化理想。三者之间互相纠葛，只是因论述对象的差异、学科建制的区别，以及每个作者气质、才情不同，使得各有其自洽的协调方案。

作为古汉语最重要的修辞方式之一，"引经"受到了现代学者的充分重视③。问题在于，古人对于如何使用引语的讲究未免

---

① 参见《马克思主义与语言哲学》第三编第二、三章，《巴赫金全集》第二卷466—497页，石家庄：河北教育出版社，1998年。

② 陈骙《文则》中的这段话，紧接着便是"观历代雕虫小技之士，借古语以成篇章者，纷纷籍籍，试陈一二，以鉴后来"，主要是强调引用古书亦须学识，否则极易出错。参见《文则　文章精义》25页，北京：人民文学出版社，1960年。

③ 王力指出古汉语修辞方式中比较重要的，包括稽古、引经、代称、倒置、隐喻、迂回、委婉、夸饰等八种。前两种其实都是引用，不过一重事实，一主言论。参见《古代汉语》下册第二分册《古汉语的修辞》，北京：中华书局，1962年。

过于烦琐，用心细微处，后人难得体贴，也不想认真探究。元人陈绎曾《文说》分"用事"之法为正用、反用、借用、暗用、对用、扳用、比用、倒用、泛用等九类，明人高琦撰《文章一贯》时更上一层楼，一口气开列了十四种"引用"：正用、历用、列用、衍用、援用、评用、反用、活用、设用、借用、假用、藏用、暗用，以及逐段引证等①。面对如此庞杂的"引用"家族，论者往往缺乏严格的界说，既有引语，也包括用事与用典。故被现代修辞学家陈望道（1890—1977）所接纳的，只有明引（援用）与暗引（暗用）两种②。本章不限于辞格的分辨，而是将著作的体例、论者的心态、传播的媒介、表述的效果等纳入视野，对"修辞"做文化史的考察。

具体说来，便是参酌古今修辞学者的论述，以注明出处的"明引"与不注出处的"暗引"、正面表彰的"正引"与反面批驳的"反引"、完整引用的"全引"与转述大概的"略引"三组六类，分别对应现代中国的述学文体，着重讨论其牵涉到的学术规范、文化理想以及文章趣味。至于陈望道《修辞学发凡》中提及的"戏引"③，虽也别具一格，但其割裂成文，以资谈笑，诙谐奇巧有余，却难语于著述之业，故从略。

---

① 见郑奠、谭全基编《古汉语修辞学资料汇编》316 页、389—390 页，北京：商务印书馆，1980 年。
② 参见陈望道《修辞学发凡》，见《陈望道文集》第二卷 337—342 页，上海：上海人民出版社，1980 年；郑子瑜《中国修辞学史稿》375 页，上海：上海教育出版社，1984 年。
③ 参见《陈望道文集》第二卷 340—341 页。

二　明引与暗引

关于明引、暗引的分辨,古今修辞学家的意见相差不会很大。因二者的界限很清晰,不外注明出处(文字不妨略有出入),或不注出处(即便文字毫厘不爽)。对于小说、散文等文艺作品而言,作家们尽可随心所欲,因纯属修辞技巧,无所谓高低与正邪。专业著述可就不一样了,化"暗引"为"明引",乃晚清开始引进、时至今日尚未完全确立的现代学术规范的重要组成部分。

传统中国的读书人,也在认真思考,也讲知识创新,但一般来说,并不刻意追求、更不会着意保护自己的"知识产权"。反过来,"含英咀华""述而不作",在很多中国人看来,是难能可贵的美德。那是因为,存在着虚拟的共同信仰,读书人要做的,只是如何更准确、更出色地表述往圣先贤的思想观念,并用以解决当下的困惑。因而,不必刻意突出自己的形象与观点。许多勤奋的文人学者,以笔记形式博采众长,既撷拾隽言妙语,也旁采奇闻逸事,还囊括不少精彩的考辨与推理。而所有这些,往往不注明出处,也不必担心有人指责其抄袭。所谓"忌剽窃"的戒律,主要指向诗文;至于以发现为第一要务的学术研究,反而多有陈陈相因的论说。

也有学者提及此问题,但基本上属于道德自律。比如顾炎武(1613—1682)《日知录》卷二十中有"述古""引古必用原文"两则,强调"引述古人之言,必当引其立言之人",不可袭用为己说;"凡引前人之言,必用原文",不要因避讳而改作。顾氏将此定为进学的前提——转化成现代语汇，那就是学者的职业道德。可这种声音十分微弱，论者更习惯于"择善而从"，轻易地将他人论述转化为自家言说；除非是碰到读书人全都烂熟于心的"四书""五经"，否则很少注明出处。拟想读者是同样知书识礼的文人学士，我不明说，你也该知道典出何处；万一不懂，那是你的过失，你还不敢声张①。推广明引的巨大障碍，还在于时人多将著述作为文章来经营，故不愿旁征博引，以免显得啰哩啰唆。

清代史论家章学诚（1738—1801）希望兼顾文学与学术，将著述体例和引文方式相勾连，区分明引、暗引两种不同的引证策略。其《文史通义》内篇四之《说林》，对此有精彩的辨析：

> 著作之体，援引古义，袭用成文，不标所出，非为掠美，体势有所不暇及也；亦必视其志识之足以自立而无所借重于所引之言；且所引者，并悬天壤，而吾不病其重见焉，乃可语于著作之事也。考证之体，一字片言，必标所出；所出之书，或不一二而足，则必标最初者；最初之书既亡，则必标所引者，乃是"慎言其余"之定法也。书有并见，而不数其初，陋矣；引用逸书，而不标所出，固矣；以考证之体，而妄援著作之义，以自文其剽窃之私焉，谬矣！

---

① 《石林燕语》《老学庵笔记》和《诚斋诗话》都记载了大致相同的一件逸事：梅尧臣作考官，见苏轼《刑赏忠厚之至论》有皋陶曰"杀之"三，尧曰"宥之"三，事不见所据，以示欧阳修，皆以为偶忘之。揭榜后东坡前来谒谢，追问之，竟得到"想当然耳，何必须要有出处"的答复。

"著作"以立意为主,主要看见解是否高明,不必追究原始材料的来源;"考证"以独得为要,必须是前人未曾道及,故不允许抹杀证据或贪他人之功以为己有。或者说,抽象的事理分析不必刻意回避前人见解,具体的名物训诂必须有独立的考辨与发现,二者体例不同,引文的处理方式自然有异。问题在于,时人多"以考证之体,而妄援著作之义,以自文其剽窃之私",这才是最令人忧虑的。很可惜,此语历经二百多年时光的淘洗,时至今日依然有效。

针对时人或敷衍塞责、或剽窃成书的恶习,章学诚提倡文史著述应该自注出处,以便读者复核。《文史通义》内篇三之《史注》专门讨论行文自注的必要性:

> 夫文史之籍,日以繁滋,一编刊定,则征材所取之书,不数十年,尝失亡其十之五六。宋元修史之成规,可覆按焉。使自注之例得行,则因援引所及,而得存先世藏书之大概,因以校正艺文著录之得失,是亦史法之一助也。且人心日漓,风气日变,缺文之义不闻,而附会之习,且愈出而愈工焉。在官修书,惟冀塞责,私门著述,苟饰虚名。或剽窃成书,或因陋就简,使其术稍黠,皆可愚一时之耳目,而著作之道益衰。诚得自注以标所去取,则闻见之广狭,功力之疏密,心术之诚伪,灼然可见于开卷之顷。而风气可以渐复于质古,是又为益之尤大者也。然则考之往代,家法既如彼;揆之后世,系重又如此。夫翰墨省于前,而功效多于旧,孰有加于自注也哉!

章氏之所以强调史著必须自注，从积极方面考虑，是便于保守旧文，存先世藏书之大概；从消极方面着眼，则是便于读者复核，防止小人剽窃成书。其实，此举并非章学诚的独特发明，中国古籍中不乏明引或自注的先例，如上述顾炎武的《日知录》等，只是不像章氏说得那么透彻而已。

一直到19世纪末，在中国学界，自注的体例依然很不通行。考据之作，承袭乾嘉遗风，还能中规中矩，不至于过河拆桥，或故意抹平来路上蹒跚学步的脚印；至于一般著述，可就大不一样了，涉及前人言论时，大都或袭用、或转化、或撮述。直到章太炎（1869—1936）兼及思想与学术，以考证之体，撰著作之文，方才出现"其志识之足以自立"，而又"一字片言，必标所出"的体制谨严之作。受其影响，梁启超（1873—1929）等也开始在行文中自注出处[①]。

更重要的是，晚清以降，西学大潮汹涌而来，留学生归国以及新式学堂的创办，使得撰文必须自注这一西方史学著作的通例，逐渐为中国学界所接纳。曾参加西史译稿校改的夏曾佑（1863—1924），1904年起开始出版中学教科书《中国历史》，时人对其"篇中博采异说，悉注原书于下"非常欣赏，因"学者可以按书翻检，随时触发"[②]。十几年后，南京高师学生张其昀（1901—1985）将"行文自注，言必征信"作为新史学三大希望之一[③]，有

[①] 参见1902年《新民丛报》上章太炎、梁启超的学术论著。
[②] 参见《东方杂志》3卷7期（1905年7月）上的新书广告介绍。
[③] 张其昀：《刘知几与章实斋之史学》，《学衡》5期，1922年5月。

发扬光大章学诚史学理论的意味，但更是以西方文化大举输入作为背景①。张其昀等《史地学报》的重要成员固然未曾踏出国门，可史地研究会的指导员中，竺可桢(1890—1974)和徐则陵(1886—1972)都曾留学美国。更何况五四新文化运动后，西学书籍的译述日趋规范，其著述的体例及其优长处有目共睹。章学诚关于著书立说时行文自注的提倡，终于在沉寂百年后被重新发现，其实也系于西学东渐的映照。

随着行文自注体例的日渐通行，学术著述中明引之取代暗引，已是大势所趋。可同样是在著述中导入他人言语，研究中国文史与介绍西方学术，其处理方式有很大差异。大致而言，前者的引语逐渐缩小，后者的引语则迅速扩大。逐渐减少先贤言语在自家著述中的比例，此乃中国学者走出圣贤崇拜的标志；而更多地直接引证"西儒语录"，则表明中国学界对西学的理解日渐深入。

用若干穿插语，串联起一大堆先贤语录或原始资料，在清末民初的中国学界，乃是文史学者著述时的不二法门。刘师培(1884—1920)所撰《中国中古文学史》很得鲁迅欣赏，此书的特点正是"所引群书，以类相从，各附案词，以明文轨"②。著作人不做过多的阐释，而是大段大段地引录古人的见解，借此呈现早已消逝的历史场景与文学风貌。注重史料的选择与发掘，抑制自我表述以及进一步发挥的欲望，将评判蕴藏在寥寥无几的穿针引

---

① 彭明辉《历史地理学与现代中国史学》(台北：东大图书公司，1995年)70页称："(自注)此一文体在史学上大行其道，则在五四之后；这一方面可能是西方史学著述之体的引入，章学诚的提倡可能亦有所影响。"

② 刘师培:《中国中古文学史　论文杂记》7页，北京：人民文学出版社，1962年。

线之举与画龙点睛之笔中,这样一种低调的书写方式,上世纪30年代以后,方才逐渐被少年先进的高亢论述所取代。此后,各家各派均有自己的理论预设,古人言论只是作为原始文献来征引。虽然也曾出现为了某一政治目的而故意曲解史料的偏差,但总的来说,中国文史著述中的引语,已基本完成从暗引到明引的转变。

关于西学的论述,情况则大不一样。刚刚开眼看世界时,因知之甚少,过于精密的引证,既无必要,也没能力。故着意介绍西方文化者,大都采用编译而不是直译的办法;所谓"译意不译词"的主张,甚至使译者沾沾自喜于自家译述"似更优于原文也"①。至于论者,更是根据自己的理解,随意处置"西儒学说"。关于梁启超是否抄袭德富苏峰的争辩,以及后世学者对鲁迅(1881—1936)《摩罗诗力说》的材源考②,让我们对清末民初文人学者谈论西学的态度和能力有了比较清晰的了解。

五四新文化运动以"输入学理"为"再造文明"的先决条件,大大促进了西方思想学说在中国的传播速度,为明引逐渐取代暗引创造了必要的学术基础。随着中国现代教育体系与学术制度的建立,上世纪30年代以后,关于西学的著述,起码在表面上,也都大致与欧美学界接轨。只是由于本就根基甚浅,加上长期的战争以及随后的意识形态隔阂,中国学界难得接触大量的第一手资

---

① 参见梁启超《〈十五小豪杰〉译后语》(《新民丛报》2号,1902年)以及徐念慈《海外天》(常熟:海虞图书馆,1903年)第一回译者附注。

② 参见夏晓虹《觉世与传世——梁启超的文学道路》(上海:上海人民出版社,1991年)第九章和北冈正子《〈摩罗诗力说〉材源考》(何乃英译,北京:北京师范大学出版社,1983年)。

料，开口说话时，难免捉襟见肘。最近二十年，被"创新"这条疯狗追得喘不过气来的中国学界①，整体水平虽大有提升，但不时冒出抄袭外国论著的丑闻，实在令人尴尬。其实，像《南极政治与法律》那样几乎整本抄袭的，毕竟还是少数②。更多的是部分摘抄或编译，如 2000 年被揭发出来的《历史与实践》之以译代撰③。问题的严重性在于，作者本人并不以此为奇耻大辱，而是辩称：全书的理论框架自有特色，只是忘记为大段他人言语加引号和注出处④。从此事引起轩然大波看，国人对于西学著述中直接引语的关注，已经颇为自觉。

记得国外学界在调查北大一篇被控抄袭的论文时，有过这么一个提示："从已经发表的资料中哪怕只抄了一小段，而不注明引用的参考文献，也是不能接受的做法。"⑤若以此标准衡量，中国学界之或采用模棱两可的暗引方式，有意无意地隐瞒资料来源，或"译意不译词"，借变换句式将他人论说纳入自家口袋，或黑虎掏心，袭取关键史料后倒打一耙，或偷梁换柱，引号故意加在不紧要处，其实都有变相抄袭的嫌疑，因而也就难避章学诚

---

① 上世纪 80 年代中后期，文坛流行一自我调侃的妙语：我们被"创新"这条"疯狗"追得没时间停下来认真地拉一泡屎。在农村生活过的读者，当能理解此语之诙谐与神妙。
② 参见邓正来《评〈南极政治与法律〉》，《中国书评》1994 年 1 期。
③ 参见孙周兴《实践哲学的悲哀——关于张汝伦的〈历史与实践〉》（《中华读书报》2000 年 3 月 29 日）和《悲哀复悲哀——再证张汝伦〈历史与实践〉的抄袭性质》（《中华读书报》2000 年 4 月 5 日）。
④ 参见张汝伦《批评的悲哀——我对孙周兴教授批评的回答》，《中华读书报》2000 年 3 月 29 日。
⑤ 参见李佩珊、薛攀皋《是英文问题，还是科学道德问题？》，《自然辩证法通讯》1996 年 4 期。

"陋""罔""谬"之讥。

三 正引与反引

修辞学意义上的引用，只是为了使文章显得更加理直气壮。至于述学时之所以离不开引语，有审美的考虑，但更多着眼于学理——尊重对象，依赖先贤，商榷同道，此乃使用引语的三大动机。明引与暗引只是涉及自家立说与他人论述的联系，至于更为关键的人我之间的抑扬褒贬，则取决于引录者的写作心态与论述策略。也就是说，前者解决的是学术规则，后者所体现的，则很可能是文化立场。同是引证，顶礼膜拜（"正引"的极端）与居高临下（"反引"之通例）所产生的效果，不可同日而语。而不同时期中国学者变化使用正引与反引，以吸纳上下左右的文本，无意中凸显了百年中国思想文化的变迁。以至单看引语的内容及其处理方式（引什么，如何引），你就能八九不离十地猜出文章大概的写作年代。

在大举输入西方文化之前，中国学者所能汲取的思想资源，基本上限于儒释道三教的经典著作，此时之驾驭引语，尚不难做到挥洒自如。进入20世纪后，这个局面大为改观，不管是作者还是读者，面对古今中外无数鸿儒哲人的锦言妙语，真有不知如何别择的感觉，更何况还要将其编织进自家论述而不显得过分突兀。这里所谈论的引语，不是作为研究对象的原始资料（如尼采研究专著中所引录的尼采的话），而是作为理论依据的经典言说。

如此至关重要的引证,其运用既包含技巧,更牵涉心态——选什么不选什么,取决于论述者对"经典"的想象。关键时刻,你是来一段《论语》的话呢,还是掏出《毛主席语录》,抑或干脆转而求助于尼采或海德格尔,大有讲究,既根源于你的文化趣味与知识结构,也受制于你的传播媒介与拟想读者。

何为立说时可以倚重的"经典论述",百年中国,真可谓"城头变幻大王旗"(鲁迅诗句)。举个例子,从章太炎《诸子学略说》开始疑孔,到《新青年》同人的"打倒孔家店",到30年代关于读经利弊之争,到抗战中的着力发掘传统文化价值,再到70年代的批林批孔,最后是世纪末的重提忠孝仁义,作为传统中国文化代表的孔子,其思想学说在20世纪的命运,真是变幻莫测。因此,写文章时是否需要"子曰",在某种意义上,可作为中国历史进程左冲右突的方向标。

与国学的跌宕起伏相比,西学的地位可就稳固多了。赫胥黎早已过时,杜威、罗素也已隐退,马克思不再是非引录不可的了,但百年中国占主导地位的声音,依然是日渐强大的西学。即便是反帝口号响彻云霄、自力更生成为主流意识形态的五六十年代,我们所极力引证的,也不是传统中国的往圣先贤,而是同属西学体系的马恩列斯。更值得注意的是,引孔子的话时,可以上下其手、随意发挥,甚至"幽"他一"默",也不会受到呵责;但如果引证马克思的话,出版社有责任根据原著复核,审查你是否胡编乱造,有无错别字,以及是否割裂原文。

一个是凛然不可侵犯的"原典",一个是可供任意驱遣的"资料"，在处理这两种性质不同的引语时，作者俯仰之间，透出明显的权力意识。冯友兰关于《中国哲学史大纲》中中国经典的原文由大字变小字的追忆虽然有误，但很能显示时人对待先贤之由谦卑转为倨傲的心态。而"文化大革命"中的出版物，马恩列斯毛的引语用大一号的黑体字排印，显得格外醒目，并对相形见绌的论者言语造成极大的压抑。这种靠字体大小显示尊卑贵贱的滑稽局面虽然已经过去，但不等于所有文本都站在同一起跑线，隐约的权力关系依然左右着论者的思路。某些文本是不能挑战的，某些引语是毋庸置疑的，这样的写作心态，并不局限于所谓的"意识形态陷阱"。"马克思谆谆教导"这样的句式，现在已经很少见到；可取而代之的"正如海德格尔所指出的"，或"福柯早有预言"，也都是一锤定音，不必详加论证。征引的对象有所转移，但喜欢以某位西哲作为旗帜或靠山的习惯，并无大的改变。

更令人惊讶的是，到了上世纪末，中国学界迅速崛起"海外汉学"的研究热潮，一大批欧美及日本的中国研究著作被翻译介绍进来，并引起国人的极大兴趣。在"与国际接轨"的口号声中，术业有专攻的汉学家们，理所当然地受到了中国同行热情洋溢的表彰。但在译介以及研究的过程中，汉学家的功绩似乎被过分夸大，其论述也被胡乱引用。关注国外学界的进展、着意表彰同行的贡献，此乃学者的职业道德，值得欣赏。问题在于，目前的中国学界，普遍喜欢引证过去时的"学术大师"（指中国学者），以及现在时的"海外汉学"（指外国学者或用外文写作的海外华人），而唯独遗漏了近在眼前的国内同行。国内著作鱼龙混杂，而且转相借用，有时很难分辨谁是首创者，不若国外学者立说谨严，这固然是学者们严于律己（国内著述）而宽以待人（海外著述）的原因之一，但我以为，这不是最主要的。说这是"挟洋人以自重"固然偏颇；但笃信"远来的和尚会念经"，却是国人较为普遍的心态。单是尊重海外汉学而相对忽略国内同行这一点，便表明中国学界尚未真正自立。如果说在过去的二十年中，我们的主要任务是尽可能地打开国门，迎接八面来风，那么，新世纪中国学界所必须着意经营的，则是如何自立门户，自坚其说。出而参与世界事业的中国学者，很可能在"如何阐释中国"这个问题上，与海外中国学者意见相左，乃至发生正面冲突。希望借助于各种对话与合作，彼此沟通思路，争取各自走向成熟。①

其实，到底是引证东圣，还是称颂西哲，并非问题的核心；关键在于征引时是否能以平常心待之。若有依仗之心，或者夸耀之意，则不但不能很好地驾驭引语，还会为引语所奴役。王国维（1877—1927）的《红楼梦评论》固然是一代名篇，但以西学剪裁中学的痕迹十分明显，所谓日后幡然悔悟，"自怼以前所学未醇"②，指的应该就是这一点；这也是他一转而为《人间词话》《宋元戏曲考》以及古史研究，绝口不再谈论西学的缘故。近代以来的许多学术大师，年轻时也都曾撷拾西哲语录（包括自尊心极强的章太炎），但很快走出"言必称希腊"的时尚。刻意回避流行理

---

① 参见拙文《中国学家的小说史研究》，《文学史的形成与建构》73—81页，南宁：广西教育出版社，1999年。

② 参阅罗振玉《海宁王忠悫公传》，见陈平原、王枫编《追忆王国维》7—11页，北京：中国广播电视出版社，1997年。

论及术语，是那一代学者学术自立的标志。这里所说的，当然仅限于以传统中国为研究对象者，至于西学专家，自是另当别论。

引语的作用，除了正面立论时之引进权威，还有反面批驳时的树立论敌。作为修辞手法的借抑彼以扬己，以及作为述学文体的"柿子拣软的捏"，二者合成了今日中国学界颇为流行的反引。如果说"正引"的陷阱是过多承袭笺证遗风，以仰视的目光看待经典，因而缺乏必要的批判意识，那么，"反引"的歧途，则是以杂文笔调为学术著述，爱憎过于鲜明，以致不惜断章取义。为了修辞效果而"痛打落水狗"，借批驳人所共知的谬论来重振雄风，虽胜之不武，尚无大碍。令人担忧的是，不想尊重论敌的思路，只求把对方批得"体无完肤"，这一论述策略，导致商榷文章难结正果。借"反引"来丑化论敌，很可能出现这么一种局面：引用的是他的词句，可拼接出来的，却并非他的原意。更可怕的是，双方都用同样手法作战，以杀伤论敌而不是探究真理为宗旨。"文革"期间的大批判文章，尤其是其深文周纳的手法，令人深恶痛绝，可这种极易掌握的技巧，并非来无影去无踪。

随着当代中国的逐渐开放，思想观念日趋多元，学者独立意识的强化，将使其运用引语时渐趋谨慎，"拉大旗做虎皮"的恶习很可能会受到某种抑制。我担心的是，过分自信的现代人，是否有耐心认真阅读并努力体味论敌的思路。如果只热衷于借"反引"来痛快淋漓地表述，而不反省其中蕴涵的暴力倾向①，则很难有

---

① 正引之割裂原文，为我所用，其实也蕴涵暴力倾向，极端的例子是孔夫子之被"画歪了脸"，以及"文革"中的"语录仗"。但相对而言，反引的暴力倾向更为突出。

真正意义上的"对话"。

四　全引与略引

既然是"引用"而不是"转录",就必然有所剪裁。这里所说的"全引",不是全文引用,而是相对"略引"而言——同是注明出处,前者尊重原作,征引处毫厘不爽;后者只取大意,对原文略有增删。二者的区别,在古人那里,只能靠博学与语感来分辨(这也是标点校勘古籍时最难把握的地方);而在现代学界,则简化为加引号或不加引号。二者各有利弊,很难说孰高孰低。前者物我分离,隔岸观火,有利于冷静辨析;后者物我融合,一气呵成,显得血脉贯通。正因各具特色,讲究文章美感的与追求论证严密的,很可能选择不同的征引方式。

注重文章神韵的古代中国人,深知此中奥秘,更喜欢采用"略引"的手法。宋人陈亮《论作文法》有一妙语:

> 经句不全两,史举不全三。不用古人句,只用古人意。但用古人语,不用古人句。能造古人所不到处。

此乃经验之谈,难怪后世论文者经常转录[①]。大段引语容易破坏文章的整体感,使得文气阻隔;而不用引语又显得不学无术,故

[①] 如明代高琦的《文章一贯》和清末民初林纾的《春觉斋论文》。

"引《易》引《诗》一两语作点缀，亦古文中常有之事"①。不只文章如此，连著述也都像顾炎武所说的，"略其文而用其意也"②。

但这种略引法，只适合于以发挥义理为主的"著作之体"；倘若碰到以名物训诂为根基、"一字片言，必标所出"的"考证之体"，则不被看好。不要说天下孤本，即便是日用书籍，也都不一定案头必备，焉知你的摭述是否有误？在无法判断"略引"之句是否割裂歪曲的情况下，读者很难信服你哪怕是十分精彩的辨析。更何况，现代中国的述学文体，既受实证主义理念（以胡适为代表）的外来影响，又有以考证之体为著作之文（以章太炎为代表）的内部革新。而这二者，都以"准确"为著述的第一诉求。因此，晚清以降，学术著述中的引文，多采用"全引"。

照顾到了占主流地位的"专业化"与"科学性"，未免又怠慢了国人的口味，以至学术论文多成片段的集合（指语感而非思路）。学术著述不同于文艺创作，以探求真理而不是抒发情感为目标；可这并不等于说述学文章必然味同嚼蜡。将"著述"作为"文章"来经营，这一中国古老的书写传统，晚清以降并未完全消逝。像章太炎那样区分文士之文与学人之文，而且刻意贬低"出入风议，臧否人群"的文士之文，而褒扬"持理议礼，非擅其学莫能至"的学人之文③，并非毫无道理。若"文实闳雅"的《訄书》《国故

---

① 参见林纾《春觉斋论文》之《论文十六忌·忌剿袭》，《论文偶记 初月楼古文绪论 春觉斋论文》91页，北京：人民文学出版社，1959年。
② 顾炎武：《日知录》卷二十 "引用书意"则，黄汝成《日知录集释》480页，上海：世界书局，1936年。
③ 参见章太炎《国故论衡》中卷之《论式》篇，东京：国学讲习会，1910年。

论衡》等，便得到文学史家胡适的大力赞赏，称其"皆有文学的意味，是古文学里上品的文章"①。

1960年5月，钱穆（1895—1990）给时正负笈哈佛的得意门生余英时写信，畅谈述学文字。被钱氏列为"论学文之正轨"者，除了章太炎，还有梁启超与陈垣（1880—1971）。反而是在学界如日中天的王国维、陈寅恪（1890—1969），其述学文体，受到宾四先生比较严苛的挑剔。对论学宗旨基本相左的胡适，钱穆嫌其发言"多尖刻处"，但不否定其文章"清朗""精劲"且"无芜词"②。钱氏的褒贬未必无懈可击，但强调"论学文字极宜着意修饰"，却是别具只眼。其实，钱穆本人及其弟子余英时，都是极为讲究述学文体，并因此而大获好评。

假如学术著述不只求真，而且求雅，那么，如何处理引语，便是个不大不小的难题。原因是，摆在现代中国人面前的，是三种互有关联但又不太协调的学术资源与书面语——传统中国文化，俗称国学，基本上是文言；现代中国文化，俗称新学，大都是白话；翻译成汉语的外国思想学说，俗称西学，白话为主，兼有部分文言。对于大多数学者来说，虽然术业有专攻，但也不能只是攻其一点不及其余。而将这三种风格大相径庭的引语，编织进自家著述而不显得扞格，实在不是一件容易的事情。

严复（1894—1921）所标榜的"译事三难：信、达、雅"，在

---

① 参见《五十年来中国之文学》，《胡适古典文学研究论集》126—127页，上海：上海古籍出版社，1988年。

② 《钱宾四先生论学书简》，见余英时《犹记风吹水上鳞——钱穆与现代中国学术》253—254页，台北：三民书局，1991年。

20世纪中国翻译学界,始终是个争论不已的热门话题[①]。从全面接纳,交口赞颂,到考其得失,略有褒贬,最先受到挑战的,是其关于"雅"的追求。可有一点,时贤多未涉及:译文求雅,既是严复本人的趣味,也是读者的欲望(严复的拟想读者是"多读中国古书之人",而非"市井乡僻之不学"[②]),更是与中国文章相衔接的前提。之所以选择某种字法句法,除了便于表达"精理微言",更因译文最终必将汇入"国语的文学与文学的国语"(借用日后胡适的论说)。可这个过程,并非自然而然。尤其是对于无力直接阅读、翻译西学著作的学者来说,如何恰如其分地将富有"异国情调"的译文编织进自家著述,是个必须直面的难题。毕竟,像钱锺书《管锥编》那样纵论古今,且自译各种文本,使其与自家著述的文体相协调,是个特例;绝大部分中国的古典及现代学者,当他们需要借鉴西学时,只能引用翻译家的成果。想象在一篇论述韩愈的论文中,既有明白如话的自家论述,又有佶屈聱牙的韩愈诗文,还有作为参照系的曲里拐弯的欧化语,三者该如何平安相处,甚至相得益彰?这个时候,你会发现,严复"骎骎与晚周诸子相上下"的译文,很容易被编织进关于古代中国的论述。

可与此相对照的是,新文化运动取得决定性胜利后,面对即将形成的白话文一统天下,周作人(1884—1967)开始自我调整,

---

① 参见严复《〈天演论〉译例言》、贺麟《严复的翻译》和罗新璋《我国自成体系的翻译理论》,均见罗新璋编《翻译论集》,北京:商务印书馆,1984年。

② 参见严复《与梁启超书》,《严复集》第三册516—517页,北京:中华书局,1986年。

提倡"混和散文的朴实与骈文的华美",并借杂糅口语、欧化语、古文、方言等,以造成"有涩味与简单味"的"有精致的俗语文来"。① 文章如此,著述也不例外。胡适《中国哲学史大纲》所标举的先引原文,后加白话解说的方法②,虽被后世大多数学者所接纳,但不知不觉中,解说文字不再"明白如话",而是略带"混和散文的朴实与骈文的华美"的文言腔。原因是,倘若正文(白话)的质朴清新与引语(文言)之靡丽奇崛之间落差过大,作者与读者都会感觉不舒服。也许是耳濡目染,古书读多了,落笔为文必定趋于"雅健";但也不排除作者意识到此中隔阂,借调整文体来填平鸿沟。至于像鲁迅那样,干脆用白话写小说、杂文,而用文言撰《中国小说史略》《汉文学史纲要》,并非只是逞才使气,此中深意,值得认真推敲。

既无能力自译各种外国文本,也不想用文言写作专业著述,这个时候,除了选择与论述对象比较接近的文体外,还可以用"略引"来弥补正文与引语之间可能存在的巨大缝隙。当然,前提是注明出处;而且需要详细辨析的关键性资料除外。如此说来,"全引"之取代"略引",未必可一言以蔽之。

到底是教科书式的大段大段征引、古人文章般的师其意不师其辞,还是像专题论文那样关键处织入只言片语,抑或如演讲之将直接引语转为间接引语,其实没有一定之规。论文的写作,就

---

① 参见周作人《〈燕知草〉跋》(《永日集》,上海:北新书局,1929 年)和《〈苦竹杂记〉后记》(《苦竹杂记》,上海:良友图书公司,1936 年)。
② 胡适《中国哲学史大纲》之《凡例》称:"本书全用白话,但引用古书,还用原文;原文若不容易懂得,便用白话作解说。"

像言语的表达一样,并非只是句法、语法以及词汇的系统集合,而是取决于对象、听众(读者)以及媒介,更取决于自家学识与才情。因此,就如何使用"引语"大做文章,一是意识到其中蕴涵着权力意识与文化趣味,不是一个单纯的修辞学命题;二是有感于"专业化思想"已深入人心,学者们自觉与"文人"划清界限,在注重论述的"科学性"的同时,摈弃了千百年来中国学者对于述学文体的刻意讲究,实在有点可惜。

第二章　有声的中国
——演说与近现代中国文章变革

　　1927年2月，鲁迅在香港发表演说，题为《无声的中国》。此文重提十年前的"文学革命"，用决绝的口吻断言："我们此后实在只有两条路：一是抱着古文而死掉，一是舍掉古文而生存。"在具体论述时，鲁迅用了个形象的比喻：此乃"有声的中国"与"无声的中国"的对决。若用古文写作，"所有的声音，都是过去的，都就是只等于零的"；而唯有"大胆地说话，勇敢地进行，忘掉了一切利害，推开了古人，将自己的真心的话发表出来"，才可能催生出一个"有声的中国"。①

　　在鲁迅眼中，所谓"有声的中国"，就是不再"将文章当作古董"，而是"思想革新"与"文字改革"并举，"用活着的白话，将自己的思想，感情直白地说出来"。谈论"民族"与"声音"之间的关系，这里有象征的成分（如"人是有的，没有声音，寂寞得很"）；但也包含五四新文化人的共同立场：轻文辞而重言语。从"声音"的角度探讨文言白话之利弊，思考现代民族国家

---

① 鲁迅：《无声的中国》，《鲁迅全集》第四卷11—15页，北京：人民文学出版社，1981年。

的命运,以及如何看待汉字这"我们的祖先留传给我们的可怕的遗产",接着鲁迅的"话头",可进一步拓展的路径很多,这里仅从晚清以降闹得沸沸扬扬的"演说"入手。本章着重讨论的是,作为"传播文明三利器"之一的"演说",如何与"报章""学校"结盟,促成了白话文运动的成功,并实现了近现代中国文章(包括"述学文体")的变革。

谈及晚清与五四时期之独立思考、自由论辩,研究者多喜形于色,追慕不已。那些充溢于文坛学界以及政治社会的"自由辩论"[①],既体现在"口头",也落实在"笔端"。可当你翻阅学者们的著述,其引证史料,不是报刊文章,就是书籍档案,至于当初那些激动人心的"声音",早就被抛落到九霄云外。若能真的"回到现场",史家当然承认"口说"的重要性;只是因技术缘故,在录音录像设备出现之前,我们只能更多地依赖"立字为据"。

文字寿于金石,声音则随风飘逝。但不管是思想启蒙、社会动员,还是文化传播、学术普及,"巧舌如簧"的功用,一点也不亚于"白纸黑字"。明白这一点,我们不该忽视那些因各种因缘而存留在纸上的声音——尽管其在"转译"的过程中,不可避免地有所"损耗"与"变形"。

关注那些转瞬即逝的声音,既是后世史家的责任,也是当事人的期待。光绪二十八年(1902年),梁启超借政治小说《新中国

---

① 周谷城在《"五四"时期的自由辩论》一文中,简要评说五四时期在文学、史学、哲学、政治等四个方面的"自由辩论",结尾是:"'自由辩论',即在近日的学术界,仍值得提倡,故特举出于此。"参见《周谷城史学论文选集》411—415页,北京:人民出版社,1983年。

未来记》驰骋想象：六十年后，中国人在南京举行维新五十周年庆典，同时，在上海开大博览会，不只展览商务、工艺，而且演示学问、宗教。"各国专门名家、大博士来集者不下数千人，各国大学学生来集者，不下数万人，处处有演说坛，日日开讲论会，竟把偌大一个上海，连江北，连吴淞口，连崇明县，都变作博览会场了。"博览会场中间最大的讲座，公推博士三十余人分类演讲中国政治史、哲学史、宗教史、财政史、风俗史、文学史等，其中又以全国教育会会长孔觉民老先生演讲的"中国近六十年史"最为精彩。①

喜欢谈论"演说"，将其作为"新学"的象征，这在晚清小说中比比皆是。只不过其他小说家，并不都像梁启超那样对"演说"持全面肯定的态度。若李伯元《文明小史》第二十回"演说坛忽生争竞，热闹场且赋归来"、吴蒙《学究新谈》第二十七回"言语科独标新义，捐助款具见热心"，以及戁叟《学界镜》第四回"神经病详问治疗法，女学堂欢迎演说词"②，对于时人之追赶时髦、热衷于"演说"，便不无嘲讽之辞。如此都市新景观，有人正面表彰，断言此乃建立现代民族国家的必要手段；有人热讽冷嘲，称其为晚清最具特色的"表面文章"。但无论如何，借助于演说，"西学"得以迅速"东渐"，这点没有人怀疑。

所谓"孔觉民演说近世史"，速记生从旁执笔，于是有了《新

---

① 饮冰室主人：《新中国未来记》第一回，《新小说》1号，1902年11月。
② 李伯元《文明小史》，1903—1905年连载于《绣像小说》，1906年商务印书馆出版单行本；吴蒙《学究新谈》，1905—1906年刊于《绣像小说》47—71期；戁叟《学界镜》，1908刊于《月月小说》21—24号。

中国未来记》，这当然只是"小说家言"。但"演说"之于维新大业以及现代民族国家的重要性，在梁启超的这一预言／寓言中，却是得到了畅快淋漓的呈现。不妨就从这里落笔，依次讨论盛行于近现代中国的"演说"，对于开启民智、普及知识、修缮辞令、变革文章以及传播学术的意义。

一 演说之于"开启民智"

谈及在近代中国发挥巨大作用的"演说"，不妨以"古树新花"视之。说"古树"，那是因为，高僧大德讲说佛经，说书艺人表演故事，确系古已有之；至于"新花"，则是指晚清方才出现的在公众场合就某一问题发表自己的见解，说服听众，阐明事理——这后一个"演说"，乃舶来品，源于日语，意译自英语的 public speech。

将学校、报章、演说并列为"传播文明三利器"，如此时尚的晚清话语，发明权归日人犬养毅；而在"三利器"中突出渲染"演说"的功用，则属于梁启超的精彩发挥："大抵国民识字多者，当利用报纸；国民识字少者，当利用演说。"[①] 日本人演说成风，创于明治思想家福泽谕吉；而近代中国演说风气的形成，则康梁师徒大有贡献。

戊戌变法失败，流亡日本的梁启超，对于世人不解"演说"

[①] 梁启超：《饮冰室自由书·传播文明三利器》，《饮冰室合集·专集》第一册，上海：中华书局，1936年。

乃"风气骤进"的原动力,大发感慨:

> 我中国近年以来,于学校、报纸之利益,多有知之者;于演说之利益,则知者极鲜。去年湖南之南学会,京师之保国会,皆西人演说会之意也。湖南风气骤进,实赖此力,惜行之未久而遂废也。今日有志之士,仍当着力于是。①

这里所说的"京师之保国会"以及"湖南之南学会",在梁启超的《戊戌政变记》中多有提及:"戊戌三月,康有为、李盛铎等同谋开演说恳亲之会于北京,大集朝士及公车数百人,名其会曰'保国'";康有为"又倡设强学会于北京,京朝士大夫集者数十人,每十日一集,集则有所演说";南学会"会中每七日一演说,巡抚、学政率官吏临会,黄遵宪、谭嗣同、梁启超及学长□□□等,轮日演说中外大势、政治原理、行政学等,欲以激发保教爱国之热心,养成地方自治之气力"。②

戊戌变法功败垂成,但借演说中外大势,"欲以激发保教爱国之热心,养成地方自治之气力",却日渐成为晚清志士乃至整个社会的共识。稍为排列晚清众多提倡演说的文章,以及各地如何开展演说的新闻报道,当能明白这一"利器"当年所发挥的巨大作用。

早在1901年出任南洋公学特班总教习时,蔡元培就着意培养

---

① 梁启超:《饮冰室自由书·传播文明三利器》,《饮冰室合集·专集》第一册。
② 梁启超:《戊戌政变记》第三篇第二章"政变之分原因"、附录一"改革起原"、附录二"湖南广东情形",《饮冰室合集·专集》第一册70页、126页、137—138页。

学生们的演说能力。据特班生黄炎培追忆:"师又言:今后学人,领导社会,开发群众,须长于言语。因设小组会,习为演说、辩论,而师自导之,并示以日文演说学数种令参阅。又以方言非一般人通晓,令习国语。"[1]

1902年的《大公报》上,刊有《说演说》一文,称今日开瀹民智最有效之三物,分别为译书、刊报和演说,而后者"惟先觉之士能见之而流俗不暇察也"。而若论上下沟通之便捷,"死文字断不及生语言",这也是"后起爱国之贤不可不讲演说之术"的原因。至于作者坚称"必有一律通行语言以为演说之器用"[2],正与蔡元培"令习国语"的思路相通。只要记得章太炎在北大讲演,"因学生多北方人,或不能懂浙语,所以特由钱玄同为翻译",以及梁启超特别得意于因夫人指教,"得谙习官话,遂以驰骋于全国"[3],就能明白晚清提倡"演说"者,为何特别在意各地方言的限制。

1904年,秋瑾撰《演说的好处》,称报纸之外,"开化人的知识,感动人的心思,非演说不可"。接下来,秋女士具体论证演说的五大好处:"第一样好处是随便什么地方,都可随时演说。第二样好处,不要钱,听的人必多。第三样好处,人人都能听得懂,虽是不识字的妇女、小孩子,都可听的。第四样好处,只须三寸不烂的舌头,又不要兴师动众,捐什么钱。第五样好处,天下的

---

[1] 黄炎培:《吾师蔡孑民先生哀悼辞》,见陈平原、郑勇编《追忆蔡元培》115页,北京:中国广播电视出版社,1997年。
[2] 《说演说》,1902年11月5日《大公报》。
[3] 参见《周作人回忆录》520页,长沙:湖南人民出版社,1982年;丁文江、赵丰田编《梁启超年谱长编》252页,上海:上海人民出版社,1983年。

事情，都可以晓得。"①这直截了当的"五大好处"，基本上涵盖了晚清关于演说功用的表彰。此后关于演说的提倡，更多地进入具体的操作状态。

1905年的《新小说》上，连载周桂笙的《知新室新译丛》，其中有一则《演说》，提及"演说一道，最易动人"，"其状殆如吾国之说书"。但传统的"说书"与新起的"演说"之间，实有天壤之别："一则发表意见，就事论事，一则抱守陈腐，徒供笑谑，宗旨不同，智愚斯判。"正因此，作者对演说家提出很高的道德标准和技术要求："然在西国演说极难，非有新理想，新学术，必不足以餍听者之望。而其民之智识，又大都在普通以上，不若说书之可以随意欺人也。故演说之人，平日既有习练，临时尤有预备，而不敢轻于发言。凡有可以取悦听者之意者，无不粲苏张之舌，为委曲之谈，盖将以博听者之鼓掌欢迎也。是故登台者，每兢兢惟恐不能得台下人之欢心，若优伶之必以喝彩为荣者，殆亦演说家之通病欤。"②

当"以演说代教授"成为社会共识，"遍设白话演说所"也日渐落实时③，如何培训演说人才，成了学界关注的重心。于是，有了宋恕撰于1906年的《创设宣讲传习所议》。为了减少社会对"演说"作为舶来品的反感，宋恕曾曲为辩解，称此乃"唐以前之

---

① 秋瑾：《演说的好处》，初刊《白话》杂志第一期（1904年9月）。因错字甚多，这里用的是校正本，见《秋瑾集》3—4页，上海：上海古籍出版社，1979年新1版。

② 上海知新室主人：《知新室新译丛·演说》，《新小说》20号（第二年八号），1905年9月。

③ 《论中国宜遍设白话演说所》，1905年8月25日《顺天时报》。

常语",并非日本新名词①。这种古已有之、于今为烈的"演说",需要进行专门的训练,因此,传习所之设,迫在眉睫:"今海外民主政体及君主立宪政体之国,演说皆极发达,而皆特有演说之学以造就演说之人材。……今节下既热心提倡宣讲一事矣,则必宜远法孔门设言语科,近师外国习演说学之意,创设宣讲传习所以造就宣讲之人材,而后宣讲之事业庶几其可望稍兴也。"②

晚清志士之提倡新学,最有效的策略,莫过于强调此举乃"上法三代,旁采泰西"。所谓"远法孔门设言语科,近师外国习演说学之意",正是同样的招数。既然是世界潮流,且又有本土渊源,"演说"的迅速推广,一点都不令人惊讶。晚清的最后十年,从最激进的无政府主义,到相对温和的改良群治,从可以肆无忌惮谩骂清廷的日本东京,到天子脚下说话不能不多有禁忌的帝都北京,到处都留下了演说家矫健的身影。

1907年,张继与刘师培夫妇在东京成立社会主义讲习会,前后举行过21次专题演讲,每次听众数十到百人不等,主要讲题是无政府主义、社会主义、中国百姓生活状况等③。对于无政府主义思想的传播,这些系列演说以及相关杂志《天义报》的刊行,

---

① "伏查'宣讲'二字之义,即日本之所谓'演说'。今我国顽固士大夫尚多憎闻'演说'二字,彼辈不知'演说'二字见于《南北史》,为唐以前之常语,而谬指为日本之新名词,可谓不学之甚矣。"(《创设宣讲传习所议》,《宋恕集》上册415页,北京:中华书局,1993年。)

② 《创设宣讲传习所议》,《宋恕集》上册415—416页。

③ 参见杨天石辑《社会主义讲习会资料》,《中国哲学》第一辑(1979年)和第九辑(1983年),以及王汎森《反西方的西方主义与反传统的传统主义——刘师培与"社会主义讲习会"》,见《中国近代思想与学术的系谱》197—219页,石家庄:河北教育出版社,2001年。

图 2-1 《厮役演说》

起了决定性的作用。同年,《益森画报》5 期上刊出一幅《厮役演说》(图 2-1),说的是位于京师西四牌楼毛家湾的振懦女学堂门口,"一女生仆人,年五十余,初十傍晚,在该堂门首对各家父兄及仆人演说'阅报之益',津津有味,颇能动听"。记者感叹的是"演说不奇,出自厮役则奇";我则惊讶于作者竟如此敏感,将同为新学象征的"读报"与"演说",置于"女学堂"门前,彻底落实了梁启超"传播文明三利器"的设想。

除了个人的即兴发挥,晚清演说的主要场所,是各种民间社团的集会。张玉法在《清季的立宪团体》一书中,辑得国内各地及海外各埠的民间社团共 668 个①，而桑兵综合李文海、Bastid、朱英等人的考证，认定晚清各类社团已达两千有余②。这么多社团，开展活动时，无论身处国内还是海外、都市还是乡镇，"演说"都是必不可少的主课。此类演说，有同人之间切磋技艺的，但主要功用还是"唤起国民思想，开通下流社会"③。

兰陵忧患生撰于1909年的《京华百二竹枝词》中有这样一首："所开宣讲纸新闻，迷信捐除问几分。每月逢三土地庙，香花士女众如云。"诗后自注："宣讲所、新闻纸，极力开通智识，破除迷信。而土地庙香火，较前尤甚，令人不能索解。"将宣讲（演说）与报章并列，没有错；但将其功用局限在"破除迷信"，则未免狭隘了点。比如上海的演说，就不是这个架势。《新中国未来记》第五回描写两名士黄克强、李去病来到上海的张园，现场观摩这里的演说：讲的是俄人在东三省如何蛮横，北京政府如何软弱，针对列强瓜分中国的野心，我同胞该怎样反抗。这其中，"也有讲得好的，也有不好的，也有演二三十分钟的，也有讲四五句便跑下来的"，"通共计算，演过的差不多有二十多位"。④在诗人及小说家眼中，国内的演说之风，虽不尽如人意，毕竟开了个好头。

讨论迅速崛起于晚清的"演说"，必须厘清其与"宣讲"与"说

---

① 其中商业类265，教育类103，政治类85，学术类65，外交类50，农业类、风俗类各26，青年类、艺文类各17，宗教类6，工业类、慈善类各4。参见张玉法《清季的立宪团体》90—144页，台北："中研院"近代史研究所，1971年。

② 参见桑兵《清末新知识界的社团与活动》274页，北京：三联书店，1995年。

③ 《练习演说会之发达》，1904年11月9日《警钟日报》。

④ （饮冰室主人）：《新中国未来记》第五回，《新小说》7号，1903年9月。

书"的关系，方能明白此一"新旧杂陈"的启蒙手段，如何有效地促成了其时的政治革命与社会改良。

说"如今最于开通风气有力量的，就是演说"，那是假定演说真的能"对着众人发明真理"。可实际情况并非全然如此，就像《大公报》文章所警示的："讲的稍有个宗旨不正，好者弄成一个从前初一、十五宣讲圣谕的具文，坏者结成一个寻常说书场儿的恶果。"①

传统中国的思想教化，自有一套独特的制度设计。如明太祖于洪武二十七年（1394年）设立"里老人"制，四年后颁布《教民榜文》，其第十九条规定，每乡每里各置木铎一个，于本里内选年老残废或瞽目者，令小儿牵引持铎循行本里，直言叫唤，劝人行善，词曰："孝顺父母，尊敬长上，和睦乡里，教训子孙，各安生理，毋作非为。"这就是所谓的圣谕六言。入清，有《康熙圣谕》以及雍正的《圣谕广训》，都是强调传统伦理道德的宣讲。② 这也能解释为何清廷并不全盘反对演说，除兄弟和睦孝顺父母外，地方自治等各项新政也都需要有人宣讲；否则，穷乡僻壤的小民百姓何从知晓？政府对于方兴未艾的"演说"，真是又爱又怕，既希望宣传新政，又想杜绝"一切偏激之谈"。可这，基本上是一厢情愿。反过来，革命党或维新志士，也不愿意新兴的"演说"很快落入宣讲圣谕的老套。于是，提倡演说者，不能不格外关注其中蕴涵的"新思想"："因为这演说一道，不专在乎口才，总要有学

---

① 《敬告宣讲所主讲的诸公》，1905年8月16日《大公报》。
② 这段文字，乃根据李孝悌《清末的下层社会启蒙运动：1901—1911》（石家庄：河北教育出版社，2001年）65—66页撮要；另外，本节的论述，受李著第四章"宣讲、讲报与演说"的启发，特此致谢。

问,有见识,有新思想,才可以登台演说。……要不然,竟仗着能说,说出来不但不能开民智,或者倒须闭民智。"① 事实也是如此,只有当话题涉及国计民生乃至世界大势时,演说方能吸引求知欲强且富有政治激情的年轻人。

至于演说与说书之间的纠葛,更是个有趣的话题。传统中国,说书以及演戏,乃是民众获取知识陶冶性情的重要途径。借助动人心弦的故事情节,传播特定的思想观念与伦理道德,此举为晚清的维新志士所积极借鉴。梁启超之提倡小说界革命,看中的正是"小说有不可思议之力支配人道";批判"旧小说"诲淫诲盗,赞赏"新小说"觉世新民,骨子里依旧是"文以载道"②。有"专欲发表区区政见"的政治小说③,又有在剧场中大声疾呼的"言论小生",你怎么能要求"演说"与"说书"彻底划清界限呢?当然,一讲故事,一重言论,二者不难区隔。问题是,在群情激愤的特定语境里,"人人都能听得懂"且"最易动人"的演说,跳出专门设置的讲坛,阑入小说、戏剧、说书等艺术形式,一点都不奇怪。或者说,这正是当事人所刻意追求的效果。举个例子,1906年的《北京画报》上,曾刊出一幅《戏园子进化》(图2-2),上面题有:

---

① 参见《说宣讲所》,《敝帚千金》第二册,1905年9月。关于《大公报》附张《敝帚千金》,参见杜新艳《白话与模拟口语写作——〈大公报〉附张〈敝帚千金〉语言研究》,夏晓虹等《文学语言与文章体式》379—410页,合肥:安徽教育出版社,2006年。

② 参见拙著《二十世纪中国小说史》第一卷1—8页,北京:北京大学出版社,1989年;《小说史:理论与实践》227—242页,北京:北京大学出版社,1993年。

③ 参见饮冰室主人《新中国未来记·绪言》,《新小说》1号,1902年11月。

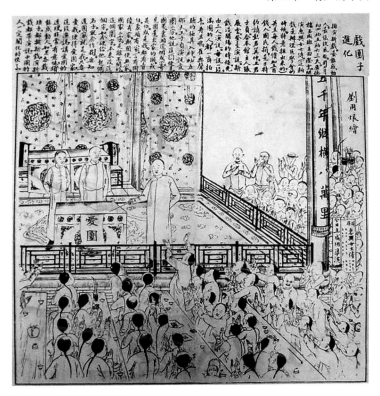

图 2-2 《戏园子进化》

排演新戏,最能感动人,最能改风俗。闰四月初四初五初六三天,广德楼玉成班主田际云,开演《惠兴女士传》(这出戏是办理匡学会的时候,特意排出来的)。并且每人戏价加五百钱,入国民捐。是日特约请彭君翼仲、王君子贞,合本馆主人张展云,登台演说。新戏没开场的时候,先由三人演说。每说一段,满园的人,都一齐拍手。并且鸦雀无声,听的极其入神。……如果各班戏子,都排新戏,演新戏都带演说，中国的人，一定开化的快了。①

此举当时影响很大，《大公报》及《顺天时报》上，都有相关报道②。既然演说可以提升新戏的道德水准，新戏又能酿造演说的情感氛围，二者珠联璧合，何乐而不为？

演说作为一种声音，再精彩，再催人泪下，也都是转瞬即逝。如何扩大演说的接受面，在没有录音设备的年代，最理想的方案，莫过于尽量将声音转化成文字。秋瑾除了建议成立演说练习会，更希望"又把演说的话刻了出来，把大家看了，可以晓得些世界上的世情、学界上的学说"③。刘师培的思考更为切实：演说若想"推行于极远"，最好的办法便是与白话报刊结盟：

> 中国自近世以来，演说之风，虽渐发达，然各省方言参差不一，方隅既隔，解语实难。且演说之设，仅可收效于一乡，难以推行于极远，是演说之用，有时而穷。若白话报之设，虽与演说差殊，然收效则一。④

---

① 《戏园子进化》，《北京画报》3期，光绪三十二年（1906年）四月。
② 参见李孝悌《清末的下层社会启蒙运动：1901—1911》109页，以及夏晓虹《旧戏台上的文明戏——田际云与北京"妇女匡学会"》，《现代中国》第五辑，武汉：湖北教育出版社，2004年12月。
③ 秋瑾：《演说的好处》，《秋瑾集》4页。
④ 《论白话报与中国前途之关系》，1904年4月25—26日《警钟日报》。此文刊"社说"栏，未署名，之所以断为刘师培作品，参见李妙根编《刘师培生平和著作系年》，《刘师培论学论政》484页，上海：复旦大学出版社，1990年。

同样讲究浅俗易懂，同样为了传播新知，在白话报刊上设立"演说"专栏，这是一个"双赢"的局面。

也幸亏秋瑾、刘师培等人将声音转化为文字的不懈努力，我们今天谈论晚清的"口语启蒙"，才有了足够的人证物证；否则，很难避免"口说无凭"之讥。"演说"与报刊、书局结盟，最初只是为了扩大接受面；日后竟能左右白话文运动的发展，甚至影响文章体式的变革，可是始料未及的。

二　演说的诸面相

犹如晚清无数新生事物，"演说"之提倡，首先是找到恰当的追摩目标。榜样有远有近，《新小说》与《顺天时报》的说法，便各自有所侧重：

> 演说一道，最易动人。故欧美特多，分门别类，几于无一处，无一业，无演说。晚近日本学之，亦几于无一聚会，无演说。甚至数人之会，亦必为之。①

> 我东邻之日本，在今日已跻于一等强国之地位。当维新之始，其国之伟人，若木户孝允、大久保利通，皆提倡演说以唤醒国民。我国而欲自强也，则须开人群之智识；欲开人

---

① 上海知新室主人：《知新室新译丛·演说》，《新小说》20号（第二年八号），1905年9月。

群之智识，则须教育之普兴；欲教育之普兴，则以白话演说为基础也可。①

明治时代的日本，其演说风气的养成，乃欧风东渐的产物，故《新小说》从欧美说起，此思路没错；对于晚清的中国人来说，他们之所以"提倡演说以唤醒国民"，最切实的榜样是日本，故《顺天时报》专讲东邻的经验，当然也可以——更何况，《顺天时报》本来就是日本人开办的。

不过，讲日本经验，与其推崇木户孝允和大久保利通，还不如表彰福泽谕吉。后者最早将英文的 speech 译成"演说"，并从明治六年（1873年）起连续四年在庆应义塾与社友一起进行针对"演说"的专门训练；这种"口头论政"的崭新形式，一改传统通过文牍实现"上意下达"的政治运作。在这个意义上，"'演说'这一新媒体不仅改变了语言，也给都市空间的外观带来很大变化，成为'明治'这一新时代的一种象征"②。

在福泽谕吉的《劝学篇》中，有一则《论提倡演说》，也像中国人那样，从"正名"入手：

演说一语，英文叫作"Speech"，就是集合许多人讲话，即席把自己的思想传达给他们听的一种方法。我国自古没有

---

① 《论中国宜遍设白话演说所》，1905年8月25日《顺天时报》。
② 参见小森阳一著、陈多友译《日本近代国语批判》30页、41页，长春：吉林人民出版社，2003年。

听说有过这种方法，只有寺院里的说法和演说差不多。在西洋各国，演说极为盛行，上自政府的议院、学者的集会、商人的公司、市民的集聚，下至冠婚丧祭、开店开业等琐细的事情，只要有十个人以上集合在一起，就一定有人说明集会的主旨，或发表个人生平的见解，或叙述当时的感想，养成当众发表意见的风气。①

在具体辨析演说的功用时，福泽兵分两路：一是"口头叙事会让人自然产生兴趣"；一是"谈话演说在治学上的重要性"。②前者指向文学，后者关注学问，着重点在"口头"而非"浅俗"。在福泽看来，提倡演说，并非只是为了开启民智，《劝学篇》第十七篇《论人望》提及学习语言的重要性③，《文明论概略》第一章则谈到如何鼓励不同观点互相碰撞④，所有这些，都属于知识者的自我修养，或曰"自我启蒙"。不难看出，福泽谕吉对于演说的想象，与绝大部分晚清志士有很大差异。

---

① 福泽谕吉著、群力译：《劝学篇》65页，北京：商务印书馆，1984年。
② "比如用文章叙述出来不大使人感兴趣的事情，一旦改用语言说出，则不但容易了解，而且感人至深，古今有名的诗歌都属于此类。"（《劝学篇》66页）"换句话说，就是借观察、研讨、读书等方法搜集知识，借谈话交换知识，并以著书和演说为传播知识的方法。"（《劝学篇》67页）
③ "近来社会上演说会很多，可以听到有益的事情，诚属有利，如言语通俗流畅，则演说者和听众双方均感便利。"（《劝学篇》98页）
④ 《文明论概略》第一章"确定议论的标准"中，谈到鼓励不同观点互相碰撞方面，报章与演说所起作用："有识之士所以特别重视人民议会、社团讲演、交通便利、出版自由等，也就是因为它有助于人民的接触。" 见福泽谕吉著、北京编译社译：《文明论概略》5—6页，北京：商务印书馆，1982年。

演说者不该总是居高临下，必须学会反躬自省。如此重思想、善学习、能反省的演说者，在清末民初，并非全然没有；只是以往我们过于强调对下层百姓的"口头启蒙"，而忽略了演说可能存在别的面相。比如，谈及演说，我们更多关注其在政治史上的意义，而漠视其在学术史上的贡献。福泽谕吉所设想的"演说"如何有利于学问的形成与展开，在晚清以及当世，便都很少被提及。

李孝悌《清末的下层社会启蒙运动：1901—1911》设立专节，讨论"演说的内容"，其中包括"劝戒缠足""劝戒鸦片""特殊事件"（如1905年中美华工禁约风潮、1907年的江北大水灾）、"鼓励蚕桑、实业""时局与爱国""与新政有关者""与军队、警察有关者""革命宣传"等八类[①]。所有这些，未涉及任何学术文化的传承，属于政治宣传或社会动员，针对的是不识字或文化水平不高的民众。实际上，还有另外一种"演说"，同样值得关注，如章太炎的东京讲学（1906—1910年），以及创办《教育今语杂志》（1910年），以"浅显之语言"系统地"演述各种学术"。此类演说或"拟演说"，针对的并非粗通文墨者，而是有较高文化水准的"读书人"。随着新式学堂的迅速扩大，此类带有学术普及与文化交流性质的演讲，得到了很好的推广。

任鸿隽曾提及在东京听章太炎讲《说文》《庄子》以及"中国文学史"："倘能把他的讲话记了下来，可以不加修改，便是一

---

① 参见李孝悌《清末的下层社会启蒙运动：1901—1911》114—150页。

篇绝好的白话文章";"可惜他写成古文以后,失掉了讲时的活泼风趣"。① 几十年后的回忆,不免有些错漏,加上作者独尊白话,混淆了两种文体的不同功能。但有一点任鸿隽说得对,讲课和著述,口气及效果相差甚远。与章太炎东京讲学密切相关的,既有专门著述《国故论衡》,也包括"讲义"性质的《章太炎的白话文》。

阅读《章太炎的白话文》,即便对书中各文的来龙去脉不甚了然,单凭直觉,也很容易将这些与太炎先生平日著述风格迥异的文章,与"讲义"挂起钩来。至于书中各文,到底是演说的记录,还是演讲的底稿,抑或是"拟演说"的文章,一时很难判断。但可以肯定的是,这些文章都以潜在的"听众"为接受者。文章使用白话,有杂志体例的制约,但随意性很强的插话以及借题发挥,则与太炎先生平日著述之谨严大异其趣,倒是与其讲课之生动活泼十分吻合。

不管你持什么样的政治立场,也不管你的学术思路如何,进入新式学堂,你就不可能像朱熹等理学家那样"坐而论道";你只能在一定的学科体系中,介绍某一专门化的知识。对比康有为的《万木草堂口说》和梁启超的《中国近三百年学术史》,你很容易明白,变化了的,不仅仅是其传授的学业,更包括"讲学"这一形式。现代中国文人学者中,有不太擅长演说,主要以著述面对读者的②;但更多的是兼及声音与文字,如康有为、蔡元培、

---

① 任鸿隽:《前尘琐记》,《科学救国之梦——任鸿隽文存》708页,上海:上海科技教育出版社、上海科学技术出版社,2002年。
② 如柳亚子在晚清文坛很活跃,但因口吃,极少演说;严复、王国维学问好,也偶有讲稿传世,但远不及文章精彩。

章太炎、梁启超、刘师培、鲁迅、周作人、胡适、陶行知、梁漱溟、朱自清、闻一多等，都有不少精彩的"演说"传世。因此，谈论晚清以降的文人学者，专门著述固然重要，那些随风飘逝或因各种因缘残留在纸面上的"演说"，同样值得我们关注。

不妨就以鲁迅为例，探讨现代中国的文人学者，到底是如何兼顾"演说"的政治性与学术性的。鲁迅自称，"我曾经能讲书，却不善于讲演"①。前者大概指的是1920年代在北大讲授"中国小说史"（包括出版《中国小说史略》），以及在厦门大学讲授"中国文学史"（包括撰成《汉文学史纲要》）；后者则讽喻上海十年的诸多演讲"大可不必保存"。之所以不保留，并非找不到原始记录稿，而是因为：

> 而记录的人，或者为了方音的不同，听不很懂，于是漏落，错误；或者为了意见的不同，取舍因而不确，我以为要紧的，他并不记录，遇到空话，却详详细细记了一大通；有些则简直好像是恶意的捏造，意思和我所说的正是相反的。凡这些，我只好当作记录者自己的创作，都将它由我这里删掉。②

可见，所谓"不善于讲演"，在鲁迅，与其说是谦辞，不如理解为反讽。

其实，晚清以降，书院改学堂，学校里的教学活动，不再以

---

① 参见《〈集外集〉序言》，《鲁迅全集》第七卷5页。
② 《〈集外集〉序言》，《鲁迅全集》第七卷5页。

学生自修而是以课堂讲授为中心。这么一来，所有的大学教授，多少都得学会"演说"——不管是在课堂上，还是校园以外。鲁迅之登台演说，从早年的不太成功，到晚年的大受欢迎，既得益于其文坛领袖地位的确立，也与演说技巧日渐娴熟不无关系。

1912年六七月间，时任教育部社会教育司第一科科长的鲁迅，在北京夏期演讲会连续讲授"美术略论"。演说效果如何，读鲁迅日记，可知大略情形。第一次"听者约三十人，中途退去者五六人"；第三次"听者约二十余人"；第四次"初止一人，终乃得十人"[1]。四次演讲，只有第二次没记录听众的反应。鲁迅记日记，历来很简略，可这回连有多少人中途退去，他都记下来了，可见观察之细致，以及作者对此事之在意。你可以想象，空空如也的会场，只有一个听众，那是何等尴尬的局面；好在听众逐渐增加，这才让演讲者松了口气。

十多年后，已经成为一代文豪的鲁迅，北上探亲，顺便应邀在北京大学演讲。在给许广平的信中，鲁迅这样描述听众的精神状态：

> 下午到未名社去，晚上他们邀请我去吃晚饭，在东安市场森隆饭店，七点钟到北大第二院演讲一小时，听者有千余人，大约北平寂寞已久，所以学生们很以这类事为新鲜了。[2]

---

[1] 参见鲁迅《壬子日记》，《鲁迅全集》第十四卷6—10页。
[2] 鲁迅：《两地书》，《鲁迅全集》第十一卷308页。

虽语带调侃，但看得出来，作者其实很得意。未名社的李霁野日后撰写回忆文章，提及宴请席间，鲁迅谈起他在南方各地讲演，虽语言不通需要翻译，但很受青年欢迎，"这使先生在精神上感到很大的快慰"；而演讲结束后，"我们谈到这种热烈欢迎的情形，鲁迅先生告诉我们，南方的青年比北方的更热情，常常把他抬起来，抛上去，有时使他头晕目眩才罢手"。①

没有材料证明鲁迅接受过"演说学"方面的专门训练，但从他1926年在厦门大学的演说，我们可以断言，起码从那时起，鲁迅已经很好地掌握了广场演说的技巧。身为专门教授中国文学史的国文系兼国学院教授，"论理应当劝大家埋首古籍，多读中国的书"，可鲁迅反其道而行之，竟然以《少读中国书，做好事之徒》为讲题，博得"暴风雨似的拍掌声，连续响了好久"②，一点都不奇怪。细读鲁迅日记，不难发现，他做演说，多在半小时左右（偶有一小时的），这就与正规的课堂教学活动拉开了距离。连续两小时的言辞轰炸，对于教师与学生来说，都是个严峻的考验。而三四十分钟的演说，则更容易排兵布阵，只要出奇招，经营好两三个小高潮，这讲演就笃定成功了。鲁迅最后十年的演说，记录下来，往往是杂感而非论文——如《帮忙文学与帮闲文学》，诀窍就在这里。

晚清以降，随着新教育的迅速扩张，学者们的撰述，很容

---

① 参见李霁野《回忆鲁迅先生·鲁迅先生两次回北京》，《李霁野文集》第二卷29—30页，天津：百花文艺出版社，2004年。

② 参见朱金顺辑录《鲁迅演讲资料钩沉》16—19页，北京：北京师范大学中文系刊本，1979年。

易在专著、演说、教科书三者之间自由滑动。专著需要深入,教科书讲究条理,演说则追求现场效果,鲁迅很清楚其间的缝隙。查有记载的鲁迅演讲达五十多次,可收入《鲁迅全集》的只有16篇,不全是遗失,许多是作者自愿放弃——或因记录稿不够真切,或因与相关文章略有重复①。但只要入集,即便是演说,也都大致体现了鲁迅思考及表达的一贯风格②。在政治与学术之间,鲁迅保持了"必要的张力"——既反对学院派的"为学术而学术",也不希望将文学/思想/学术方面的演说,弄成纯粹的政治宣传。

晚清以降的"演说",可以是思想启蒙,可以是社会动员,也可以是文化传播或学术普及;更重要的是,这四者并非截然对立,而是存在着互相转化的可能性。意识到这一点,我们谈论近现代中国蔚为奇观的"演说",有必要引入教育体制、白话文运动、述学文体等一系列新的维度,而不再局限于如何"开启民智"。

三 演说与学堂之关系

在《新中国未来记》中,梁启超曾畅想维新五十周年大祝典,"处处有演说坛,日日开讲论会",演说者是各国专门名家,听众则是大学生。如此坚定不移地将"演说"与"学堂"相勾连,此

---

① 参见鲁迅《〈集外集〉序言》,以及朱金顺的《鲁迅演讲资料钩沉》和马蹄疾的《鲁迅讲演考》(哈尔滨:黑龙江人民出版社,1981年)。

② 参见拙文《分裂的趣味与抵抗的立场——鲁迅的述学文体及其接受》,《文学评论》2005年5期。

举大有深意。实际上，晚清以降，"演说"事业的迅速推进，学校确实是关键的一环。

一方面，演说之所以被关注与提倡，很大程度是因其可以作为学堂的补充；另一方面，学堂里的专业训练，又使得演说的内容及技巧大为提升。在这个意义上，二者互为因果，难解难分。就像梁启超设想的，学校、报章、演说三者同为传播文明之利器，只是因国家穷，民众识字少，只好更多地依赖演说。就因为演说浅俗，人人能听懂，按《顺天时报》的说法："是补学校之所未备，报章之所未及，其莫要于白话演说乎！"①这一点，连山西巡抚赵尔巽也认同。早在1902年，赵就曾上奏折，纵论如何广行教化以开民智："学堂之效，必在十年以后，不如白话演讲之力，敷陈甚浅，收效弥多。"②政治立场迥异，对于"教化"的想象千差万别；但将演说作为学堂的补充或替代，这一点，倒是得到晚清士人的高度认同。

"演说"需要学问，需要激情，也需要一定的技巧，并不是谁想说都能说好的。周桂笙连载于《新小说》上的《知新室新译丛》，"皆平日读外国丛报时，摘译其小品之有味者，而拉杂成之"，每则笔记后面，均有代表译者意见的"检尘子曰"。《演说》一则的"检尘子曰"是这样的："乙己六月以后，抵制美约事起，各社会之演说者无虚日。试往聆之，则今日之演说于此者，明日复演说

---

① 《论中国宜遍设白话演说所》，1905年8月25日《顺天时报》。
② 参见李孝悌《清末的下层社会启蒙运动：1901—1911》95—96页。

于彼。屡易其地,而词无二致,如移置留声器然。不知视此为何如也。"① 这与《文明小史》《学究新谈》《学界镜》等小说对于演说风气的讥讽,倒是若合符节。演说是个好东西,但演说并不容易,需要训练,需要学习。在这方面,学堂负有不容推卸的责任。

据黄炎培追忆,作为南洋公学特班的中文总教习,蔡元培引领他们"成立演说会,定期轮流学习演说"②。朱有瓛主编《中国近代学制史料》收录有南洋公学"演说会"的资料,可惜没注明年月,无法判定其与蔡、黄之关系。在演说会的"会章缘起"中,有这么一句:

> 演说乎!演说乎!永永万年,眉寿无极,与吾新中国终始,是吾所望也,亦学生之光彩也。③

如此激动人心的"呐喊",稍微夸张了些,但却很能显示那个时代新式学堂里师生们的趣味与使命感。

差不多与新世纪的曙光同步,各种新式学堂里,纷纷成立了演说会,开展演说方面的研究与训练。既有校长们的身体力行,也有学生们的自发组织,各方合力的结果,终于使得校园内外的演说水准,得以迅速提升。这里借钩稽相关史料,描述早年复

---

① 参见知新室主人《知新室新译丛》中的《弁言》及《演说》,《新小说》20 号。
② 黄炎培:《八十年来》,见朱有瓛主编《中国近代学制史料》第一辑下册 537 页,上海:华东师范大学出版社,1986 年。
③ 参见朱有瓛主编《中国近代学制史料》第一辑下册 544 页。

旦、南开、清华以及北大（京师大学堂）的演说活动，看看在20世纪最初的二十年间，演说是如何成为校园生活里最为亮丽的风景的。

　　1902年，马相伯在上海创立震旦学院，章程里就提到设宽敞的演说厅；第二年3月，学院正式开学，当即开展了制度化的演说活动。①1905年，马相伯因反对传教士控制震旦学院，另外创立复旦公学，其章程明确规定："每星期日或星期六下午开演说会，校长及校员、教员登堂演说"；而学生们也必须练习"聚散之仪文，辩论之学术"，具体做法是："先由一人登台讲演，然后轮流推举学生中一二人加以批评，使他们各人发挥自己的意见，互相观摩"。②事隔多年，马相伯回忆起当初如何召集全校学生开讲演会，教会学生们演说的技巧，"如分段，如开始怎样能抓住听众，结论怎样能使人对于他的演说获得具体的了解"，颇为得意③。对于马校长作为演说家的风采，其早年学生于右任曾有精彩的描述：

　　　　先生于星期日，必集诸生于大会堂，或讨论时政，或启沃新知，辄历一二小时不倦。……盖先生于演说最擅胜场，常能以诙谐之意态，调剂其端庄严肃之精神，故听者咸声入

---

① 参见宣炳善《大学演讲与自我启蒙》，《书屋》2005年8期。
② 参见《复旦公学章程》第十六章《演说规则》（朱维铮主编《马相伯集》，上海：复旦大学出版社，1996年）及马相伯《关于震旦与复旦种种》（朱有瓛主编《中国近代学制史料》第二辑上册714页，上海：华东师范大学出版社，1987年）。
③ 参见朱维铮主编《马相伯集》1110页、1151页。

心通,相悦以解。以余所见演说家,能兼科学分析与文学情感之长,使每一问题皆生动活泼,不感枯寂者,实以先生为最早之一人。①

知道演说的重要性是一回事,真的喜欢演说又是另外一回事;不仅喜欢,而且擅长,那就更难得了。马相伯之注重学生口头表达能力的训练,每周日举行演讲会,一人登台演说,众人参与评议,这既有耶稣会的传统,也包含了中国书院讲学的意味②。

另外一个喜欢且擅长演说的校长,可举出私立南开中学(1904年起)、南开大学(1919年起)的创办人张伯苓。1909年11月16日的《大公报》上,曾专门报道张伯苓率领南开私立第一中学堂的学生,在天津西马路宣讲所举办第二次通俗演说会,晚上七点开始,十一点结束,除慷慨激昂的政治演说外,还放映了欧美及日本风景名胜的幻灯片,据说听众有千人之多。学生能上街演说,与平日的训练有关。南开中学早年学生、后长期在南开大学担任领导职务的黄钰生,曾深情地回忆张伯苓校长是如何鼓励学生参加演说活动的:

> 就这样,在张校长的积极鼓励之下,演说活动开展起来了。各班在自己课室里练习演说,学生社团组织,也把演说当作一项重要活动,有全校性的演说比赛,优胜者得奖。全

---

① 于右任:《追念相伯夫子并略述其言行》,1939年11月26日《国民公报》。
② 参见《复旦大学志》卷一29页,上海:复旦大学出版社,1985年。

校性的演说会,也组织起来了。我们敬爱的周总理当时就是演说会的会长,我是会员。①

至于校长本人,每到周三第五六节课,便召集全校师生,在大礼堂里演说:"起初声调低缓,渐渐地昂扬起来,高亢沉重,表情也随之奋发。"②据另外一个老学生、日后成为台湾"中研院"院长的吴大猷回忆,张校长的演说很有特色:"他是很自然地'训话',题材顺口出来,庄中有谐,从来不讲空洞大话。"③

作为留美预备学校起家的清华（1911年清华学堂开办,第二年改名清华学校;1929年更名为国立清华大学）,对于演说课程的重视,在当时的中国,无出其右者。学校里不但安排了演讲教练,配备了专门课本,还要求学生从中等科四年级起,必须练习演说三年。校园里,于是活跃着各种练习演说与辩论的学生社团,如英文方面的"文友会""英语演说辩论会""得而他社",国语方面的"达辞社""辞命研究会""国语演说辩论会"等。此外,学校还设立了专门的演说辩论委员会,负责定期举办校内以及校级的演讲比赛。④

花那么大的功夫训练学生的演说能力（从文辞、结构、语

---

① 黄钰生:《早期的南开中学》,申泮文主编《黄钰生同志纪念集》39页,天津:南开大学出版社,1991年。
② 参见南开大学校史编写组《南开大学校史》37页,天津:南开大学出版社,1989年。
③ 吴大猷:《十年的"南开"生活》,《国立南开大学》,台北:南京出版社有限公司,1981年。
④ 参见苏云峰《从清华学堂到清华大学（1911—1929）》301—309页,台北:"中研院"近代史研究所,1996年。

速、声调,到手势、眼神以及心理素质),是否值得,当时以及后世,均有人提出质疑。这里不妨以闻一多作为个案,略加评说。从1912年入学,到1922年赴美,闻一多在清华园里度过了十年光阴。在这期间,受当时学校氛围的感染,闻也积极投身演说训练。日记中,多有练习演说的记载,以及担心落人后的表白;直到有一天,功夫不负有心人,闻方才如释重负:"演说果有进步,当益求精至。"① 虽在演说课程上投入很多精力,闻一多对于清华之过分关注口头表达能力,其实不太以为然②。二十几年后,作为西南联大教授的闻一多,积极投身昆明的民主运动,在不同场合,面对不同听众,即席演讲,挥洒自如,这个时候,早年清华打下的底子,终于还是发挥了作用。

当然,谈论"演说"与"学堂"之关系,最有名的,还属京师大学堂师生之因东三省事"鸣钟上堂"。1903年蔓延全国的拒俄运动,各地学堂多有卷入,媒体上更是充盈着各种抗议活动的报道以及各色人等的演说词③;京师大学堂因其特殊地位,具有指标性的意义,甚至可以说直接开启了日后绵延百年的"闹学潮"④。

---

① 闻一多:《仪老日记》,《闻一多全集》第十二卷413页,武汉:湖北人民出版社,1993年。
② 参见颜浩《千古文章未尽才——〈闻一多演讲集〉序言》,《现代中国》第七辑,北京:北京大学出版社,2006年6月。
③ 参见杨天石、王学庄编《拒俄运动》,北京:中国社会科学出版社,1979年;桑兵《晚清学堂学生与社会变迁》第二章第三节"以拒俄为中心的学潮高峰",上海:学林出版社,1995年。
④ 正如萧超然等《北京大学校史》所说的:"京师大学堂的拒俄运动,是北京大学历史上发生的第一次政治性群众运动,是北大学生运动的开端。"(31页,北京:北京大学出版社,1988年)

1903年5月3日的《大公报》上，有一则《记京师大学堂学生拒俄事》，详细报道京师大学堂的师生如何因东三省事"鸣钟上堂"："先由范助教演说利害，演说毕，全班鼓掌，有太息者，有流涕者"；接下来，各学生登台演讲，思筹善策。[①] 值得注意的是，这回的学生运动，既有传统的伏阙上书，也有演说、通电等新鲜的社会动员手段。而这，与学校平日的训练不无关系。带头上书管学大臣请代奏拒俄书的师范馆学生俞同奎，为纪念北大创办五十周年，撰写了《四十六年前我考进母校的经验》，其中讲到："当年我们的政治常识，都是偷偷摸摸，由片纸只字禁书中得来，自然不甚充足。但是对于朝政得失，外交是非，和社会上一班风俗习惯的好坏，都喜欢研究讨论。有几位特别能演说的同学尤喜作讲演式的谈话。每天功课完毕，南北楼常开辩论会，热闹非常。高谈阔论，博引旁征，有时候甚至于争辩到面红耳赤，大有诸葛亮在隆中，抵掌谈天下事的风度。"[②]

"演说"本身并无党派色彩，只是一种互相沟通以及表达思想观念的手段。可在专制社会里，此等独立思考、自由表达，已经构成对于绝对王权的巨大挑战。难怪事后朝廷一再下令，严禁学生立会演说。先是光绪二十九年（1903年）十一月，张百熙等制订《学务纲要》，指斥"近来士习浮嚣，或腾为谬说，妄行干预国政；或纠众出头，抗改本堂规条"，并于"各学堂管理通则"中专

[①] 参见北京大学校史研究室编《北京大学史料》第一卷573页，北京：北京大学出版社，1993年。

[②] 俞同奎：《四十六年前我考进母校的经验》，见陈平原、夏晓虹编《北大旧事》24页，北京：三联书店，1998年。

列"学堂禁令";后又有光绪三十三年十二月六日(1908年1月9日)的《学部为遵旨不许学生干预国家政治、联盟纠众、立会演说等知照大学堂》,其中特别说明:"不准干预国家政治及离经叛道,联盟纠众、立会演说等事,均经悬为厉禁。"①

如果只是"开启民智"之类无关宏旨的宣讲,或者学堂里关于文辞、结构、语速、手势的讲求,不曾引起公众的广泛关注以及政府的大力弹压,"演说"不可能成为政治史或文化史的研究对象。而实际上,不仅仅是1903年的拒俄运动,更包括1919年的五四运动等,凡有学潮的地方,演说都在发挥巨大的作用。甚至可以说,没有"演说"这么一种思想启蒙以及社会动员的特殊手段,就不可能有现代学潮的风起云涌、五彩斑斓。

可是,反过来,我们不能将校园内外的演说,全都与政治抗议联系在一起。实际上,在政治宣传之外,还有学问的传播;在思想立场之外,还有辩论的技巧;在正义感之外,还有平等心。而所有这些内在的张力,在五四时期北京大学的两个学生社团"雄辩会"与"平民教育讲演团"那里,都得到了充分的呈现。

四 "学艺"还是"事业"

五四时期活跃于北京大学的众多社团中,有两个是以"言说"为主攻方向的,一是发起于1917年12月的雄辩会,一是创立于

---

① 参见舒新城编《中国近代教育史资料》上册209页,北京:人民教育出版社,1961年;北京大学校史研究室编《北京大学史料》第一卷580页。

1919年3月的平民教育讲演团。历经百年沉浮，后者声名如日中天，前者则很少为人关注。这里试图勾勒两个社团的基本面貌、思想资源以及发展趋势，并将其对照阅读，目的是凸显五四那代人的文化姿态与思维方式。选择作为一种论述策略的"雄辩"或"讲演"，不只受制于拟想读者（听众），而且牵涉一系列重大命题：如学校与社会、思想与行动、怀疑与信仰、对话与独白、逻辑与立场、精英与大众等。而所有这些，深刻影响着五四以后中国知识者的历史命运，也让我们对于"演说"在新式学堂里的发展前景，有了新的视野与解读方式。

为纪念校庆，1920年12月17日的《北京大学日刊》上，专门载文介绍本校的"学生生活及活动"。"关于学艺方面者"，共开列了21项，如音乐研究会、画法研究会、哲学研究会、新潮社、英文演说会、雄辩会等；"关于事业方面者"，则有平民夜校、平民教育演讲团、学生银行等。其中对于"雄辩会"是这样描述的："暂分国语、外国语两部；以修缮辞令、发展思想为宗旨。每月开演说会一次，每学期开雄辩比赛大会一次。"关于"平民教育讲演团"的介绍则是："其宗旨在以通俗讲演之方法，增进平民之智识，及唤起其自觉心"；"定期讲演每月四次"，另有不定期演讲。都是演说，可拟想的听众不同：一局限于校园，一走上社会。也正因此，学校分得很清楚，前者属于自我修养的"学艺"，后者则是负有社会责任的"事业"。二者几乎同时并存于北大校园，到底是互相补充平等竞争，抑或水火不相容？这里牵涉到"演说"的不同功能及宗旨，值得认真钩稽。

第二章　有声的中国

　　1919年3月22日的《北京大学日刊》上，刊出两则布告：一是平民教育讲演团定于第二天在马神庙理科校长室开成立大会，"除报告及选举外，并筹商一切进行办法"，后附"本团团员录"（共39名）；一是校方"为奖励英文演说，增进辩才起见"，拟定章程、提供奖金，并确定每年5月间开演说赛会。① 相对于"平民教育讲演团"的边界清晰、旗帜鲜明，北大校园里热衷于演说竞赛的个人和团体，则显得面目模糊——单在1917年至1926年间，比较活跃的就有雄辩会、辩论会、英文演说会、国语演说会等。

　　1917年12月16日，"北京大学雄辩会"开成立大会，修订章程，选举职员，并请论理学教授章行严演说。三天后，北大雄辩会正式公布章程，称"本会以修缮辞令发展思想为宗旨"，分国语、外国语两部，每部分若干小组，除平日训练外，每学期举行一次雄辩大会。② 此后，《北京大学日刊》上，不时有雄辩会的通告以及相关活动的报道。而1918年1月17日《北京大学日刊》上所载北京大学雄辩会国语第一支部细则，让我们对其活动方式有了更为详尽的了解。该支部的活动分演说、辩论二种；会员均需练习演说及辩论；两星期举行一次常会，每次常会指定演说者二人，辩论者六人；请教员作为评判员；演说题目自选，辩论题目由评判员指定。③

　　演说的状态容易想象，辩论又是如何进行的呢？1918年1月

---

① 参见《平民教育讲演团广告》及《英文演说奖金条例》，均见1919年3月22日《北京大学日刊》。
② 《雄辩会开会》，1917年12月19日《北京大学日刊》。
③ 《北京大学雄辩会国语第一支部细则》，1918年1月17日《北京大学日刊》。

27日午前十时,在法科第一教室召开的辩论会,题目为"科学与宗教之消长",正方主张"科学日进而宗教日衰"。正反方各有三人上场,分主辩、第一助辩、第二助辩,按理论、言词、态度、复辩四项评分,其中态度、复辩两项不分上下,差别在理论与言词。正、反方的成绩是185对155、160比110,最后,正方以505比415分取胜。① 同年5月,还有另外一次辩论,论题是"最后之胜利在强权抑在公理",是否还是正方取胜,不得而知。

1919年3月14日《北京大学日刊》刊《改组雄辩会之提议》,称根据陈启修等提议,北大雄辩会改组为北京大学辩论会,理由是:

> 仲尼设教,立言语之专科;子产会盟,借辞令以安郑。盖阐扬学术,折冲坛坫,言辞之重,自古已然,而于今为甚。同人等有鉴于斯,前本练习辞令发展智识之宗旨,有北京大学雄辩会之组织。只以才力薄弱,时期过短,故规模虽具,而发展未遑。②

因会长西渡留学,"为免虎头蛇尾之讥",重订章程,定名为"北京大学辩论会",依旧"以阐扬学理、修饰辞令为宗旨","每两周开常会一次,专为会员练习辩论时间"。但邀请校长当会长、教职

---

① 《雄辩会布告·北京大学法科雄辩会国语辩论成绩表》,1918年2月5日《北京大学日刊》。

② 《改组雄辩会之提议·公启》,1919年3月14日《北京大学日刊》。

员当干事,加上"本会于适当时间与他校举行联合辩论会"①,这样的设计,已不全然是学生社团的规模,似乎更多体现校方的意愿。

五四运动爆发,辩论会发表公告,"于学潮未平静以前暂行停止练习"。说是"凡我会员,为国奔走,心神交瘁,无暇及此"固然可以,但更直接的原因,恐怕是疾风骤雨般的群众运动,与校园里优雅的练习辞令、切磋学问格格不入。因此,只能期待"学潮渐平,会员等得于忧患之余,复睹弦歌之盛"。②

与辩论会(雄辩会)在学潮中暂停活动恰好相反,平民教育讲演团则因五四运动的爆发,而得以大展宏图——不仅不断征招新团员,寻找演说场所,还走向乡镇,尽可能扩大听众范围。1921年9月29日《北京大学日刊》上,刊有讲演团总务干事朱务善所作的《北京大学平民教育讲演团缘起及组织大纲》,其中提到:

> (平民教育讲演团)创办不久,颇著成效。轰动一时之"五四"、"六三"运动,本团团员曾尽力奔走呼号,竭力宣传,颇有以促醒社会之自觉,而引起同情。至于"乡村讲演"尤为有力,盖此种讲演,能于最短时间内使大多数乡民得受

---

① 1919年3月14日《北京大学日刊》刊《改组雄辩会之提议》;同年4月22日《北京大学日刊》上有《辩论会开成立会纪事》。

② 参见1919年10月22日《北京大学日刊》所刊《辩论会启事》,以及同年11月13日《北京大学日刊》刊出的《辩论会通告第三号》。

少许常识,并能助长其兴趣。①

"以增进平民智识,唤起平民之自觉心为宗旨"的北京大学平民教育讲演团②,正式成立于1919年3月,最初社员39人,多为国民社和新潮社同人,后不断有人加入。据统计,前后有157位北大学生参与活动,其中甚至包括性格温和且明显不善言辞的俞平伯、朱自清等③。这个五四时期十分活跃的学生团体,其活动在《北京大学日刊》上多有报道;更因主要骨干为北京共产主义小组成员,其工作日后理所当然地受到史家的强烈关注④。

1919年3月8日《北京大学日刊》上,刊有《北京大学平民教育讲演团征集团员启》:

> 盖闻教育之大别有二:一曰以人就学之教育,学校教育是也;一曰以学就人之教育,露天演讲、刊发出版物是也。共和国家,以平民教育为基础。平民教育,普及教育也,平

---

① 朱务善:《北京大学平民教育讲演团缘起及组织大纲》,1921年9月29日《北京大学日刊》;另见王学珍等主编《北京大学史料》第二卷下册2611页,北京:北京大学出版社,2000年。

② 参见《北京大学平民教育讲演团简章》,1919年3月7日《北京大学日刊》。

③ 1919年5月3日《北京大学日刊》所刊《平民教育讲演团启事》,称新加入团员中有俞平伯;1920年3月19日《北京大学日刊》上的《平民教育讲演团分组单》中,第四组成员包括朱自清。俞平伯的生性沉穆不善言辞,可谓人所共知;至于朱自清,虽长期在中学、大学教书,同样不以演说见长。参见曹聚仁《文坛三忆》36页,北京:三联书店,1999年;吴组缃《佩弦先生》,郭良夫编《完美的人格》167页,北京:三联书店,1987年。

④ 参见萧超然《北京大学与五四运动》106—114页,北京:北京大学出版社,1986年;彭明《五四运动史(修订本)》228—230页,北京:人民出版社,1998年。

> 等教育也。……顾以吾国平民识字者少，能阅印刷品出版物者，只限于少数人，欲期教育之普及与平等，自非从事演讲不为功。

这与十几年前梁启超"大抵国民识字多者，当利用报纸；国民识字少者，当利用演说"的说法，何其相似乃尔。

平民教育之展开，不仅因国民识字少，还是讲演者道德自我完善的需要。1917年入北大国文门、结业后转入哲学系学习的邓康（中夏），既是平民教育讲演团的主要发起人，又带头成立了"北京大学马克斯学说研究会"，成为早期中国共产党人，其对于讲演团的自我定位，便另有一番天地。在1920年6月的一次演讲中，他给出的题目是"我们为什么要来讲演？"，副标题便是答案——"谋大学教育之普及"。[①]"平民教育"，对于演讲者和听众来说，同样重要；换句话说，这不仅仅是你们的事情，也是我们的事情。如此内外呼应，方才促成了北大平民教育讲演团的巨大成功。

可惜的是，当初回荡在京城内外的众多激动人心的讲演[②]，早已烟消云散。今天，我们无法获知邓康等人讲演的具体内容。其实，"声音"短暂，不如"文字"传之久远，这个问题，当事人早就意识到，只是因学生社团经费拮据，印刷讲演集的规划无从落实。据《平民教育讲演团开第三次常会纪略》称，会议讨论的

---

① 《平民教育讲演团报告》，1920年6月22日《北京大学日刊》。
② 相关史料，参见王学珍等主编《北京大学史料》第二卷下册2601—2612页，以及王学珍等主编《北京大学纪事》中1919年至1923年部分，北京：北京大学出版社，1998年。

事项就包括："为讲者及听者免除扞格起见，发行讲义"，"为普及京外起见，发行讲演集"。①半个月后登载的《平民教育讲演团启事》，也有："讲演员如恐方言名辞，不易为听众所晓，可作成讲义，交由本团代为油印。"②可讲演团的活动，主要靠的是"本团团员应纳常年金现币一元，愿特捐者听"③，这就决定了其经费的严重短缺。1922年3月22日《北京大学日刊》刊有《北大平民教育讲演团常年大会纪事》，提及会上再次讨论如何筹集"印刷讲演录款项"。相对来说，将讲稿送白话报纸发表，还比较简单；出版专门的讲演集，确实不太容易。所谓"暂向学校借洋五十元办理之"，因至今未见实物，我很怀疑是否真的落实④。

花开花落，大学校园里，年年新人换旧人，再活跃的学生社团，也都很容易"神龙见首不见尾"。即便我们找出一两则相关启事，依然无法改变"讲演团的活动究竟终于何时，已不可考"的局面⑤。大致而言，1923年以后，平民教育讲演团基本上停止活动；若偶有，也属于"余音袅袅"了。

随着政治局势的相对缓和，作为"事业"的平民教育讲演团渐行渐远；相反，作为"学艺"的雄辩会—辩论会—国语演说会等，其活动仍在继续，且逐渐活跃起来。

---

① 《平民教育讲演团开第三次常会纪略》，1920年3月16日《北京大学日刊》。
② 《平民教育讲演团启事》，1920年3月30日《北京大学日刊》。
③ 参见《北京大学平民教育讲演团简章》，1919年3月27日《北京大学日刊》。
④ 与此相类似，辩论会刊行杂志的计划（参见1919年10月22日《北京大学日刊》上的《辩论会启事》："拟自本学期起，除练习辞令之外，并发行杂志一种，以便互相讨论而为学术上之磋磨。"）似乎也落了空。
⑤ 参见萧超然《北京大学与五四运动》114页。

第二章　有声的中国

1922年4月21日,北大举行演说竞赛大会,由英文系主任胡适主持,东南大学教授陶行知与燕京大学教授博晨光、庄士敦等任评判员。评判的标准有三:思想方面,演说者必须有话说,不要找话说;组织方面,演说词之理论及文法上的构造,必须合乎逻辑;技术方面,说话自然,态度之表现须与其演辞之内容一致。获得第一名的是英文系三年级学生熊训启。在随后举行的华北专门学校演说会上,熊以《职业的国会代替省城的国会》为题,代表北大参赛;结果是南开和北大优劣不分,合得一二奖,清华得第三奖。①

这是英文演说竞赛,国语的呢?据1925年3月10日、15日《晨报》,还有同年3月16日《北京大学日刊》报道,华北六大学举行国语辩论会,经过一番激烈竞逐,北大的正组、反组均大获全胜。②而此前此后,在《北京大学日刊》上,与这些竞赛消息交叉出现的,便是各种演说会简章,以及如何聘请教授指点辩论演说之术。③眼见那个与一场政治运动紧密相连的平民教育讲演团逐渐退出历史舞台,作为大学教育的一个组成部分,各种各样的演说训练及比赛(国语的,英文的),则得以在大学校园里长期存留。时至今日,所谓"阐扬学理、修饰辞令",也还是不同政治/文化

---

① 参见王学珍等主编《北京大学纪事》上册96—97页。
② 《北大国语演说会、北大国语辩论会启事》,1925年3月16日《北京大学日刊》。
③ 1924年11月21日《北京大学日刊》上刊出《北大国语演说会简章》,声明"本会以练习语言交换知识为宗旨",会期每周五举行一次,聘请导师"以指导演说及辩论之进行";1925年12月1日《北京大学日刊》上载有《雄辩会通告》:本月4日午后7时在二院大讲堂开讲演大会,由陈启修、燕树棠、高一涵等讲授辩论演说之方术及理论,欢迎全体会员及校内同学参加。

立场的人都能接受的练习演说的"宗旨"。

史家周策纵在论及新文化运动兴起后,"新知识分子发起的大众教育运动"时,特别强调"学术性和普及性的讲演"。前者指向杜威、罗素以及美国教育家保尔·孟禄(Paul Monroe)、德国哲学家汉斯·德里斯赫(Hans Driesch)等,这些人在华的讲演稿或登于报刊,或汇集成书,对中国知识界影响甚大;后者则是北大学生廖书仓、邓中夏、罗家伦、康白情、张国焘、许德珩等人于1919年3月23日创立的"平民教育讲演团",该团成员在城市和乡村作了无数次讲演,一直活动到1923年①。在这个论述框架中,雄辩会等不值一提,因其不过是学校教育的有机组成部分。

我承认异军突起的平民教育讲演团在现代史上的贡献,但同时也不想抹杀当年北大及其他院校训练演说和辩论的意义。后者看似平淡无奇,可它形成一种风气,在读书作文之外,格外看重口头表达。这一现代社会对于大学师生的要求,影响极为深远。所谓"辩论",不同于独白性质的"演说",主要针对的是同道,承认事情具有多种可能性②,对话中包含着挑战与反省,强调学理与逻辑。如此尊重对手、自我质疑,更多属于精英们的自我启蒙。

---

① 参见周策纵著、周子平等译《五四运动:现代中国的思想革命》262—264页,南京:江苏人民出版社,1996年。

② 亚里士多德(曾译亚理斯多德)称:"我们只讨论有两种可能的事情。至于那些在过去、现在或将来都没有另一种可能的事情,没有人拿来讨论。"(罗念生译《修辞学》26页,北京:三联书店,1991年)现代中国史上的"辩论"与"演说",其差异正在于此。有没有对手,允不允许驳难,涉及开口说话时的心境与姿态。大部分情况下,居高临下的启蒙者,不允许、也没提供多种选择的可能性。

如果说"开启民智"是为人之学,那么,"阐扬学理、修饰辞令"则属于为己之学。在思想史的背景下谈论"为人"还是"为己",就好像"治国""修身"到底哪个优先一样,很难有明确的结论。只是因已有的历史叙述普遍关注前者,欣赏演说者的救世情怀,而忽略了其政治激情背后那个"居高临下"的姿态,我才反过来提醒注意对话性质的"辩论"——不一定叫"雄辩会",各大学校园里,类似的练习演说/辩论的团体很多,其对于大学生思维及表达的潜在影响,不该被小觑,更不该任其在思想史/文化史上永远失踪。

确实,"辩论"不如"演说"气势磅礴、畅快淋漓,面对的是同道,而非亟待教诲的下层百姓,必须有更多学理方面的考量,只能"一方面""另一方面",而无法"一言以蔽之曰"。在这个意义上,"演说"容易走上社会,"辩论"则始终只能局限在大学校园。可无论是"为人"还是"为己","演说"还是"辩论",都牵涉口头表达,都必须讲求辞令。还记得《新中国未来记》第三回"论时局两名士舌战"吗?如此长篇论辩,借用平等阁主人(狄平子)的批语:"拿着一个问题,引着一条直线,驳来驳去,彼此往复达四十四次,合成一万六千余言,文章能事,至是而极。"[①] 所谓"驳来驳去"的技巧,是需要长期训练的,并非一蹴而就。

前面已经提到,蔡元培教南洋公学特班生演说时,曾"示以日文演说学数种令参阅",可到底是哪些演说学著作,黄炎培没

---

① 平等阁主人:《〈新中国未来记〉第三回总批》,《新小说》2号,1902年12月。

说。倒是蔡元培任主笔的《警钟日报》，曾在1904年连续刊登广告，推荐钟观浩译日人冈野英太郎的《演说学》："惟书中图画精致，绘声绘色，于学演说者俾益不鲜。"① 可惜目前所知国内外图书馆收藏的钟译《演说学》，只有1920年代穗、沪刊行的本子。但无论如何，翻阅众多20世纪上半叶国人所刊演说学著作②，我们起码可以大胆断言："演说"已经成为现代中国极为重要的社会／学术／文化活动。

五 文章体式的革新

晚清以降迅速崛起的"演说"，不仅仅是社会／学术／文化活动，作为一种知识传播方式，甚至深刻影响了中国的文章变革。这里所说的"文章"，是传统意义上的，不局限于诗歌散文小说，更包含学术著述。就像陈源表彰胡适的考据文章，朱自清称颂胡

---

① 参见1904年4月20日至22日《警钟日报》。另外，同年4月25日，《警钟日报》又刊出了六折优惠的"《演说学》折价券"，称"开通社会风气，以演说之力为最大，是书图说详明，颇便学者"。

② 童益临编：《演说学讲义》，奉天：关东印书馆，光绪三十三年（1907年）；冈野英太郎著、钟观浩译：《演说学》，广州：文明书局，1923年；冈野英太郎著、钟观浩译：《演说学》，上海：国光书局，1925年；汪励吾：《实验演说学》，上海：人生书局，1928年；徐松石编著：《演讲学大要》，上海：中华书局，1928年；杨炳乾编：《演说学大纲》，上海：商务印书馆，1928年；余楠秋：《演说学ABC》，上海ABC丛书社，1928年；郝理思特（R.D.T.Hollister）著、刘奇编译：《演说学》，上海：商务印书馆，1930年；程湖湘编：《演讲学》，上海：商务印书馆，1933年；徐松石编著：《演讲学大要》（"初中学生文库"本），上海：中华书局，1935年；余楠秋：《演说学概要》，昆明：中华书局，1941年；任毕明：《雄辩术》，桂林：实学书局，1943年；任毕明：《谈话术》，桂林：实学书局，1945年；任毕明：《演讲·雄辩·谈话术》，桂林：实学书局，1946年。

的长篇议论文价值，都是注意到了近现代中国文章变革的这一大趋势。

陈源在《新文学运动以来的十部著作》中，首先推举的是《胡适文存》，而不是常人特别赞许的《尝试集》或《中国哲学史大纲》，理由是，"明白清楚"构成了"他的说理考据文字的特长"。陈甚至称："《胡适文存》却不但有许多提倡新文学的文字，将来在中国文学史里永远有一个位置，他的《水浒传考证》《红楼梦考证》也实在是绝无仅有的著述。"① 至于朱自清，在指导年轻人阅读《胡适文选》时，也专门指出："他的散文，特别是长篇议论文，自成一种风格，成就远在他的白话诗之上。"在朱自清看来，胡适的论文，采用的是"标准白话"，且讲究情感、对称、严词、排语、比喻、条理；"他那些长篇议论文在发展和组织方面，受梁启超先生等的'新文体'的影响极大，而'笔锋常带情感'，更和梁先生有异曲同工之妙"。② 这里讨论白话文学的成功，举的却是胡适的长篇论文，表面上有点错位，实则大有见地。

正如黎锦熙在为钱玄同立传时所说的，五四新文化运动初期，胡适发表白话诗"算是创体，但属文艺"；而"规规矩矩作论文而大胆用白话"，对于当时的读书人，"还感到有点儿扭扭捏捏"。③ 面向读书人而非下层民众的《新青年》，积极提倡并带头使

---

① 陈源：《西滢闲话》335—336页，上海：新月书店，1931年3版。
② 《〈胡适文选〉指导大概》，《朱自清全集》第二卷299—300页，南京：江苏教育出版社，1988年。
③ 参见黎锦熙《钱玄同先生传》，此传撰于1939年，现收入曹述敬《钱玄同年谱》作为附录；此处引文见曹著171页，济南：齐鲁书社，1986年。

用白话，挑战的正是这种不成文的"规矩"。只有在此背景下，才能理解刘师培在《中国白话报》上"述学"（1904年）①以及章太炎等创办《教育今语杂志》（1910年）的意义；也才能理解《新青年》同人为何热心于四处演讲、北京大学何以成立"以修缮辞令、发展思想为宗旨"的雄辩会，还有各地学堂为什么设立演说课程或组织演讲比赛。即便几十年后，在"报纸新闻副刊乃至普通著作"之外，白话作为学术语言，能否用于写碑撰史，依旧被人质疑②。

说到五四新文化人的贡献，论者一般沿用胡适的分析框架，称其不同于晚清白话报刊或字母运动的提倡者之处，在于"没有'他们'、'我们'的区别"，认定"白话并不单是'开通民智'的工具，白话乃是创造中国文学的唯一工具"。③这一总体判断，时至今日，仍大体有效。问题在于，晚清人对文章的区分，除了日后备受讥讽的"我们"和"他们"，还有不太为人注意的"学术文"（论学、论政）与"文艺文"（叙事、抒情）。

晚清以降，述学之文同样面临自我更新的使命。实现这一使命，主要通过两个途径，一是严复、梁启超、王国维等新学之士所积极从事的输入新术语、新语法乃至新的文章体式，借以丰富

---

① 如刊《中国白话报》5期的《中国理学大家颜习斋先生的学说》、6期的《黄黎洲先生的学说》、7期的《王船山先生的学说》等。

② 钱穆《中国史学名著》称："此刻白话文应用范围，其实也尚只在报纸新闻副刊乃至普通著作之类。如要写一传记，白话文反不易写。如要写一碑文，用白话，实不甚好。有时连日常应用文字也不能纯粹用白话，不得不转用简单的文言。若我们要来写一部历史，如《中华民国史》之类，单就文体论，便有大问题。"（97页，北京：三联书店，2004年）

③ 胡适：《五十年来中国之文学》，《胡适古典文学研究论集》153页，上海：上海古籍出版社，1988年。

汉语的表达能力。这一努力，符合百年中国"现代化进程"的大趋势，一直受到学界的重视。可还有一条蜿蜒曲折的小路，比如章太炎、梁启超、刘师培、蔡元培以及鲁迅、胡适等，面对新的读者趣味和时代要求，在系统讲授中国文化的过程中，提升了现代书面语的学术含量，为日后"白话"成为有效的述学工具，做出了独特的贡献。

回过头来，反省学界对五四白话文运动的论述，可以有几点修正：第一，《新青年》同人在提倡白话文时，确实多以明清章回小说为标本；日后讲授"国语文学"，也都追溯到《水浒传》等。可所有这些"溯源"，都指向"文艺文"（或曰"美文"），而不是同样值得关注的"学术文"。第二，白话文运动成功的标志，不仅仅是"国语的文学，文学的国语"；述学文章之采用白话，尤其是长篇议论文的进步，也是至关重要的一环。第三，晚清兴起、五四后蔚为大观的演说热潮，以及那些落在纸面上的"声音"，包括演讲的底稿、记录稿、整理稿，以及模拟演讲的文章，其对白话文运动和文章体式改进的积极影响，不容低估。第四，创造"有雅致的俗语文"，固然"以口语为基本，再加上欧化语，古文，方言等分子，杂糅调和"①；可这个"口语"，不限于日常生活语言，还应包括近乎"口头文章"的"演说"②。

也有学者注意到五四文学革命中周作人思想的特殊性，提及

---

① 周作人《〈燕知草〉跋》，《永日集》，上海：北新书局，1929 年。
② 参见拙著《触摸历史与进入五四》第四章"学问该如何表述——以《章太炎的白话文》为中心"，北京：北京大学出版社，2005 年。

其《国语改造的意见》和《国语文学谈》等文,"其实不过是像清季人一样主张分工:文章语重提高而口语重普及"。此说不无道理,但将其与刘师培的《论文杂记》或赵启霖的《详请奏设存古学堂文》相比拟,似乎有欠斟酌。① 原因是,作为五四新文化人,周作人心目中的"国语",毫无疑问是以白话为基石;即便写文章追求"用字更丰富,组织更精密",也"全以口语为基本"。如此"独尊白话",在周作人,是从不动摇的。只是对于时人之将"白话"等同于"口语""俗语"或"民间的语言",周大不以为然,这才转而强调民间使用的日常语言"言词贫弱,组织简单,不能叙复杂的事情,抒微妙的情思"。以现代人的口语为基本,"采纳古语""采纳方言""采纳新名词",经过一番锤炼与改造,催生出合格的"现代的国语",这一"把古文请进国语文学里来"的思路,明显不同于刘、赵之区分文白、让文言承担"保存国学"与"精诣之文学"的重任。②

　　文言白话之争,几乎贯穿整个20世纪的中国。③ 在我看来,所谓"现代国语"的形成,不仅牵连民族国家想象,还涉及区域文化、大众传媒、教育体制、文学类型等。就连"演说"的迅速崛起,也都跟"国语"的成熟不无关系。除了前面提到的以"白话"述学的重要性,还包括"白话"更适合于作为记录演说的文体。

---

　　① 参见罗志田《裂变中的传承》276—278页,北京:中华书局,2003年。
　　② 参见周作人《国语改造的意见》及《国语文学谈》二文,均收入《艺术与生活》,上海:群益书社,1931年。
　　③ 参见拙文《当代中国的文言与白话》,《当代中国人文观察》121—146页,北京:人民文学出版社,2004年。

第二章 有声的中国

　　1922年章太炎的上海讲学，有三种不同的记录整理本——《申报》的摘要本、张冥飞的文言本以及曹聚仁的白话本。在"本埠新闻"版摘要介绍章太炎每回的讲演内容，这已经是天大的面子，实在不好苛求。真正需要认真比较的，是张、曹二本。张书错漏百出，乱加按语，封面上还赫然写着"长沙张冥飞、浙江严伯梁批注"，难怪章先生极为愤怒①。至于年仅21岁的曹聚仁，其记录整理本为何能得到一代大儒章太炎的赏识，曹的解释是：第一，"章师的余杭话，实在不容易懂"，只有像曹这样"对于他的方言并不感到困难的人"，才没有理解的障碍；第二，在杭州一师念书时，曹已经读过《国故论衡》和《检论》，熟悉章太炎的学术思路，"又从单不庵师那里知道足够的关于今古文家争执知识"，因此，记录稿才可能"没有错过一句话，一个人名，一个地名"。②

　　这两点都很在理，可我还想补充第三点：因曹聚仁使用的是白话，更能传达太炎先生讲演时的语气与神态。对比张冥飞那蹩脚的本子，你会发现，章太炎很有个性的语言，以及许多精彩的表述，全被现成的套语弄得面目全非。有方音的缘故，也有学识的原因，即便全部"听懂"，以张冥飞的文言文水平，也绝难达意。

　　这里出现一个重大的难题：讲演者使用的是白话（即便章太

---

① 据太炎先生晚年弟子沈延国称："又先师曾谕延国云，昔在江苏教育会演讲，曹聚仁所记录（即泰东书局出版的《国学概论》），错误较少；而另一本用文言文记录的，则不可卒读。"参见沈延国《章太炎先生在苏州》，见陈平原、杜玲玲编《追忆章太炎》394页，北京：中国广播电视出版社，1997年。

② 参见曹聚仁《章氏之学》，章太炎主讲、曹聚仁记述《国学概论》175页，香港：学林书店，1971年；曹聚仁《中国学术思想史随笔》55—56页，北京：三联书店，1986年。

炎这样的古文大师也不例外），如果用渊雅高深的文言来记录、整理，不是绝对不可能，但必须经过一番伤筋动骨的改造。以至经过"文言"这个模子出来的"讲演"，很可能尽失原先的风采与神韵。在表情达意方面，文言自有其长处，但绝对不适合于记录现场感很强的"讲演"。偶尔也有例外的，如学过速记的罗常培，在北大念二年级（1918年）时，"用功的重心放在刘师培先生的中古文学和中古文学史上面。在讲堂要把他的'口义'用速记记录，回家后又逐字逐句地翻译成文言"①——这就是日后广泛流传的《汉魏六朝专家文研究》和《文心雕龙讲录》。如此"翻译"，即便成功，也都不是"原汁原味"。在某种意义上，学者的公开讲演，以及将讲演稿整理成文或成书，不管他主观上是否赞成白话诗文，都是在用自己的学识与智慧，来协助完善白话的表达功能；换句话说，都是在"赞助白话文学"。假如此说成立，那么晚清以降蔚然成风的"演说"，对于推广白话文，功莫大焉。②

晚清兴起的演说之风，确实有利于白话文的自我完善，以及"现代国语"的生产与成熟。除此之外，还深刻影响许多作家的思路与文风。演讲自有演讲的风采，一如文章的千变万化；或和风细雨，或雷霆万钧，各具面目，也各有千秋。有经验的读者都明白，"口若悬河"与"梦笔生花"不是一回事，适合于讲演的，不见得适合于阅读。一场主宾皆大欢喜的讲演，抽离特定时空，很

---

① 参见罗常培《自传》，《学人自述》268页，杭州：杭州大学出版社，1998年。
② 参见拙文《学术讲演与白话文学——1922年的风景》，《中国大学十讲》135—184页，上海：复旦大学出版社，2002年。

可能不知所云。相反，一篇精彩的专业论文或小说散文，即便由高明的演员朗读，也不见得能吸引广大听众。这一点，亚里士多德的《修辞学》说得很清楚："比较起来，作家的演说在论战场合显得淡薄；而演说家的演说，尽管口头发表很成功，拿在手上阅读，却显得很平凡，其原因是由于这种演说只适合于在论战场合发表；所以适合于口头发表的演说，不在口头发表，就不能发挥它们的效力，而且显得笨拙。"① 尽管亚里士多德对"笔写的文章"与"论战的演说"二者风格的区分，有其特殊含义（前者指典礼演说，后者指政治演说和诉讼演说），所谓口头发表的"演说"无须精确，更适合于表现性格与情感，还是很有道理的。

演说不同于专业著述，突出的是大思路，需要的是急智、幽默、语出惊人。如果用最简要的语言来描述，"演说"的特点大致是这样的：表达口语化，故倾向于畅快淋漓；说理表演化，故追求语不惊人死不休；追求现场效果，故受制于听众的趣味与能力；蔑视理论体系，需要的是丰富的高等常识；忌讳"掉书袋"，故不能过于深奥，更不能佶屈聱牙。而所有这些，都将影响文坛乃至学界的风气。

"演说"一旦入文，酿成了现代中国文章的两大趋势：一是条理日渐清晰，二是情绪趋于极端。原先以典雅渊深著称的文章，如今变得直白、浅俗，"卑之无甚高论"，这一点很好理解；更值得关注的是，演说之影响文章，使得表述趋于夸张，或尖

---

① 亚理斯多德著、罗念生译《修辞学》189 页，北京：三联书店，1991 年。

刻，或奇崛，全都剑走偏锋。熟悉演讲的都明白，台上台下，能否成功互动，十分要紧。演讲者固然借助语言、手势以及身段在调动听众的情绪，而听众通过拍掌、跺脚、嘘声乃至走人等，同样达成对于演讲者的诱惑，使得其身不由己，往听众的趣味靠拢。在这个意义上，所谓的"现场效果"，是演讲者与听众共同营造出来的。

对于演讲者来说，现场的氛围，构成巨大的压力。在十人、百人、千人、万人的场合演说，声调、语速、手势全都不一样；总的趋势是，人越多，手势越夸张，长句变短句、短句变单词（这里还得考虑麦克风放大尾音的影响）。在群众集会上演说，很难有冷静平和的思考与表达，往往是调子越唱越高，上得去，下不来。值得注意的是，这种"现场感"与"听众的压力"，很可能一直延续到书斋，渗透在你的思维以及笔墨之中。

1917年12月16日，在北大雄辩会的成立会上，章士钊应邀做了专题演说，讨论"调和论"之是非功过：

> 无论何种题目，两极端之说，最易动听；一经折衷，便无光彩。……调和论者必就甲说而去其乖戾之气，就乙说而去其偏宕之言。不知甲乙之说所以能存，正以其乖戾偏宕。今欲去其所以存立之基础，而强之入我无声无臭之范围，其事之难，有如登天。①

---

① 《章行严先生莅雄辩会演说纪要》，1917年12月20日《北京大学日刊》。

章本想论述的是"调和之妙用",可因"先生演说甚长,未克全录",单看发表出来的部分,更容易记得的,反而是"极端之说"。说者无心,听者有意,学生于此,很容易领悟到演说的诀窍。

这确实也是经验之谈。演说需要条理,需要智慧,需要幽默感,过于理性、稳健、缜密,其实是不合适的。某种意义上,演说与杂文相通,应该说狠话,下猛药,借题发挥,激情奔放,甚至不惜使用"语言暴力"。

不管你是左翼还是右翼,也不管你是否反感"宣传家文字",只要你选择广场演说,以平民百姓或年轻学子为拟想读者,必定趋于"激烈",而不可能"调和"。书生气的条分缕析,远不及尖刻的嘲讽或激进的口号吸引人。既然熟谙演说中"两极端之说,最易动听",转而为文,你可以想象,对于传统中国讲求温柔敦厚的文风,将造成何种挑战与冲击。

六 以"演说"为"著述"

现代中国日渐兴盛的"演说",其影响不仅及于"文章",还扩展到"学问"。学问该如何表述,面对专家还是大众,追求专深还是普及,这里面大有讲究。

五四新文化运动中,蔡元培、张謇、陈宝泉、汤尔和等大学校长,曾感叹近年士风日敝、民俗日偷,而关键就在于学术消沉;希望教育界负起责任,于是发起"学术讲演会":

> 同人有鉴于此，特仿外国平民大学之例，发起此会，请国立高等学校各教员以其专门研究之学术，分期讲演，冀以唤起国人研究学术之兴趣，而力求进步。①

"学术讲演会"的具体地点，在教育部会场、北京高师和北大法科礼堂。原先刊出的广告，第一讲是章士钊的"论理学"，后因章临时外出，改为陈大齐的"现代心理学"②。在此后的三个月里，除了上述二题，还举办过如下题目的系列讲演：社会与教育（陶履恭）、燃料（王星拱）、墨翟哲学（胡适）、天文学（高鲁）、放射性化学（俞同奎）、教育学（邓萃英）、生物与人生哲学（李煜瀛）、社会与伦理（康宝忠）、电子相对论（何智杰）、政治学（陈启修）、园艺与害虫学（夏树人）等。如此规模的"学术讲演"，在让大学走向社会的同时，也让"演说"承担起传播高等学问的责任。

大学教授们不再只是针对社会问题发言，而是努力向公众传播自己所擅长的专门知识。这么一来，如何有效地演说"学问"，在此后的半个多世纪里，受到学界以及社会的共同关注。当学者们不再满足于"口说"，将"讲坛"搬到了纸上，所谓的"著述"风格，便不可避免地发生嬗变。

如果采用的是传统的讲学形式，以解读经典为中心（如《复

---

① 《学术讲演会启事一》，1918年2月20日《北京大学日刊》。
② 《学术讲演会特别启事》，1918年2月22日《北京大学日刊》。

性书院讲录》)①，或因职责所在，演说时学术性不是很强（如《蔡子民先生言行录》)②，那么，将其言谈记录下来，相对来说还是比较容易的。但若讲授的是专深的学问，要实现从"声音"到"文字"的转化，难度可就大多了。

这就牵涉到晚清的另一个新生事物——速记法。梁启超特别推崇的日本政治小说《经国美谈》，正是矢野龙溪采用口述笔记的形式完成的；"同时他在卷尾附录了一篇名为《论速记法》的文章，向《经国美谈》的读者介绍了'速记法'"③。对于《清议报》能及时地译介"以稗官之异才，写政界之大势"的《经国美谈》，梁启超十分得意，在《本馆第一百册祝辞并论报馆之责任及本馆之经历》中特别予以表彰④。一年后，梁撰《新中国未来记》发表，第一回中有如下一段：

> 却说自从那日起，孔老先生登坛开讲，便有史学会干事员派定速记生从旁执笔，将这《中国近六十年史讲义》，从头

---

① 马一浮《复性书院讲录》（南京：江苏教育出版社，2005年）除总纲性质的《开讲日示诸生》《学规》《读书法》《通治群经必读诸书举要》外，主体部分按原典《论语》《孝经》《诗》《礼》《洪范》《易》来展开阅读与阐释，不受现代学科分类体系的制约。

② 1920年新潮社编辑刊行的《蔡子民先生言行录》，被视为蔡先生思想学说"最好的结集"（参见周作人《记蔡子民先生的事》和高平叔《〈蔡子民先生传略〉叙言》，见陈平原、郑勇编《追忆蔡元培》32—36页、287—290页）。此书共收文84则，大致可分为三类：演说40则，文章21则，序跋及书札23则。演说占主体（包括《劳工神圣》《以美育代宗教说》《就任北京大学校长演说词》等），但专业性不强。集中不少演说，除注明登坛时间，还有何时修订成文。

③ 参见小森阳一著、陈多友译《日本近代国语批判》110—111页。

④ 《本馆第一百册祝辞并论报馆之责任及本馆之经历》,《清议报》第100册，1901年12月21日。

> 至尾录出，一字不遗。一面速记，一面逐字打电报交与横滨新小说社登刊。①

如此强调"速记"，明显受《经国美谈》的启发。所谓"一字不遗"，当然过于夸张；但速记的出现，使得"演说"之成为"著述"，平添了许多可能性。

谈论中文速记，一般从蔡锡勇说起。京师同文馆毕业后，蔡在驻美使馆任参赞期间，对当时美国流行的"快字"感兴趣；回国后，参考美国凌士礼（Lindsley）的速记法，撰成《传音快字》一书，于光绪二十二年（1896年）在武昌刊行。到了清廷推行新政，设置咨政院，开会时亟需速记员，于是召蔡的儿子蔡璋进京，创办速记学堂，并将其父的《传音快字》改编为《中国速记学》，于1913年正式出版。②此后，不同的速记法纷纷面世，并被运用到实际生活中，对学术文化的整理以及思想的传播，发挥了很大作用。

速记法的形成与推广，对于"演说"之从声音转为文字，确实大有助益。但这中间，陷阱依然很多——即便速记员训练有素，还有口音差异，以及话题的专业性等。一般的社会动员或知识普及比较好记，倘若是"学术讲演"，可就没那么轻松了。

---

① 饮冰室主人：《新中国未来记》第一回，《新小说》1号，1902年11月。
② 参见葛继圣《中国速记应用的历史、现状、问题及建议——纪念中文速记创始一百周年》，《广西大学学报》1996年4期。

第二章 有声的中国

章太炎晚年曾拒绝刊行未经自己审定的讲演稿①，就是担心记录有误，以讹传讹。此举并非多余，谓予不信，请看北大校长蔡元培的经历。《新青年》3卷1号的"通信"栏里，收有蔡元培致《新青年》记者函：

> 《新青年》记者足下：鄙人归国以来，偶在会场演说，事前既无暇预备，事后亦不暇取速记稿而订正之。日报所揭，时有讹舛，以其报仅资一阅，即亦无烦更正。不意近日在政学会及信教自由（会）之演说，乃为贵杂志所转载，势必稍稍引起读者之注意。其中大违鄙人本意之点，不能不有所辨正。②

蔡元培自称信奉引力说及进化论，可报载他在信教自由会的讲稿，竟阑入一大段"宗教家反对进化论者之言"，让他实在不能容忍。至于"政教会演说报纸所载有漏脱，有舛误，尚无增加之语"。其中"最为舛误者"，蔡开列了十条，逐一辨正。

此信让既是北大文科学长、又是《新青年》主编的陈独秀狼狈之至，赶紧以"记者"名义附言："本志前卷五号，转录日报所载先生演说，未能亲叩疑义，至多讹误，死罪死罪。今幸先生赐

---

① 汤炳正称："当时，应全国学术界的要求，每一门课讲毕，即将听讲记录集印成册。先生以精力不给，付印前皆未亲自审校。因此，在听讲记录出版时，他坚决反对署上自己的名字。"见《忆太炎先生》，陈平原、杜玲玲编《追忆章太炎》462页。

② 《通信》，《新青年》3卷1号，1917年3月。《蔡子民先生在信教自由会之演说》及《蔡子民先生之欧战观——政教会欢迎会之演说》二文，刊《新青年》2卷5号（1917年1月）。

函辨正,读之且愧且喜。记者前论,以不贵苟同之故,对于先生左袒宗教之言,颇怀异议。今诵赐书,遂尔冰释。"[1]引领学界风骚的《新青年》尚且如此,其他报章的情况可想而知。

正是有感于此,后人为慎重起见,不太敢用报刊上的演说资料。可完全放弃这些口述实录文献,又实在可惜。若方豪编《马相伯先生文集》,其《凡例》的第一则称:"本书所收以先生亲自撰著之文字为限,其为先生口述,他人笔录或代作者,如先生生前各报刊登之谈话、语录、讲词等,一概不收。"[2]严守边界,宁缺毋滥,固然是好事;但对于研究者来说,我还是更喜欢半个世纪后朱维铮所主编篇幅剧增的《马相伯集》[3]。

不再满足于固守书斋的现代中国学者,开始走出校园,面对公众,就自己熟悉的专业发表公开演讲,而且借用速记、录音或追忆等手段,将"口说"变成了"著述"。对于此类不够严谨专深、但也自有妙用的"大家小书",到底该如何评价?

倘若速记者听得懂方言,有较高的文字修养,也能大致理解演讲的内容,这种情况下,速记稿还是可信的。当然,正式出版前,需要演讲者做一番仔细的修订。1922年商务印书馆初版的《东西文化及其哲学》,封面署的是"梁漱溟讲演,陈政、罗常培编录"。为什么这么署,不外是突出速记者的成就与责任。在《自序》中,梁漱溟称:"这是我今年八月在山东济南省教育会会场

---

[1] 《通信》,《新青年》3卷1号,1917年3月。
[2] 方豪:《马相伯先生文集·凡例》,《马相伯先生文集》,北平:上智编译馆,1947年。
[3] 朱维铮主编:《马相伯集》,上海:复旦大学出版社,1996年。

的讲演,经罗君莘田替我纪录出来,又参酌去年在北京大学讲时陈君仲瑜的纪录而成的。""在别人总以为我是好谈学问,总以为我是在这里著书立说,其实在我并不好谈学问,并没在这里著书立说,我只是说我想要说的话。"① 更有意思的是,这部现代学术史、思想史上的名著,连序言的落款都是"中华民国十年十月二十二日 漱溟口说 陈政记",可真是彻底的"口说"了。但这并不妨碍其成为一代名著。贺麟在《五十年来的中国哲学》中,就曾给予此书高度评价:"在当时大家热烈批评中西文化的大潮流中,比较有系统,有独到的见解,自成一家言,代表儒家,代表东方文化说话的,要推梁漱溟先生在一九二一年所发表的《东西文化及其哲学》一书。"②

以"演说"为"著述",不是完全不可行,除了演说前的殚精竭虑以及演说中的超常发挥,还依赖以下三点:一是需要好的记录稿,二是需要作者认真修订,三是需要读者转换阅读眼光。对此,举三本书,略作说明。

1932年,周作人应沈兼士的邀请,到辅仁大学做系列演讲。因其平日所思所感,别有会心,"既未编讲义,也没有写出纲领来,只信口开河地说下去就完了"。看过邓恭三(即日后成为著名历史学家的邓广铭)的记录稿后,周大为称奇:"不但绝少错误,而且反把我所乱说的话整理得略有次序。"于是,将讲稿交北平

---

① 梁漱溟:《〈东西文化及其哲学〉自序》,《东西文化及其哲学》,北京:商务印书馆,1987年。

② 贺麟:《五十年来的中国哲学》9页,沈阳:辽宁教育出版社,1989年。

人文书店刊行。表面上,作者姿态很低,一再谦称此书"只是临时随便说的闲话,意见的谬误不必说了,就是叙述上不完不备草率笼统的地方也到处皆是,当作谈天的资料对朋友们谈谈也还不妨,若是算它是学术论文那样去办,那实是不敢当的"。可接下来的这句话,可见作者并非真的那么谦卑:"我的意见并非依据西洋某人的论文,或是遵照东洋某人的书本。"单是"这讲演里的主意大抵是我杜撰的"①,便可知作者的立意与抱负。在众多关于此书的评论中,钱锺书的意见最值得重视。钱对周说有所批评,但还是承认:"这是一本小而可贵的书,正如一切的好书一样,它不仅给读者以有系统的事实,而且能引起读者许多反想。"②称周书"有系统",实在有点勉强;但要说引起"许多反想",那倒是真的——时至今日,此书还在被人阅读、批评、引证。

1961年,应香港某学术机构的邀请,钱穆就"历史研究法"这一总题做了八次演讲。作者称:"这次一连八讲,由于时间所限,所讲总嫌空泛肤浅,又是语焉不详。我不能站在纯历史纯学术的立场来讲话,有时不免带有情感,随便空说,请诸位原谅。"③此讲演集,先由叶龙记录讲辞,再经钱穆本人整理润饰,1961年刊行于香港,1969年在台北重版。到了为台北版作序,钱穆开始自得起来,提醒"读者勿忘我此八番讲演之主要意义所在"。所谓"近人治学,都知注重材料与方法。但做学问,当知先应有一番意

---

① 周作人:《中国新文学的源流》1—3页,北平:人文书店,1934年订正三版。
② 中书君:《〈中国新文学的源流〉》,《新月》4卷4期,1932年11月。
③ 钱穆:《中国历史研究法》147页,北京:三联书店,2001年。

义",明显有所指。在钱穆看来,主流学者只讲研究方法,不考虑历史背后的文化与意义,并非理想的学术境界。①

同样是在香港,同样是为非本专业的学生讲课,牟宗三讲的是中国哲学。牟说得没错,在总共十二小时的系列演讲中,"想把中国哲学的特质介绍给社会上公余之暇的好学之士,当然是不很容易的"。可成书时,作者显然颇为得意,其"小序"相当有趣,值得大段引录:

> 本讲演并无底稿。在讲述时,托王煜同学笔录。口讲与自己撰文不同,而笔录与讲述之间亦不能说无距离。如果我自己正式撰文,也许比较严整而详尽。但有这个时间限制的机会,也可以逼迫我作一个疏略而扼要的陈述。这也自有其好处。而王君的记录也自有其笔致。换一枝笔来表达,也自有其新鲜处。顺其笔致而加以修改,也觉得与我的原意并不太差。紧严有紧严的好处,疏朗也有疏朗的好处。是在读者借此深造而自得之。②

好一个"疏朗也有疏朗的好处",一下子点到问题的关键,也说透了学术演讲之所以吸引人的奥妙。至于"顺其笔致而加以修改",更是道尽此类文章或著述的特点。

---

① 钱穆:《〈中国历史研究法〉序》,《中国历史研究法》。
② 牟宗三:《〈中国哲学的特质〉小序》,《中国哲学的特质》,台北:学生书局,1962年初版,1987年第6次印刷。

周、钱、牟三书,都是"小而可贵"。唯其篇幅小,讲者(作者)不能不有所舍弃;也正因此,面貌更加清晰,锋芒也更加突出。所谓"虽非著述之体,然亦使读者诵其辞,如相与謦欬于一堂之上"①;不以严谨著称,但"疏略而扼要","能引起读者许多反想"。在一个专业化成为主流、著述越来越谨严的时代,此类精神抖擞、随意挥洒、有理想、有趣味的"大家小书",值得人们永远怀念②。

比起"文字的中国"来,"声音的中国"更容易被忽略。引入随风飘逝的"演说",不仅是为了关注晚清以降卓有成效的"口语启蒙",更希望借此深入了解近现代中国的文章风气以及学术表达。

---

① 钱穆《中国史学名著》(北京:三联书店,2004年)一书"自序",称"此稿乃一年之讲堂实录":"亦有前后所讲重复,并有一意反复申明,辞繁不杀,此稿均不删削。亦多题外发挥,语多诫劝,此稿乃保留原语。虽非著述之体,然亦使读者诵其辞,如相与謦欬于一堂之上。"

② 近年风气大变,喜欢阅读"演讲稿"的大有人在。若北京的三联书店推出"三联讲坛","以课堂录音为底本,整理成书时秉持实录精神,不避口语色彩,保留即兴发挥成分,力求原汁原味的现场氛围"("缘起"),便博得读书界一片叫好声。至于像《钱仲联论清诗》(魏中林记)那样,"其中,评骘先贤时人诗文人品,思想言论,或褒或贬,'随口而谈','思至语出',为存原貌,并未刊落"(《钱仲联先生跋语》,《学术研究》2004年1期),更是为广大读者所喜闻乐见。

第三章 学术讲演与白话文学
——1922年的"风景"

　　八十多年前的初春,南京想必是莺飞草长;八十年前的残冬,京城应该是地冻天寒;八十年前的中秋,上海、天津的花好月圆,也在预料之中。公元1922年,中国南北四大城市,其风景到底如何,似乎没什么好说的。就算气温没现在高,能见度比今天好,也不至于"不知有夏,无论秋冬"。可说到人物活动的空间,以及故事展开的背景,可就不一样了:没有基本的历史氛围,很难驰骋想象。故还是提供基本的坐标,以便读者尽快进入规定情景。

　　从政治史上看,1922年不算什么好年头。2月,广东北伐军举行誓师典礼;6月,陈炯明叛变,率部围攻孙中山的总统府;8月,孙中山因领导北伐失败离粤赴沪。——这是南方的局面。北方呢?4月28日,第一次直奉战争爆发,直军八万,奉军十万,在北京西南展开殊死搏斗,杀得天昏地黑。胜者为王,败者为寇,乱哄哄你方唱罢我登场。读书人实在看不过去,5月间,由北大校长蔡元培领衔,胡适、李大钊、丁文江、梁漱溟等十六位社会贤达共同列名的《我们的政治主张》发表,希望"好人"过问政治,实现"好政府主义"。此举除了表示读书人的焦虑、天真以及责任感外,实际效果并不理想。

"乱世英雄起四方,有枪便是草头王。"这种局面,对于小民百姓来说,有百弊而无一利;对于文人学者,则不好一概而言。因为,乱世也有乱世的好处,政府对于思想文化的控制相对放松;各种太平年代可能引起轩然大波的改革,反而因其"无关紧要"而容易得以落实。比如,马克思主义的迅速传播,国语运动的成功推进,教育独立运动的开展,非宗教大同盟的论争,壬戌学制的通过,诸多国立学校的升级以及私立大学的筹建,还有整理国故运动的精彩亮相等,都是日后影响深远的事件。政局不稳,经费短缺,这明摆着的两大困境,并没有完全扼杀文化人的理想。

以北大校长蔡元培为例,这一年的工作,除了不断领衔向政府追讨拖欠的经费,以至不惜以集体辞职相威胁;还有另外一面,那就是率领北大逐渐走向学术化与正规化。后者包括议决创办自然科学、社会科学、国学、文艺四大季刊,邀请众多国内外著名学者和社会活动家前来讲学,成立专业性质的北大化学会、北大史学会、北大经济学会等。所有这些会议,有长短不一的讲演;而讲台上下,又常常可见蔡先生的身影——或亲临讲演,或为讲演者发布公告①。蔡先生之所以如此热心讲演,背后的思路

---

① 如1922年4月18日的《北京大学日刊》上,便刊有以校长名义发布的《美国山格夫人在北大讲演启事》,强调"无限制的生育,使人口之增加超过教养的能力,小之可致一身一家之贫窭,大之实为世界文化与和平之一大危机",故有必要讨论如何实行"生育制裁"。

是"教育并非全靠学校",如演讲会、植物园、博物馆、图书馆等,"都有教育的作用"[①]。

早在1901年出任南洋公学特班总教习时,蔡元培就有意培养学生们的演说能力。[②]读读晚清众多提倡演说的文章,以及关于各地如何开展演说的新闻报道,当能明白这种"口头启蒙"对于下层社会的意义[③]。不过,这里所说的演说,主要属于政治动员或社会启蒙,即针对不识字或文化水平不高的民众。另外,还有一种同样值得关注的演说,那便是章太炎1906年至1910年的东京讲学,以及1910年创办于东京的以"浅显之语言"系"演述各种学术"的《教育今语杂志》[④]。

就在这很不太平的1922年,有四位著名的文化人,分别在四座中国最重要的城市,举行若干有声有色的学术讲演。如此充满戏剧性的故事,本身便耐人寻味,更何况其相互激荡与对照补充,蕴涵着白话文学发展的某种不大为人关注的潜在动力。钩稽这一早已飘逝的"风景",既是对先贤表示敬意,也希望借此展开有效的对话。

[①] 蔡元培:《市民对于教育之义务》,《蔡元培全集》第四卷300页,北京:中华书局,1984年。
[②] 参见黄炎培《敬悼吾师蔡孑民先生》,1940年3月23日重庆《大公报》。
[③] 参见李孝悌《清末的下层社会启蒙运动:1901—1911》第四章"宣讲、讲报与演说",石家庄:河北教育出版社,2001年。
[④] 《教育今语杂志章程》,《教育今语杂志》第1册,1910年3月。

一　四座城市与四位学者（上）

在正式论述之前，有三点必须略作交代：第一，这里所说的讲演，并非学校里的正式课程，即便由大学出面组织的，也都属于"暑期学校"之类。第二，选择章太炎（1869—1936）、梁启超（1873—1929）、周作人（1885—1967）、胡适（1891—1962）四人作为个案，基于诠释两代学者不同风范的需要。第三，我所关注的，主要是这四位著名学者讲演的动机、过程、效果，以及其对于刚刚崛起的新文学之影响，而不是具体评述其讲演的内容。

依照中国人尊老敬贤的习惯，这里准备从章太炎讲学的上海说起；而后从南到北，一路说将过去，最后归结到新文化运动的发祥地北京。上海、南京、天津、北京，这四座现代中国举足轻重的大城市，各具特色，无法互相取代，但就其在文化版图上的位置而言，又大略可分作南北两组。与1930年代文学界的京派、海派之争不同，1922年的中国，南方学术的重镇在南京而不是上海。尤其是此前一年，南京高师演变成为第二所国立大学东南大学，更是有与北京大学遥相对抗的意味。而东南大学教授们编纂出版的《学衡》《史地学报》等集刊，又确实与北大为代表的新文化人趣味相左。我之选择章、梁讲学上海和南京，而把北京、天津讲学的任务留给周、胡，带有一定的象征色彩，并非"纯属偶然"。事实上，1922年的梁启超，南下前曾在天津南开做过讲演；而在东南大学暑期学校上，胡适乃被邀请的十五名家之一，负责讲授《实用主义》并兼作杜威的翻译。相对来说，章太炎与周作人比较单纯，这一年的讲学局限在所居住的上海与北京。

南北学术本就有分庭抗礼的意味，加上晚清与五四两代人知识结构不同，这四次讲学，因而充满玄机与悬念。江苏省教育会之所以出面组织国学方面的系列讲座，并非只是为了文化普及。1922年3月29日《申报》上所刊《省教育会通告》称，"自欧风东渐，竞尚西学，研究国学者日稀"，"同人深惧国学之衰微，又念国学之根柢最深者，无如章太炎先生，爰特敦请先生莅会，主讲国学，幸蒙允许"。从4月1日的"国学大概"，到6月17日的"国学的进步"，每周六午后开讲，共十讲。每回的讲演内容，《申报》都在"本埠新闻"栏做详细报道。只是原先许诺的"所讲述者，另有纪录员纪录，以便整理，送由章氏核阅，以便发布云"①，没有真正落实。坊间所见关于这次讲演的文字材料，都没有经过太炎先生的"核阅"。除了报纸上的着意宣传，此次讲演还留下两种著述，一是曹聚仁记录整理的《国学概论》，本年11月由上海泰东图书局出版，而后多次重刊；一是张冥飞笔述的《章太炎先生国学讲演集》，1924年由平民印书局推出。

如此大张旗鼓地"讲授国学"，即便说者无心，听者也会有意；更何况主持其事者确有"借章太炎来做复古运动的盾牌"的意味②。远在北京的早年弟子周作人，便对章先生的上海讲学很不以为然：

---

① 《章太炎讲学第一日记》，1922年4月2日《申报》。
② 参见曹聚仁《关于章太炎先生的回忆》，见陈平原、杜玲玲编《追忆章太炎》305页，北京：中国广播电视出版社，1997年。

> 对于太炎先生的学问,我是极尊重的。但我觉得他在现在只适于专科的教授而不适于公众的讲演,否则容易变为复古运动的本营,即使他的本意并不如此。

周作人之所以如此立论,是将《学衡》的出版、太炎先生的讲学,以及若干国粹主义的表演挂钩,认定"照现在的情形下去,不出两年大家将投身于国粹,着古衣冠,用古文字,制礼作乐,或参禅炼丹,或习技击,或治乩卜,或作骈律,共臻东方化之至治"。①一贯对世事持乐观态度的胡适,对形势的判断与周作人迥异,因而专门撰写《读仲密君〈思想界的倾向〉》予以辨正:《学衡》的攻击不足为虑,因新文化运动已过了讨论期;"至于太炎先生的讲学,更是近来的一件好事"。胡适的举证十分有力:当年太炎先生东京讲学的弟子,虽有黄侃守旧,但钱玄同、沈兼士、马幼渔等大都锐意革新。更有趣的是:"太炎先生有一次在讲演里略批评白话诗与白话文,次日即有邵力子与曹聚仁两君的驳论;曹君即是为太炎的讲演作笔记的人,这不更可以打消我们的疑虑吗?"②

梁启超的东南大学讲学,没有那么强烈的政治色彩,也未引起新文化人的警觉。倒是学衡派诸君对前来讲学的任公先生不太友好,嫌其"善变"与"趋新"。黄伯易《忆东南大学讲学时期的梁启超》一文,提及其时东南大学的教授们如何"围攻""冷

---

① 仲密(周作人):《思想界的倾向》,1922年4月23日《晨报副刊》。
② 胡适:《读仲密君〈思想界的倾向〉》,1922年4月27日《晨报副刊》。

落"梁氏①；但文中所涉及的吴梅、顾宬、陈钟凡、柳诒徵、胡先骕等，并没留下具体的讥梁文字。倒是同属东南大学系统的缪凤林、张其昀两位史学家，在任公先生1929年去世时撰写悼念文章，约略透露出当年东南大学诸君对于梁启超的评价。缪君的说法相当刻薄，将梁启超的学问归结为"揣摩风气"：

> 晚年讲学，尤好揣摩风气，儒墨汉宋，佛老科亥（玄），时时改易。前之以识见文字转移一代风气者，卒乃行文之末，亦随人为转移。故身后遗著，十九未完之作。吾人悼惜梁氏，益叹先哲学必立本之义为不可易也。②

张君于梁启超讲学金陵时曾"获侍教席"，撰文时语气恭敬得多，表彰其治学兴趣广泛，"实近代最富于修养之一通人也"，还专门提及梁先生的南京讲学：

> 昔梁先生在金陵讲学，不及三月，而教泽在人，令人念及，辄兴高山大泽之思，岂非其成效欤。南高、东大，已成为历史上之名词矣，其在现代教育史上之地位，兹不遑置论。惟有数事，颇有纪念之价值，即如聘请梁先生南下讲学，并赁定成贤学舍，敬候起居，梁先生亦常于暇时，邀集

---

① 参见黄伯易《忆东南大学讲学时期的梁启超》，见夏晓虹编《追忆梁启超》315—328页，北京：中国广播电视出版社，1997年。

② 缪凤林：《悼梁卓如先生（1873—1929）》，见夏晓虹编《追忆梁启超》117页。

学生，悠然叙谈，有欣欣向荣之气象；此则古代尊师重道之意，流风未沫者也。①

本是悼念文章，竟一转而成了大学传统的开掘——其时东南大学已改称中央大学，故有"已成为历史上之名词"云云。于悼梁文章中表扬起东南大学的"尊师重道"来，如此转移视角，借题发挥，不能不说是"别有用心"。

梁启超一生除笔耕不辍外，有过好几次"讲演热"。1922年的南京讲学，恐怕是最值得钩沉的。比起刚归国时的政治演说，或者晚年清华国学院的专业课程，南京时期的梁启超，需要照顾的面更广，既有东南大学的专业课程"中国政治思想史"，也应各类学校及社团之邀做专题演说。丁文江、赵丰田编《梁启超年谱长编》称，"从四月一日起，先生曾应各学校和团体之请为学术讲演二十余次"②，这其实只是收录在《梁任公学术讲演集》第一、二、三辑的文章，而非全部。这些讲演，有在上海、南通等地做的，但大部分集中在南京。比如8月5日、6日为东南大学暑期学校学员讲演《教育家的自家田地》和《学问之趣味》，11月3日为东南大学文哲学会讲演《屈原研究》，11月6日为南京女子师范学校讲演《人权与女权》，11月10日为东南大学史地学会讲演《历史统计学》，12月25日为南京学界全体公开讲演《护国之役回顾谈》。第二年的1月9日、13日在东南大学讲演《治国学的两条大路》

---

① 张其昀：《悼梁任公先生》，见夏晓虹编《追忆梁启超》124页。
② 丁文江、赵丰田编：《梁启超年谱长编》951页，上海：上海人民出版社，1983年。

和《东南大学课毕告别辞》。另外,还有未考定时间的为金陵大学讲《教育应用的道德公准》,为金陵大学第一中学讲《什么是文化》和《研究文化史的几个重要问题》等。

1922年梁启超的南京讲学,并非一气呵成,中间略有间隔。先是8月间为暑期学校等讲演,10月起至第二年1月方才正式在东南大学授课。除了收录在《梁任公学术讲演集》中的专题讲演,前者还留下了《中学以上作文教学法》,后者则以《先秦政治思想史》最负盛名。

热情洋溢的任公先生,几乎有求必应,其南京讲学之紧张与忙碌可想而知。在《学问之趣味》的讲演中,梁称"我只嫌二十四点钟不能扩充到四十八点",强调的是自家对于"天下万事万物"的兴趣;而在《复季常书》里所说的"但恨不能请上帝将每日扩充到四十八点耳",则是因工作实在太忙。① 这一点,读读任公先生11月29日写给女儿梁令娴信上所开列的"功课表",便一目了然:

> 每日下午二时至三时在东南大学讲《中国政治思想史》,除来复日停课外,日日如是。
>
> 每来复五为校中各种学术团体讲演,每次二小时以上。
>
> 每来复四晚在法政专门讲演,每次二小时。
>
> 每来复二上午为第一中学讲演,每次二小时。

---

① 参见《学问之趣味》,《梁任公学术讲演集》第二辑(上海:商务印书馆,1922年);《复季常书》,见丁文江、赵丰田编《梁启超年谱长编》967页。

每来复六上午为女子师范讲演,每次二小时。

每来复一、三、五从早上七点半起至九点半,(最苦是这一件,因为六点钟就要起来。)我自己到支那内学院上课,听欧阳竟无先生讲佛学。

此外各学校或团体之欢迎会等,每来复总有一次以上。①

如此拼命工作,焉能不出问题?终于酒醉后伤风得病,并检查出心脏有问题,任公先生不得不接受朋友们的劝告,削减部分校外的讲演。等到完成讲学任务,回到天津,梁启超当即发表启事:

鄙人年来虽委身教育,但惟愿就自己所好之学科为短期之巡回讲演,或自约同志作私人讲学,至于国立诸校之任何职员,断断不能承乏,敬吉学界诸君,幸无以此相瞩。鄙人顷患心脏病,南京讲课勉强终了,后即遵医命,闭门养疴,三个月内不能见客,无论何界人士枉顾者,恕不面会。谨启。②

以梁启超之好强,非到不得已,不会如此"遵医命闭门养疴"。可见梁氏南京讲学所付出的代价之大,在这个意义上,张其昀的表彰一点也不为过。

---

① 《与思顺书》,见丁文江、赵丰田编《梁启超年谱长编》968—969 页。
② 《梁启超启事》,1923 年 1 月 20 日《晨报》。

二　四座城市与四位学者（下）

相对于章、梁讲学的波澜起伏，胡适和周作人在天津、北京的表演，可就没那么大戏剧性了。这里的差别在于，前两者乃大名鼎鼎的政治活动家，主要舞台在社会而不是学堂，其讲学因而构成一种"事件"；而后两者则是刚刚"暴得大名"的归国留学生，作为北京大学的教授，讲学乃分内之事。

其时的太炎先生，正到处发通电，指导各路诸侯如何安邦治国，虽然效果不佳，但毕竟适合于"外行看热闹"。梁启超自1920年春欧游归来后，专注于文化学术，拒绝从事实际政治，但也不希望将自己固定在某个学堂。若使用传统的概念，章、梁的自我期许乃是"一代大儒"，或曰"通人"，而不是"专家"。毕竟时代变迁，周、胡二位名声再大，也都不再以"通人"自诩。伴随着西学东渐大潮，专业化思想逐渐深入人心，作为新文化人的周作人和胡适，其自我定位和社会期待均属于"文人"兼"学者"。

四人中年纪最轻的胡适，因提倡白话文而一夜成名。这一年，胡适除在北大教书，兼任教务长，还创办《努力周报》，撰写大量学术论文及时事评论。此外，还有公私不分的请吃与吃请，外加马不停蹄地四处讲演。其工作效率之高，实在不可思议。幸运的是，适之先生1922年的日记完整地保存下来，并已公开发表，我们很容易梳理出其讲演的路线：

2月18日在北京的模范讲演所讲《国语为什么应该研究》；3月18日在女高师用英文做《演说的要点》的讲演；3月25日在法

政专门学校演说"科学的人生观";4月9日到直隶教育厅讲演《道德教育》;4月26日到平民大学讲演《诗经三百篇》;5月26日到女高师讲演《宋元的白话韵文》;5月29日到女高师附属中学讲演《科学的人生观》;6月13日为奉天高师旅行团讲演《道德教育》;6月21日到萃文学校做毕业式的演说,题目为《教会学校与中国文化》;7月6日在山东省议会讲《中学国文的教授》[①];8月11日在小学女教员讲习会讲演《国语教学的兴趣》;10月14日到济南第一师范讲演《思想训练的原理》;10月18日在济南一中讲演《科学的人生观》;11月23日在美国大学妇人会用英文做《中国小说发达史》讲演。[②]

  这里所罗列的,仅仅是胡适自己记录下来的专题性质的讲演,还不包括那些没有具体题目,日记中只是"讲演"二字者。至于1922年胡适校外讲演的重头戏——在天津南开大学讲授《国语文学史》等,留待以下专门论述。

  3月9日,胡适告假前往天津,"在南开演说《国语文学史》的第一期";3月23日"在南开讲演第二次《国语文学史》"。这一天的日记,有两段话很重要。一是:

> 饭后伯苓带我去看南开学生的自修室。学生都在室用功,精神极好。南开近年进步很快,是一件可喜的事。

[①] 胡适1922年7月6日的日记有"四时,到省议会,讲演《中国国文的教授》"字样,可前边已有"在寓作《再论中学国文的教授》,作为下午讲演"的说明,故校改。见《胡适的日记》394—395页,北京:中华书局,1985年。

[②] 参见《胡适的日记》270—503页。

半年后，与朋友聊天时，对北大学生之动辄闹风潮表示不满，于是感叹："老实说，我自己有子弟，也不往北大送，都叫他们上南开去了。"① 正因对张伯苓所创办的私立南开大学很有好感，胡适方才乐意前往"集中讲义"。二是：

> 九时半，独坐无事，忽发愿修改去年十一二月做的《国语文学史》十四讲的稿本。

连续两天的日记里，记下此书的修改计划，准备从"两千五百年前的白话文学"《国风》，一直讲到"清代的白话文学"，以及"国语文学的运动"；清代部分注明"参用近作的《五十年的中国文学》"——这可是本年度刚完成的一册精巧的"文学史"。②

7月17日，原本准备在南开发表讲演，因到协和医院割痔疮而不得不改期。7月31日起，连续六天，胡适在南开大学的暑假学校讲"国语文学史"和"国语文法"。8月5日的日记中，记下南开大学奉送讲学费百元、旅费12元，接下来是一段感慨："暑假学校中的学生多有从直隶、山东的内地来的，颇愚陋，但朴实可敬，内中也有很用功的。"③

胡适的编写《国语文学史》，最初始于1921年教育部举办第三届国语讲习所。这册八星期内编纂的8万字讲义，有石印的本

---

① 参见《胡适的日记》293页、490页。
② 参见《胡适的日记》293—295页。
③ 参见《胡适的日记》418页。

子。接下来便是上述的1922年3月间的删改、暑假中的讲授，以及年底为教育部第四届国语讲习所讲授时的补正——其间南开暑期学校讲学时所印讲义，流传甚广。1927年，北京文化学社以南开油印本为底子，加上黎锦熙评述性质的长序，再附录《五十年来中国之文学》，终于有了公开刊行的《国语文学史》。据黎锦熙称，附录《五十年来中国之文学》，以补明清部分之缺失，是钱玄同提醒的[①]；这主意恰好与胡适"不谋而合"。只是在胡适看来，《国语文学史》毕竟是未定稿，朋友的擅自刊行，迫使其尽快修订，并于1928年由新月书店刊行其自认为名山事业的《白话文学史》[②]。《白话文学史》虽系精心结撰之作，篇幅也大为扩张，但只讲到唐代，而原先许诺一二年内出版的中下卷又不幸胎死腹中，这就使得兼及"两宋的白话文学"的《国语文学史》仍有存在价值。

四人中，对于讲演最为低调处理的，当属北大教授周作人。这一年，周氏除北大教职外，还兼任燕京大学国文系主任，并在女高师上课。鲁迅博物馆收藏《周作人日记》之公开刊行，让我们得以详尽了解1922年启明先生的学术活动。日记中只记往北大、燕京或女高师者，属于正常课程；在常见的"上午往北大，下午往燕大"外，还有若干讲演的记录。至于4月29日的日记，给大时代留下一小小的面影：

[①] 参见黎锦熙《〈国语文学史〉代序》，见《胡适文集》第八卷16页，北京：北京大学出版社，1998年。

[②] 参见胡适《白话文学史·自序》，《白话文学史》，长沙：岳麓书社，1986年。

第三章　学术讲演与白话文学

> 廿九日,阴,上午雨,即霁。抄译爱罗君演稿,下午了。闻西南有炮声。①

在炮声中准备讲演稿,别是一番滋味在心头。这一年的周作人,花了很多时间为俄罗斯盲诗人爱罗先珂抄译讲稿,并陪其到女高师、北大、燕大、孔德学校、法政学校等处讲演。作为已经成名的新文学大家,周为何如此心甘情愿地"为他人作嫁衣裳"?须知1920年的周作人,曾有《新文学的要求》(1月)、《新村的理想与实际》(6月)、《儿童的文学》(10月)、《文学上的俄国与中国》(11月)、《圣书与中国文学》(11月)等著名讲演传世。关键在于1921年的那场大病,先是住山本医院,后又移香山碧云寺养病,在撰写《过去的生命》《美文》以及翻译希腊作家的小说或法国诗人波德莱尔的散文诗的同时,周作人还写了一则《胜业》,此文很能见其志趣:

> 野和尚登高座妄谈般若,还不如在僧房里译述几章法句,更为有益。所以我的胜业,是在于停止制造(高谈阔论的话)而实做行贩。别人的思想,总比我的高明;别人的文章,总比我的美妙:我如弃暗投明,岂不是最胜的胜业么?②

---

① 鲁迅博物馆藏《周作人日记》中册237页,郑州:大象出版社,1996年。
② 周作人:《胜业》,1921年7月30日《晨报副刊》。

并非真的从此"停止制造",而是更愿意传播"别人的思想"与"别人的文章"。这种境界的获得,使得"渐近自然"的周作人,日后撰、译并重;而且,即便在自家文章中,也勇于发掘并表彰前人的思想与文章——当然也有借他人酒杯浇自家块垒的意味。

可时势比人强,已经开始经营"自己的园地"的周作人,也被裹挟进讲演的大潮中,只是数量及影响均无法与前三位媲美。略为清理,很容易钩稽出周氏1922年的讲演。2月21日"(沈)兼士约至孔德讲演",23日"往孔德学校讲演";5月24日"上午,作女高师演稿",同月30日"至女高师自治会讲演"[①];6月13日"上午,作《论小诗》了",16日"本约为燕大文学会讲演,因不适,辞之"(讲演虽未举行,讲稿载6月21—22日《晨报副镌》);8月4日"田君函约十六日往演说",13日"连日作演稿,上午了",17日"(下午)七时赴燕大教育会讲演",19日"傍晚往燕大讲演,九时半返";9月21日"上午,至燕大第二院讲演";10月21日"梁实秋君来约为清华文学社讲演"(这回的讲演拖到第二年的3月3日,讲题为《日本的小诗》,载1923年4月3—5日《晨报副镌》,收入《艺术与生活》);11月17日"晚,起手为妇女作文",12月16日"上午,至燕大女校讲演"。[②]

如此不嫌啰唆地抄录周氏日记,目的是显示周作人讲演的特色。比起章太炎来,周作人的讲题分散;比起梁启超和胡适来,

---

① 这回的讲题为《女子与文学》,讲稿载6月3日《晨报副镌》,强调女子有文学的需要,"今后的女子应当利用自由的文艺,表现自己真实的情思,解除几千年来的误会与疑惑"。
② 参见鲁迅博物馆藏《周作人日记》中册220—271页。

周作人对讲演似乎也缺乏自信与热情。但有一点,前三者都望尘莫及,那便是周作人的每篇讲演稿,都是很像样的文章。日记中常见连日作讲稿的记载,或一再拖延原先应允的讲演,似乎是打定主意非到"胸有成竹"时不登场。如此苦心经营的结果,其讲演的学术含量,自是比有邀必应者高。可这样一来,"讲演"与"著述"之间的缝隙被抹平,"听众"一转成了"读者",现场效果想必不太理想。好在北京的高校多,周作人主要面对大学教师与学生,谈的又多是"妇女""文学"等专业性话题,讲话文雅些问题不大。倘若放在上海,此类话题没有新闻价值;搁在南京,则必定成为《学衡》诸君的笑柄。也只有在新文化运动的中心,方才有人欣赏周作人慢条斯理但又是坚定不移地讨论"女子与文学"。

三 讲演者的风采

四位学贯东西的大名人,恰如其分地选择了四座大城市,分别登台讲演,构成了1922年中国思想文化界一道绚烂的风景。各人论题不一,表面上毫无关系;可在某些关节点(比如白话诗的评价)上互相指涉,值得仔细玩味。在具体讨论各自讲演内容前,有必要先欣赏讲演者的风采。

在没有录音录像设备的1920年代,所谓"讲演者的风采",只能靠时人的文字来呈现。这里需要史料的钩沉与考辨,更需要想象力的发挥;只有读者共同参与,我们才能大致复原那已经一去不复返的历史场景。

不妨倒过来，从以"讲演"为"文章"的周作人说起。单是讲演前的认真准备，以及讲稿之可以直接发表，而且还是可圈可点的"美文"，很容易判断周氏讲演的风格。上述应邀为清华文学社讲演《日本的小诗》事，在梁实秋的回忆文章里，有精彩的描述。梁氏的记忆力真好（不像是有日记做依据，因所记日期，常有一两年的误差），这两篇文章发表在周作人日记公开刊行前，提及那天进入八道湾周寓时鲁迅正和写新诗的何植三谈话，得到周作人日记的证实。梁不愧是散文大家，关于周作人讲演时状态的描述，实在有趣得很：

> 到了约定的那一天，他仆仆风尘的到了清华园。讲题是《日本的小诗》，他坐在讲坛之上，低头伏案照着稿子宣读，而声音细小，坐第一排的人也听不清楚，事后我知道他平常上课也是如此。一个人只要有真实学问，不善言辞也不妨事，依然受人敬仰，岂明先生便是一个实例。我后来看到他的讲稿发表，才明白他讲的原是松尾芭蕉等等的俳句。①

这也未免太夸张了，连主持人都不知道讲的是什么，一般听众岂非更是蒙在鼓里。《忆岂明先生》中这段渲染过度的描写，在《忆周作人先生》那里变得节制多了："由于周先生语声过低，乡音太

---

① 梁实秋：《忆岂明先生》，《梁实秋怀人丛录》200页，北京：中国广播电视出版社，1991年。

重，听众不易了解，讲演不算成功。幸而他有讲稿，随即发表。"①在电视直播成为时尚的今日，像周作人这样念讲稿，效果很可能是灾难性的；可在渴求新知的青年学生眼中，有真才实学的启明先生，"依然受人敬仰"。

同样是梁实秋，其描述梁启超的讲演，完全变了一副笔墨。在《记梁任公先生的一次演讲》中，梁实秋回忆1922年梁启超在清华讲演《中国韵文里头所表示的情感》：

> 任公先生的这一篇讲演稿，后来收在《饮冰室文集》里。他的讲演是预先写好的，整整齐齐的写在宽大的宣纸制的稿纸上面，他的书法很是秀丽，用浓墨写在宣纸上，十分美观。但是读他这篇文章和听他这篇讲演，那趣味相差很多，犹之乎读剧本与看戏之迥乎不同。……
>
> 先生的讲演，到紧张处，便成为表演。他真是手之舞之足之蹈之，有时掩面，有时顿足，有时狂笑，有时太息。听他讲到他最喜爱的《桃花扇》，讲到"高皇帝，在九天，不管……"那一段，他悲从中来，竟痛哭流涕而不能自已。②

在另一则短文里，梁实秋将同在台下听讲的梁思成也拉扯上，场面更为生动：

---

① 梁实秋：《忆周作人先生》，《梁实秋怀人丛录》272页。
② 《记梁任公先生的一次演讲》，见夏晓虹编《追忆梁启超》310—312页。

> 他讲得认真吃力，渴了便喝一口水，掏出大块毛巾揩脸上的汗，不时的呼喊他坐在前排的儿子："思成，黑板擦擦！"梁思成便跳上台去把黑板擦干净。每次钟响，他讲不完，总要拖几分钟，然后他于掌声雷动中大摇大摆的徐徐步出教室。听众守在座位上，没有一个人敢先离席。①

这两段文字实在太精彩，以至你不忍心质疑其真实性。梁启超讲演时很认真，也很投入，效果也不错，这点毫无异议。我感到疑惑的是，如何看待任公先生浓重的乡音，是否像梁实秋所说的："他的广东官话是很够标准的，距离国语甚远，但是他的声音沉着而有力，有时又是宏亮而激亢，所以我们还是能听懂他的每一个字，我们甚至想如果他说标准国语其效果可能反要差一些。"②

在夏晓虹所编《追忆梁启超》里，除了梁实秋这则名文，还有梁容若的《梁任公先生印象记》和杨鸿烈的《回忆梁启超先生》同样涉及任公先生的讲演。前者文章写得不错，作者很会捕捉细节，渲染气氛，只是其笔下的梁启超，讲演的效果实在不理想：

> 我最初听到他的讲演，是北京高师国文学会邀请，讲题是"清初五大师"，时间在民国十二年。他那时是五十一岁，蓝袍青褂，身材魁伟，有些秃顶，却是红光满面，眼睛奕奕有神。讲起来有许多手势表情，笑得很爽朗。他引书成段背

---

① 《听梁任公讲演》，《大成》130期，1984年9月。
② 《记梁任公先生的一次演讲》，见夏晓虹编《追忆梁启超》311页。

诵,背不下去的时候,就以手敲前额,当当作响,忽然又接下去。敲几次想不起来,就问当时陪听的教授钱玄同、单不庵、杨树达等。熟于学术史的单不庵先生,常常能随时提醒他。他懒于写板书,他的广东官话对于我们很生疏,所讲的问题,事前又没有预备知识(这时我对于黄黎洲、王船山、顾亭林、李二曲、朱舜水等的书和传记全没有读过),所以两小时讲演的内容,听懂的实际不到六成。当晚在日记里写"见面不如闻名,听讲不如读书",因而联想任公先生南北奔驰,到处登坛讲学,究竟是否收到比著书更大的效果,怕要大成问题。①

照梁容若的解释,当年北京城里大学文科教授浙江籍的最多,学生于是练就听浙江方言的本事;至于广东籍的,只有梁启超和黄晦闻(节)。后者讲六朝诗,印有详细讲义,所以不感困难;困难的是听激情洋溢的任公先生讲演,很少人能完整记下来。

梁实秋、梁容若都只是偶尔听讲,其褒贬未免带有很大的主观随意性。更值得重视的,是梁启超晚年入室弟子杨鸿烈的回忆。先是私淑弟子,后又考入清华国学研究院,追随梁师读书,毕业后又因梁的推荐任教南开大学,课余还常到梁宅请益、借书,杨君应该说是难得的见证人。在《回忆梁启超先生》中,杨君是这样谈论梁启超的讲演的:

---

① 梁容若:《梁任公先生印象记》,见夏晓虹编《追忆梁启超》339—340页。

> 长期以来，梁氏虽为众所公认的一代作家，但在说话的时候，虽非蹇缓口吃，却很缺乏流利明白的口才，他在讲演的时候有时只闻"啊啊"的声音，即表示其词不达意。……后来，因梁氏常与外省人周旋接触，新会乡音便逐渐改变，所以他某次提及在河南开封时，应冯玉祥督办的邀请，向西北军的官兵讲话的一段故事，说当时，因自己一时情感兴奋，竟滔滔不绝，使冯玉祥首先放声大哭，全军亦泣云。但这只是他一生所仅有罕见的场面。事实上，全国大多数听众都以不能完全明了他的西南官话为憾。尤其在华北方面，如一生最崇敬他的前北京高等师范学校教务主任兼史学教授王桐龄氏，凡有梁氏的讲演，几乎风雨无阻，每次必到，但总是乘兴而往，怏怏而归。问其所以，总是自认对于讲词的某段某节，竟完全听不明白，其他人士，十有五六，亦均抱同感。①

中间省略部分，是引录王照关于戊戌变法时梁启超不会讲官话，口音差池，导致与光绪君臣间相对，无法表情达意的故事。此类故事不只一见，其真实性有待验证。至于任公先生的浓厚乡音，妨碍其讲演水平的发挥，我想是确定无疑的。看看当年东南大学的学生，是如何描述梁启超讲授"中国政治思想史"课程的情景：

---

① 杨鸿烈：《回忆梁启超先生》，见夏晓虹编《追忆梁启超》287页。

> 他并不是一位具有讲话天才的人。他教书和讲演都有充分情感,可是都没有办法表达出来,甚至急时还有口吃现象。他的广东官话也要听过一两星期才能习惯。可是课后私谒则清谈娓娓,引人入胜,于为学作文都有指示。①

如此说来,所谓梁启超的广东官话比标准国语更有力,也更有味道,大概只能理解为"不平常""有个性"。

虽说因夫人指教,"得谙习官话,遂以驰骋于全国"的自述②,必须稍打折扣,梁启超带新会口音的官话,应该还是比章太炎的浙江话好懂。许寿裳《亡友鲁迅印象记·从章先生学》和周作人《知堂回想录·民报社听讲》,都提及太炎先生东京讲学如何"新谊创见,层出不穷",而且"干燥的材料却运用说来很有趣味"③。但请注意,第一,这是小班,师生坐而论道,比较容易沟通;第二,谈的是非常专业的《说文》等,知识背景很清楚;第三,听众多为浙江人,没有语言障碍。到了1930年代的苏州章氏国学讲习会,可就不一样了,汤炳正称:"我们听讲的学生,每听完一次讲,就三五成群,互对笔记,习以为常。因先生浙语方音极浓,我开始听讲,很感吃力,后来才习惯。"④

一心求学者,可以通过三五成群互对笔记来解决疑难问题;

---

① 罗时实:《由南高到东大》,《传记文学》1卷4期,1962年9月。
② 参见丁文江、赵丰田编《梁启超年谱长编》252页。
③ 参见陈平原、杜玲玲编《追忆章太炎》261页、264页,北京:中国广播电视出版社,1997年。
④ 汤炳正:《忆太炎先生》,见陈平原、杜玲玲编《追忆章太炎》457页。

至于一般听众，面对如此艰深的讲演——从国学到方言，实在没有把握。1936年上海发行的小品文杂志《宇宙风》上，有一则乃蒙所撰文章，嘲讽章太炎的讲学，语调相当刻毒：

> 他坐在藤椅上，一面吸烟，一面低声的演讲。低声没问题，因为听众很少；只是满口土话，我们一点都懂不来。好在他讲完一段，那胡子大汉，便在黑板上将大意写出，我们才知道今天所讲的，不是国学的，而是革命的。……在演讲的姿态中，章先生是个悲剧的人物。他不知道自己的土话，人家不能了解，而好以眼光，追寻听讲人的颜色。①

不知道是作者年少气盛，还是小品笔调使然，此文对于太炎先生的讲学，只有嘲讽，而无丝毫"同情之了解"。

在一般人眼中，新旧截然对立，讲国学毫无疑问是落伍的表现。但学界不至于如此近视，1932年春天太炎先生的北游，还是受到北平学术界的热烈欢迎。周作人追忆太炎先生在北大研究所讲《论语》时的情景，不无诙谐与幽默：

> 当日讲演系太炎所著《广论语骈枝》，就中择要讲述，因学生多北方人，或不能懂浙语，所以特由钱玄同为翻译，国语重译，也是颇有意思的事。②

---

① 乃蒙：《章太炎的讲学》，《宇宙风》22期，1936年8月。
② 周作人：《周作人回忆录》520页，长沙：湖南人民出版社，1982年。

当年的学生中,能听懂且感兴趣于这种专业讲演的,大概不是很多。校方于是又安排了一场普及性质的公开讲演,地点是在北大三院的风雨操场。可以容几百人的会场,坐满了,还有站在窗外的。据张中行事后追忆:

> 老人满头白发,穿绸长衫,由弟子马幼渔、钱玄同、吴检斋等五六个人围绕着登上讲台。太炎先生个子不高,双目有神,向下望一望就讲起来。满口浙江余杭的家乡话。估计大多数人听不懂,由刘半农任翻译;常引经据典,由钱玄同用粉笔写在背后的黑板上。说话不改老脾气,诙谐而兼怒骂。①

就像周作人说的,"国语重译",确实是"颇有意思的事"。可对于渴望传播或接纳新的学识与思想的当事人来说,这事情一点也不好玩。想想章太炎那热切地追寻听讲人的目光,或者因听不懂浙江方言而万分苦恼的听众,你能明白问题的严重性。

回到1922年上海举行的有关国学的系列讲演,以太炎先生名气之大,"观众"肯定不少;以太炎先生方音之重,"听众"估计不会很多。读《申报》的报道,听众从三四百迅速上升到近千,而后又回落为七八十,自在意料之中。曹聚仁说得更具体,这十回的系列讲演,逢星期六下午举行,第一回听众千人,第二回不到一百,最少的时候只有二三十,结束的那次好些,有七八十

---

① 张中行:《负暄琐话》6页,哈尔滨:黑龙江人民出版社,1986年。

人。除了世人对于国学并无太大兴趣，对于太炎先生的学问缺乏基本了解，更重要的是，"因章师的余杭话，实在不容易懂"①。第二年，太炎先生应邀到东南大学暑期学校讲"治史学的方法"，满口余杭土调，急得学生们吵吵嚷嚷，要求在座的史学家柳诒徵帮助翻译，于是："柳先生翻译时，好象西人讲学，中国人翻译一样，但他声如洪钟，有条不紊，娓娓动听。"②

有趣的是，乃蒙在嘲笑章太炎不合时宜的讲学时，拿胡适作为比照："我更而想到人间的晚年，隔离时代的悲哀！胡适之演讲'儒与孔子'，听众有一二千；而一代大师的章先生，只能于不相干的十数人面前，销磨生命的余剩。"③而梁容若在回忆梁启超与胡适共同主持戴东原二百年生日纪念会时，也是明显地偏袒胡适：任公两小时的讲演印象模糊，倒是"胡适之的十分钟演说，留下了清楚的回忆"④。同样不露痕迹地褒贬一番章太炎的讲学，张中行转过身来，表扬起胡适的口才与幽默感：

> 三十年代初，他讲大一普修的中国哲学史，在第二院大讲堂（原公主府正殿）上课，每周两小时，我总是去听。现在回想，同学们所以爱听，主要还不是内容新颖深刻，而是话讲得漂亮，不只不催眠，而且使发困的人不想睡。⑤

---

① 曹聚仁：《中国学术思想史随笔》55页，北京：三联书店，1986年。
② 邵镜人：《忆史学家柳诒徵先生》，《传记文学》1卷3期，1962年8月。
③ 乃蒙：《章太炎的讲学》，《宇宙风》22期，1936年8月。
④ 梁容若：《梁任公先生印象记》，见夏晓虹编《追忆梁启超》340页。
⑤ 张中行：《负暄琐话》34页。

可以与此相印证的，是此前十年胡适到北京女高师兼课时的情景。苏雪林在《胡适之先生给我两项最深的印象》中，用烘云托月的笔法，描述胡适讲演的风采：

> 我们国文系的教室本与我们的图书馆毗连，中间有可以自由开阖的扇槅门隔开为两下。每逢胡先生来上课，不但本班同学从不缺席，别班学生师长也都来听。一间教室容纳不下，图书室槅门打开使两室合并为一。甚至两间大教室都容纳不下，走廊里也挤满了人，黑压压地都是人头，大家屏声静气，鸦雀无声，倾听这位大师的讲解。这个印象留在我脑子里，永远不能湮灭。①

与张、苏二君不无夸张的描述有别，徐訏也是在北大二院听胡适讲哲学，感觉却不太好。"听讲的人不但挤满了课堂，而窗外也站满了人"，这种景象，引诱胡适进一步发挥其"很活泼的口才"，以满足不同层次听众的需求。如此一来，对于热心求学者，未免有所怠慢。像徐訏就抱怨"这像是公开演讲，内容很通俗"，不像是哲学系的功课，因此而放弃选修②。

北大的课不好讲，尤其是大课，能讲到"使发困的人不想睡"，这可不简单。胡适对讲演兴致很高，对于所谓的"讲演

---

① 苏雪林：《胡适之先生给我两项最深的印象》，见欧阳哲生编《追忆胡适》348—349 页，北京：社会科学文献出版社，2000 年。
② 参见徐訏《念人忆事》，见欧阳哲生编《追忆胡适》430 页。

术"——比如如何掌握语气的缓急、声音的高下，以及调子的抑扬顿挫等，很是下了一番功夫①。可也正因为较多考虑如何吸引听众的注意力，胡适的讲演，必然趋于平易畅达，而缺少幽深与奇崛。而这，与其著述风格颇有关联——章太炎的特立独行、梁启超的酣畅淋漓、周作人的雍容和缓，又何尝不是"文章"一如"讲演"？

四 "白话"如何"文学"

不管章太炎的讲授国学是否如报纸所说，乃暂时厌倦了现实政治，也不管梁启超的南下讲学，是否预示另一个著述高潮的到来；至于周作人大病痊愈，刻意经营"自己的园地"，是否包含对五四立场的反省，胡适执笔撰写《我们的政治主张》，是否意味着注重思想文化建设这一追求的转向，也都暂时不在考虑之列。我们关心的是，四大名人1922年的讲演，到底在什么地方形成"对话"。

章的谈国学，梁的说作文，胡的表彰国语文学，以及周的推荐小诗，似乎互不搭界。可仔细琢磨，在如何看待新诗或白话文学上，四人的目光终于发生了交叉。年初，东南大学吴宓、梅光迪、胡先骕等人创办《学衡》，公开向北京的新文化人叫阵，于是

---

① 据梁实秋称，胡适1960年在西雅图会议上用英文做演讲，"事后有一位美国学者称道这篇演讲具有'邱吉尔作风'"（参见《梁实秋怀人丛录》197页。如此比附的是非，非我所能评判。还是中文容易体会，台北的胡适纪念馆里保存若干胡适晚年讲话的录音。因系广播稿，从属政治宣传，内容不见精彩，但胡适念起来抑扬顿挫，颇能显示其讲演学方面的训练。

有了鲁迅的《估学衡》、周作人的《"评尝试集"匡谬》,以及胡适的打油诗《学衡》:

> 老梅说:
> "《学衡》出来了,老胡怕不怕?"(迪生问叔永如此。)
> 老胡没有看见什么《学衡》,
> 只看见了一本《学骂》!①

胡适之所以用这样漫不经心的方式,对付学衡派咄咄逼人的挑战,那是因为他认定,"文学革命已过了讨论的时期,反对党已破产了。从此以后,完全是新文学的创造时期"②。类似的话,周作人也说过,在《读〈草堂〉》中,周作人称:"中国的新文学,我相信现在已经过了辩论时代,正是创造时代了";"我们的责任,便是依了这条新的道路,努力的做下去,使各种的新兴文艺由幼稚而近于成熟,由淡薄而变为深厚"。③

可事情并没有那么简单,制度上的急转弯,没能彻底消弭民间的抗议声浪。国语统一会的诸君,挟新文化运动的余威,利用手中掌握的权力,于1920年1月,以教育部名义训令全国各地国民小学将一二年级国文改为语体文,如此"牵一发而动全身",白

---

① 《胡适的日记》260页。
② 胡适:《五十年来中国之文学》,《胡适古典文学研究论集》166页,上海:上海古籍出版社,1988年。
③ 周作人:《读〈草堂〉》,1923年1月13日《晨报副刊》。

话文运动于是得以迅速推进。① 用胡适的话来说,"这一道命令将中国教育的革新至少提早了二十年"②。中小学体制的改革,新教科书的编纂,国语教师的培训等,所有这些,都牵涉到关于"中国文学"以及"文学史"的想象,难怪章太炎、梁启超等"现代大儒"需要发言。

章太炎在上海举行的系列讲演,既以"国学"为题,本不必牵涉近在眼前的白话文运动。可太炎先生箭在弦上,不得不发,于是惹来一堆麻烦。4月15日,太炎先生做第三讲,谈论"治国学之法"的第五点"辨文学应用"时,顺带扫了一下其时已渐成气候的"新诗":

> 惟今之新诗,连韵亦不用,未免太简,以既为诗,当然贵美丽,既主朴素,何不竟为散文。日本和尚,有娶妻者,或告之曰:既娶矣,何必犹号曰和尚,直名凡俗可耳。今之好为无韵新诗,亦可即此语以告之。③

如此借题发挥,嬉笑怒骂,确是太炎先生口吻。单就讲演效果而言,此段落无疑属于可圈可点的"文眼"。这段话,不只《申报》记者记录下来,曹聚仁、张冥飞也都没有漏过④,虽然因文体各

---

① 参见黎锦熙《国语运动》65—88页,上海:商务印书馆,1933年。
② 胡适:《〈国语讲习所同学录〉序》,《新教育》3卷1期,1921年2月。
③ 《章太炎讲学第三日纪》,1922年4月16日《申报》。
④ 参见章太炎主讲、曹聚仁笔述《国学概论》25页(香港:学林书店,1971年)和张冥飞笔述《章太炎国学讲演集》72页(上海:新文化书社,1935年)。

异,所记略有出入。章太炎的讥讽,并未引起胡适的反驳;除了敬仰太炎先生的学问与人品,更因"次日即有邵力子与曹聚仁两君的驳论",故不必多虑①。据曹聚仁事后追忆,那场论争,太炎先生明显处于下风:

> 我们是一群人,他是一个人;我们有一套完整的理论,他只有几句嘲笑的话头;我们有正在试验的种种作品,他自己又并不是诗家。他只批评我们一阵子,我们从各方面去驳斥他,使他无话可说。②

对于新诗"无话可说"的太炎先生,日后还会就白话、文言发表意见,但主要着眼点是作为整体的"国学",而不再纠缠"有韵为诗,无韵为文"了。

与章太炎的学有本原,固守自家立场不一样,梁启超喜欢趋新,时刻准备着追赶学界新潮流。但在白话诗问题上,与胡适有点"意气之争"。1920年10月18日,梁启超致信胡适,希望胡评阅《清代学术概论》,并称自己准备撰文讨论《中国哲学史大纲》,另外,还有"超对于白话诗问题,稍有意见,顷正作一文,二三日内可成,亦欲与公上下其议论"③。《胡适来往书信选》上册收有一大约写于1920年底或1921年初的《胡适致陈独秀》,其中也

---

① 胡适:《读仲密君〈思想界的倾向〉》,1922年4月27日《晨报副刊》。
② 曹聚仁:《关于章太炎先生的回忆》,见陈平原、杜玲玲编《追忆章太炎》306页。
③ 梁启超致胡适信,见丁文江、赵丰田编《梁启超年谱长编》第922页。

涉及此事：

> 梁任公有一篇大驳白话诗的文章，尚未发表，曾把稿子给我看，我逐条驳了，送还他，告诉他，"这些问题我们这三年都讨论过了。我很不愿意他来旧事重提，势必又引起我们许多无谓的笔墨官司"，他才不发表了。[①]

以梁启超之"为人最和蔼可爱，全无城府，一团孩子气"，见胡适暴得大名，竟"有时稍露一点点争胜之意"[②]，如此性情，不大可能因后辈的反驳而隐匿自己的意见。查《张元济日记》，1920年10月21日张氏往访梁启超时，梁"言有论本朝诗学一稿，亦即可交稿"[③]。据夏晓虹考证，梁氏信函与张氏日记所述，应同指一文，即梁启超为选编金和与黄遵宪二家诗所写之序。书未编成，序也未完稿，可这则收入《饮冰室合集》的《晚清两大家诗钞题辞》[④]，对于理解这场隐匿在历史深处的争论，还是很有帮助的。

梁启超的基本观点是，"因为诗是一种技术，而且是一种美的技术"，故"格律是可以不讲的，修辞和音节却要十分注意"。自称"并不反对白话诗"的任公先生，在批评守旧的"老先生"不该蔑视文学史上早已"粲然可观"的白话诗的同时，顺带扫了一

[①] 《胡适致陈独秀》，《胡适来往书信选》上册119—120页，北京：中华书局，1979年。
[②] 参见1929年1月20日胡适参加梁启超大殓归来所写的日记，《胡适的日记》（手稿本）第八册，台北：远流出版公司，1990年。
[③] 《张元济日记》下册771页，北京：商务印书馆，1981年。
[④] 参见夏晓虹《诗骚传统与文学改良》293页，杭州：浙江文艺出版社，1998年。

下完全排斥文言的"偏激之论"：

> 至于有一派新进青年，主张白话为唯一的新文学，极端排斥文言，这种偏激之论，也和那些老先生不相上下。就实质方面论，若真有好意境好资料，用白话也做得出好诗，用文言也做得出好诗。如其不然，文言诚属可厌，白话还加倍可厌。

这种各打五十大板的论调，当然是胡适等新派人士所不愿接纳的。说梁启超因胡适的反驳而不愿发表此文，目前尚无确凿证据；但梁氏此文迟迟未能定稿，起码是知道其立说关系重大，需要从容斟酌。白话缺乏锤炼，表达复杂的情感与思绪有困难，这是五四时期反对废除文言者常持的见解，梁启超不过是将其限制在新诗写作："我觉得极端的'纯白话诗'，事实上算是不可能；若必勉强提倡，恐怕把将来的文学，反趋到笼统浅薄的方向，殊非佳兆。"以上的说法还偏于防守，接下来任公先生开始主动出击了：

> 我也曾读过胡适之的《尝试集》，大端很是不错。但我觉得他依着词家旧调谱下来的小令，格外好些。为什么呢？因为五代两宋的大词家，大半都懂音乐，他们所创的调，都是拿乐器按拍出来。我们依着他填，只要意境字句都新，自然韵味双美。我们自创新音，何尝不能？可惜我们不懂音乐，

只成个"有志未逮"。而纯白话体有最容易犯的一件毛病，就是枝词太多，动辄伤气。试看文言的诗词，"之乎者也"，几乎绝对的不用。为什么呢？就因为他伤气，有妨音节。如今做白话诗的人，满纸"的么了哩"，试问从那里得好音节来？……字句既不修饰，加上许多滥调的语助辞，真成了诗的"新八股腔"了。①

批评"满纸'的么了哩'"的新诗，直接指向已经名满天下的"尝试"，如此刻薄的评价，自然不可能为胡适所接受。至于表彰《尝试集》中"依着词家旧调谱下来的小令，格外好些"，估计也不会让胡适高兴。因为，未能完全摆脱词调的影响，这正是他在《尝试集》的三则序言中所再三检讨的②。

在东南大学暑期学校讲演《中学以上作文教学法》时，梁启超将话题从白话诗转为白话文，而且将南北两大学的论争拉扯进来：

> 我主张高小以下讲白话文，中学以上讲文言文，有时参讲白话文。做的时候文言白话随意。以为"辞达而已"，文之好坏，和白话文言无关。现在南北二大学，为文言白话生意见；我以为文章但看内容，只要能达，不拘文言白话，万不

---

① 《晚清两大家诗钞题辞》，《饮冰室合集·文集》第十五册卷四十三75页，上海：中华书局，1936年。

② 参见拙文《经典是怎样形成的——周氏兄弟等为胡适删诗考》，《鲁迅研究月刊》2001年4、5期。

可有主奴之见。①

如此"严守中立","不拘文言白话",估计南北二大学的先生们都不领情。但此时此地做如此表态,梁启超主要针对的并非明显处守势的东南大学诸君,而是风头正健的新文化人。在讲到"论辩之文"该如何撰写时,梁启超有一段妙语,很能说明其时梁君的论辩策略:

> 同是一句话,对甲说和对乙说不同,对大学生和对中小学生说不同。同一篇演说稿,在东大与北京所生的效力不同。同是一句话,春秋人说出没有价值,现在欧洲人说出大有价值。做文时先须看自己所做的文,要给何人看。②

为了拉近与听众的距离,讲演时必须加上"本地风光",这是所有讲演者都懂的小窍门。就好像这次"中学以上作文教学法"的系列讲演,梁启超分别在四处提到东南大学农科及附属小学、东南大学大礼堂、东南大学、南师附中等③。但在文白之争的脉络中谈论东南大学,可就不是一般的顺水文章。

当笔记者提出将此讲稿公开刊行时,梁启超在回信中单挑国文教学中的"文白之争",再次表明自己的态度:

---

① 梁任公讲演、卫士生等笔记:《中学以上作文教学法》53页,上海:中华书局,1925年。
② 梁任公讲演、卫士生等笔记:《中学以上作文教学法》42—43页。
③ 参见梁任公讲演、卫士生等笔记:《中学以上作文教学法》10页、34页、42页、51页。

> 中学作文，文言白话都可；至于教授国文，我主张仍教文言文。因为文言文有几千年的历史，有许多很好的文字，教的人很容易选得。白话文还没有试验的十分完好，《水浒》《红楼梦》固然是好；但要整部的看，拆下来便不成片段。①

这段话必须与任公先生发表在《改造》4卷9号上的《中学以上作文教学法》对照阅读，方能明白其真实的意旨。《改造》上的文章并未刊完（只刊1—9节，全文共12节，后收入《饮冰室合集·专集》第十五册），乃梁启超1922年7月间在南开大学暑期学校讲演的底稿（文章第二节有"例如作一篇南开暑期学校记"云云）。此文第一节有一关键性的注释，值得抄录：

> 有人主张拿几部有名的小说当教材。我认为不妥。因为教授国文的目的，虽不必讲什么"因文见道"，也应该令学生连带着得一点别的智识，和别的科学互相补助。像那纯文学的作品，《水浒》《红楼》之类，除了打算当文学家的人，没有研究之必要。此其一。要领略他文章妙处，非全部通读不可。如此庞大的卷帙，实不适学堂教科之用。此其二。体裁单纯，不敷教授举例。此其三。②

---

① 卫士生、束世澂：《〈中学以上作文教学法〉序言一》，梁任公讲演、卫士生等笔记：《中学以上作文教学法》1—2页。

② 梁启超：《作文教学法》，《饮冰室合集·专集》第十五册卷七十2页，上海：中华书局，1936年。

第三章　学术讲演与白话文学

这里所说的"有人",明显指的是胡适。因此前两年,胡适撰《中学国文的教授》,其中提及"国语文的教材与教授法",第一要点便是"看小说":

> 看二十部以上,五十部以下的白话小说。例如《水浒》、《红楼梦》、《西游记》、《儒林外史》、《镜花缘》、《七侠五义》、《二十年目睹之怪现状》、《恨海》、《九命奇冤》、《文明小史》、《官场现形记》、《老残游记》、《侠隐记》、《续侠隐记》等等。此外有好的短篇白话小说,也可以选读。①

单看这段话以及梁启超的反驳,会觉得胡适太过分了,将一己推崇"白话文学"的主张,贯彻到千百万中学生的阅读中。让学生们整天抱着《水浒》《红楼》,就能学好国文?其实,问题没那么严重。胡适"假定的中学国文课程",五分之三学古文,五分之二学国语、文法、演说、作文等②。只不过其以章回小说作为中学国文教材的主张更具冲击力,故引起广泛的关注。

就在梁启超在东南大学讲演前后不久,胡适就此问题重新阐释。据《胡适的日记》,7月6日上午"在寓作《再论中学国文的教授》",下午四时在山东省议会讲演;8月17日"整理在济南的演说辞,重做了二千字"。这篇刊于1922年8月27日《晨报副刊》的《再论中学的国文教学》,日后收入《胡适文存二集》。在这则

---

① 胡适:《中学国文的教授》,《胡适文存》卷一 308 页,上海:亚东图书馆,1921 年。
② 胡适:《中学国文的教授》,《胡适文存》卷一 306—307 页。

由讲演改写的文章中，胡适对前说做了若干修正，最关键的是以下两点。第一，贬低古文教学："三四年前普通见解总是愁白话文没有材料可教。现在我们才知道白话文还有一些材料可用，到是古文竟没有相当的教材可用。"不是古人没留下好东西，而是"古书现在还不曾经过一番相当的整理"，故学生无法自修。一方面为自家提倡的"整理国故"做铺垫，另一方面也是为了强调白话文大有可教。第二，关于国语文教材，前三部分按兵不动，增加了第四部分"古白话文学选本"：

> 依时代编纂，约自唐代的诗，词，语录起，至晚清为止。这种选本可使学生知道——白话文非少数人提倡来的，乃是千余年演化的结果。我们溯追上去，自现在以至于古代，各个时代都有各个时代很好的白话文，都可供我们的选择。有许多作品，如宋人的白话小词，元人的白话小令，明清人的白话小说，都是绝好的文学读物。①

这里所描述的"古白话文学选本"，不正是适之先生在南开大学暑期学校所讲的《国语文学史》吗？日后改写成《白话文学史》时，胡适在《自序》中称："这部书不但是文学史，还可算是一部中国文学名著选本。"②将"选本"与"史著"结合起来，使得大学教

---

① 胡适：《再论中学的国文教学》，《胡适文存二集》卷四249—250页，上海：亚东图书馆，1924年。

② 参见胡适《白话文学史·自序》，《白话文学史》。

授的专深研究与中小学教员的课堂教学相勾连,此乃胡适等新文化人获得成功的重要保证。

也是在这则《再论中学的国文教学》中,有一段十分有趣的插曲。为了说明"吾道不孤",胡适引证了黎锦熙的意见:

> 这次本社年会国语国文教学分组里,黎锦熙先生提了一个议案,他说:"中学作文仍应以国语文为主……愿意学习文言文者,虽可听其自由,但只可当作随意科……",可以做个参考。①

可读胡适1922年7月5日日记,发现在中华教育改进社第一次年会期间,为黎锦熙的议案,胡适与之"辩论甚烈,几乎伤了感情"。黎锦熙所提"议案主文"为:

> 现制高小国文科讲读作文均应以国语文为主;中等各校讲读应以文言文为主,作文仍应以国语文为主;新学制国文课程依此类推。

黎氏的这一主张,与梁启超的设想十分接近。但这一带有"折中色彩"的主张,受到胡适的坚决抵制;适之先生要求将其修改为:"当小学未能完全实行七年国语教育之时,中等各校国文科讲读作

---

① 胡适:《再论中学的国文教学》,《胡适文存二集》卷四247页。

文亦应以国语文为主。"① 这里的差别在于，黎、梁等更多考虑中学教育的特点，以传播知识培养人才为目标；而胡适则担心好不容易取得胜利的白话文，在其立足未稳之时，会被传统的中小学教育所架空。

相对于胡适斤斤计较"文白优劣"，周作人更关注"文艺上的宽容"。单看"文艺以自己表现为主体，以感染他人为作用，是个人的而亦为人类的"，或者"文艺的生命是自由而非平等，是分离而非合并"，"正确的方法是听凭各种派别思想自由流行，去吸收同性质的人，尽量的发展"②，你以为他是在发空论。接下来这段话，方才透出其不离新文学家立场，但又充满弹性的理论特色：

> 文艺上的激变不是破坏（文艺的）法律，乃是增加条文；譬如无韵诗的提倡，似乎是破坏了"诗必须有韵"的法令，其实他只是改变了旧时狭隘的范围，将他放大，以为"诗可以无韵"罢了。③

如此平和但坚定的变革主张，乃周作人的天性及学养所决定的。而这背后，蕴涵着对于"思想垄断"的警惕——不管这一垄断来自新阵线，还是旧营垒。从这个角度，才能理解周作人为何津津

---

① 《胡适的日记》394 页。
② 参见周作人《文艺上的宽容》(1922 年 2 月 5 日《晨报副刊》)、《文艺的统一》(1922 年 7 月 11 日《晨报副刊》) 以及《文学的讨论》(1922 年 2 月 8 日《晨报副刊》)。
③ 周作人：《文艺上的宽容》，1922 年 2 月 5 日《晨报副刊》。

乐道其"自己的园地"。

注重"创造"而不是"破坏",强调自家面目,使得1922年的周作人,虽然也写《"评尝试集"匡谬》《国粹与欧化》《思想界的倾向》《复古的反动》等一系列"战斗的文章",但着重点已经转移到如何更有效地完成新文学理想的自我建构。因此,当你读到他一面批判道德上的以及文学上的"复古",一面又说"古文学的研究,于现代文艺的形式上也有重大的利益",建设现代国语,须在普通语上加以改造,"采纳古语""采纳方言""采纳新名词"时①,不会觉得互相抵牾。作为文体家的周作人,其希望年轻一代"成为真的古今中外派"②,以及强调"采纳古语"的重要性,在1930年代有进一步的发挥。

胡适坚持中学必须以国语教学为主,周作人强调现代汉语应该"采纳古语",固然属于新文化人的自我调整;章太炎质疑无韵的白话诗,以及梁启超批评以《水浒》《红楼》为中学教材,也都没有否定白话文发展的大方向。曾在晚清提倡俗语文或以白话述学的梁启超和章太炎,乃五四新文化人眼中的"老新党";在白话文的教育及审美功能的认识上,与新一代知识人的立场确有差异,但并非真正的论敌。也正是这种"参差不齐",让我们了解了文化转型期思想及文学界的复杂性——即便真的如胡适所言,"反对党已破产了",但反对的声音依然存在。

---

① 参见周作人《古文学》(1922年3月5日《晨报副刊》)和《国语改造的意见》(《东方杂志》19卷7号,1922年9月)。

② 周作人在1922年4月2日《晨报副刊》上以仲密笔名发表的杂文,题目就叫《古今中外派》。

五　以"讲演"为"文章"

　　1922年章、梁、胡、周等人的系列讲演,并没有随着时间流逝而被后世所遗忘,很大原因是这些"讲演"全都变成了"文章"。今日读者,依旧可以通过《国学概论》《中学以上作文教学法》《国语文学史》以及《女子与文学》等,穿越八十年历史云烟,借冥思遥想进入模拟课堂,倾听先贤们的讲演。

　　单是阅读记录稿,而不努力回到现场,绝大多数讲演都是"卑之无甚高论"。而刻意追求讲演内容的"博大精深",很能够换来听众的一片嘘声。像周作人那样写好讲稿再登场[①],讲演效果可能欠佳;而像胡适那样训练有素,随时可以登场表演的,又容易被讥为浅俗。在"胸有成竹"与"信口开河"之间,大部分讲演者是提着大纲上场,或者根据讲稿大肆发挥。一旦将这些博得满堂彩的"声音"用"文字"固定下来,就会发现太多的漏洞、太少的逻辑。假如是自己整理,不妨像胡适修改《再论中学的国文教学》那样,补上一大段。这则收入《胡适文存二集》卷四的讲演稿,后面有个"附记":"这篇前三段是用杨君的笔记,末一段是我后来重做的。"语气不用说,单是处理史料的方式,二者的差别也都一目了然。讲演注重的是思路,文章则必须有理有据。

---

① 十年后,周作人为辅仁大学做系列讲演,据说"既未编讲义,也没有写出纲领来,只信口开河地说下去就完了"。幸亏邓广铭加以记录整理,方才有了《中国新文学的源流》这一名篇(参见该书"小引")。我对周氏这一自述不太信任,即便书中不少观点此前已有表述,可剪裁组织而成八次讲演,也并非易事。更何况,讲演中那些并不常见的诗文资料,不可能"信口开河"。

胡适重写的部分，补充了不少书目与引文，道理就在这里。而梁启超之所以迟迟不想答应笔记者出版其在东南大学暑期学校的讲演，理由也是：

> 当时因为时间仓卒，一点没有预备，自己十二分的不满意。就中尤为缺憾的，是应该引许多例证一切都没有引，其他不妥当不完备的地方，也不少；恐怕印布出来会误人，所以两君请刊单行本的时候，我总想腾出日力来改正一番才安心的。①

任公先生最后还是被笔记者说服，同意刊行此讲义本。可在这封写于1924年3月的允许刊行讲义的信件中，梁启超还是留了个活口："我的夫人若恢复健康，我下半年决当再将这个题目重新研究组织一番。"以任公先生之喜欢定计划，立框架，以及不断转移研究兴趣，读者不会对其许诺抱太大希望。

一个偶然的机缘，我在北京的收藏家程道德先生那里，见到八纸属于梁启超的文稿②。经考订，此文稿应是为修订东南大学讲义而作。上述允许刊行东大讲义的信中，梁启超提到最近被邀请重讲此课，"我正在要想请两君把笔记稿子寄来当参考品，免得另起炉灶呢"。既然同意印行，而且要求出版后多寄几份当资料，

---

① 梁启超致卫士生、束世澂信，见卫、束《〈中学以上作文教学法〉序言二》，《中学以上作文教学法》。

② 此文稿影印件刊于《现代中国》第三辑，武汉：湖北教育出版社，2002年9月。

可以判断回到天津以后的梁启超，手头并无此稿。而如果是该书出版后所做的校改，则文稿上不该有"接笔记稿"字样。最大的可能性是，此乃1922年秋冬之际任公先生东南大学讲学期间的遗稿。卫、束二君的《序言一》称，"这本书是梁任公先生去年在东大暑校讲演的笔记。去年秋梁先生在东大讲学，我们把这篇稿子给他看过"。先是口头答应刊行此讲稿，后又改口说准备重写，这中间，梁启超必定认真审查过笔记稿，并动手做了修改。只是因工作太忙，加上不久就累倒了，任公先生才没能完成计划。

现在遗留的这两千字文稿，估计是插在关于"中学以上讲文言文"那一段。那是这次讲演中最容易引起争议的地方，难怪梁先生格外在意。此文稿主要讨论"小说是大学文科里主要的研究品，用作中学教材，无论从那方面看，都无一是处"；结尾处的发挥，尤能见出任公先生的自信与风趣："你看国内做白话文做得最好的几个人，那一个不是文言文功夫用得狠深的？你怕学生们多读几篇《史记》《汉书》，便变成《镜花缘》里咬文嚼字的'君子国'吗？不会的。放心罢！"这两千字的补充说明，基本思路与收入《饮冰室合集·专集》第十五册里的《作文教学法》相同，只不过表达得更显豁，针对性也更强。或许也正因为如此，梁启超后来不想进一步展开，免得与胡适等新文化人发生激烈的冲撞。

梁启超之讲授"中学以上作文教学法"，不可能像他自己所说的，"一点没有预备"。临下南京前，梁给徐佛苏写信，称"本月二十九日在南开讲毕，八月二日即赴南京"，"弟现时预备讲义夜以继日（每日两时以上之讲义穷一日之力编之仅敷用，尚领［须？］

别备南中所讲)"①。这里所说的讲义,主要是《中学以上作文教学法》,也包括将要在南京讲授的《先秦政治思想史》。同年11月29日,梁启超给女儿梁令娴去信,开列其在南京讲学的"功课表",接下来就是:"讲演之多既如此,而且讲义都是临时自编,自到南京以来(一个月)所撰约十万字。"②具体落实到"中学以上作文教学法",南下之前在南开大学暑期学校的同题讲演稿,已送《改造》杂志刊发。大概是因稿子交出,而杂志又印刷脱期,南京开讲时,梁启超手头确实已没有现成的讲稿。对比南开大学和东南大学两份讲稿,可以发现明显的差异——前者更接近案头写作,引证相当繁复,众多例句不可能脱口而出;后者乃他人的记录稿,确有"应该引许多例证一切都没有引"的毛病,但大思路却反而得以彰显。

我们能确定梁启超是事先准备讲稿的——可能只是大纲,具体发挥端赖当时的精神状态;但我们无法判断1922年章太炎的上海讲学是否有底稿——包括大纲。根据太炎先生一贯特立独行,乃至恃才傲物的性格,以及其另外三次讲学(东京、北京、苏州)的情况揣测,此次面对公众讲演国学,应该也是临场发挥。据任鸿隽追忆,避居东京时期的章太炎是这样讲学的:

> 先生手中不拿一本书,一张纸,端坐在日本的榻榻密(地席)上,一口气两三个钟头,亹亹而谈。这样大约讲了四

---

① 丁文江、赵丰田编《梁启超年谱长编》961页。
② 丁文江、赵丰田编《梁启超年谱长编》969页。

个上午，把一部中国文学史讲完了。①

太炎先生晚年弟子任启圣描述的章氏讲学情景，与任鸿隽文大同小异：

> 先生不编讲义，不带参考书，惟凭口诵手写，不但《说文》、《尔雅》背诵全文，即对《汉书》颜师古注，亦如数家珍。②

没有更多的直接材料，我们只能大致悬想1922年章氏讲学时的情景。既然只是"悬想"，无法做到板上钉钉；还不如暂时搁置此话题，回过头来追踪事情的另一半：如何看待这次系列讲演的三种不同的记录整理本。

所谓三种本子，指的是《申报》的摘要本、张冥飞的文言本以及曹聚仁的白话本。曹聚仁使用的是白话，更能传达太炎先生讲演的语气与神态。③

为了说明这一点，不妨以上面提及的关于白话诗的论辩为例，看看文言、白话三种记录稿的差异。先读张冥飞的：

> 文本有无韵与有韵二种，大抵有韵者为诗，无韵者为文。《尚书》曰：诗言志，歌咏言，声依永，律和声云云。可

---

① 任鸿隽：《记章太炎先生》，见陈平原、杜玲玲编《追忆章太炎》268页。
② 任启圣：《章太炎先生晚年在苏州讲学始末》，见陈平原、杜玲玲编《追忆章太炎》446页。
③ 参见拙文《有声的中国——演说与近现代中国文章变革》，《文学评论》2007年3期。

见诗必有韵，方能传达情绪。若无韵亦能传达情绪，则亦不必称之为诗。譬如日本和尚吃肉娶妻，可称之为居士，不必称之为和尚。今之好为无韵新诗者，亦是吃肉娶妻之和尚类也。①

同是用文言转述太炎先生的妙语，张冥飞明显比《申报》记者高明，起码语言整饬，还记下了"诗言志"等论据，不至于只剩下吃肉娶妻的日本和尚。可再读曹聚仁用白话文记录的本子，你会明白张冥飞同样大有遗漏：

> 凡称之为诗，都要有韵，有韵方能传达情感，现在白话诗不用韵，即使也有美感，只应归入散文，不必算诗。日本和尚娶妻食肉，我曾说他们可称居士等等，何必称做和尚呢？诗何以要有韵呢？这是自然的趋势。诗歌本来脱口而出，自有天然的风韵；这种风韵，可表达那神妙的心意，你看，动物中不能言语，他们专以幽美的声调传达彼等底感情，可见诗是必要有韵的。"诗言志，歌咏言，声依咏，律和声"，这几句话，是大家知道的；我们仔细讲起来，也证明诗是必要韵的。我们更看现今戏子所唱的二黄西皮，文理上很不通，但彼等所唱也能感动人，就因有韵的原故。②

因这段"有的放矢"的发挥很能体现太炎先生的风格，现场效果

---

① 张冥飞笔述：《章太炎国学讲演集》72页，上海：新文化书社，1935年。
② 章太炎主讲、曹聚仁笔述：《国学概论》25页。

绝佳，三个记录者都会用尽全副精神，不敢有丝毫懈怠。只是因所采用的语体不同，三稿竟有如此大的出入。主张诗要有韵，以日本和尚的吃肉娶妻为例，嘲笑新诗只能归入散文，这个"大概意思"，三种记录稿都有体现；问题在于讲演者的机智、锋芒以及风趣，曹本体现得更为充分。提及"诗言志"，我相信太炎先生不会有"《尚书》曰"之类的废话，因"这几句话，是大家知道的"；至于一会儿动物如何用幽美的声调传达感情，一会儿二黄西皮的唱腔如何因有韵而感人，这样的随机应变、摇曳多姿，方才是讲演不同于著述的魅力所在。

比起宣传革命、启发民众的"演说"，章太炎等人带有学理性质的"讲演"，更值得关注。因为，新文化运动能否真正取得成功，取决于"白话文学"以及"白话学术"的实绩。前者讨论甚多，后者则尚未引起广泛的关注。白话能写"美文"，白话还能表达深邃的学理——只有到了这一步，白话文的成功方才无懈可击。

就在这节骨眼上，国学大师章太炎、梁启超，以及新文化主将胡适、周作人，基于各自不同的文化理想，分别在上海、南京、天津和北京登坛说法，讲授各自所擅长的专深学问。此举无意中落实了胡适的期待："国语是我们求高等知识、高等文化的一种工具。"[①] 比起轰轰烈烈的白话诗讨论，面向成百上千的听众，讲述高深的学问，借此沟通雅俗，锤炼以及提升白话的表达力，对于白话文来说，意义同样十分重大。

---

① 胡适：《国语运动的历史》，《胡适文集》第八卷129页。

1922年以后的中国，不只白话作为主要的文学以及学术语言的地位真正确立，晚清与五四两代人在学术史上的交接，也得以顺利展开。在这个意义上，章、梁、胡、周四君的精彩表演，给这段波澜壮阔的历史，画上了一个相当完美的分号。

第四章　何为"大学"以及如何"大学"
——蔡元培的学术立场及文体意识

　　沧海桑田，人类历史上最为长寿且最具活力的社会组织，除了教会，就是大学。到欧洲游览，这个感觉特别明显。转瞬间，辉煌的宫殿灰飞烟灭，雄伟的军事要塞成了废墟，庞大的企业也可能突然破产，只有大学，还有教会，不屈不挠，几百年风雨兼程，一路走过来，而且越走越风光。在可以预见的将来，这两者都会继续存在下去，且日益辉煌。如此说来，理解何为"大学"，以及关注中外大学的走向，变得至关重要。

　　晚清以降，中国人办大学，成绩卓著的不少，可最著名的，莫过于北大校长蔡元培。百年中国，有独立的大学理念，且能够真正付诸实施的，不敢说仅此一家，但蔡元培无疑是最出色的。这是因为，有其位者不一定有其识，有其识者不一定有其位；有其位有其识者，不一定有其时——集天时地利人和于一身，才可能有蔡元培出长北大时的挥洒自如。

　　在我看来，所谓"大学"，不仅仅是一种"功业"，同时也是一种"言说"。后人评价蔡元培，看他如何"办大学"，也看他如何"谈大学"。蔡先生明白这一点，在追忆北大岁月时，总不忘阐述自家的大学理想。为什么？就因为，所谓大学精神、大学文化以及大学管理等，既是一门高深学问，也是一种日常生活；如此兼顾理论与实践，需要一种特殊的文体来实现。某种意义上，校长之即席发挥或精心准备的各种"演说"，便成了关键的一环。这些演说，若足够精彩，也可能成为"传世文章"。今天我们阅读《蔡孑民先生言行录》，正是从此角度进入。

一 大学史及"蔡元培神话"

自从进入文明社会，每个时代都有自己的"初等"及"高等"的教育。但作为一种组织形式的 University，在中国，却只有一百多年的历史。"大学"一词，若指周之辟雍、汉之太学以及晋以后的国子学，念 tài xué。至于实施现代高等教育的学校，念 dà xué。依此类推，中国的 tài xué 史，从先秦讲到晚清；至于 dà xué 史，则只有一百多年。硬要高谈阔论从古到今一脉相承的"中国大学"，恐怕难得要领。这本来不是什么深奥的道理，之所以长期不被学界正视，就因为涉及所谓的"民族自尊"：一个文明古国，怎么可能只有百年"大学史"？哲学家冯友兰的话很有代表性："我看见西方有名的大学都有几百年的历史，而北京大学只有几十年的历史，这同中国的文明古国似乎很不相称。"[①] 1930 年代，张其昀撰《源远流长之南京国学》（1935 年），称中央大学的历史，应

---

① 冯友兰：《我在北京大学当学生的时候》，《文史资料选辑》第 83 辑，北京：文史资料出版社，1982 年。

该追溯到南朝[①];1990年代,湖南大学力争自家的历史从岳麓书院(976年)说起。幸好这些努力,都被当时的教育主管部门否决了。否则,神州大地将涌现一大批远比巴黎(1170年)、剑桥(1209年)、哈佛(1636年)、耶鲁(1701年)古老得多的"大学"。

希望借"重写校史"而争得"光荣传统"的努力,其实一直没有停止。主张"北京大学的校史应该从汉朝的太学算起"的,不仅是哲学家冯友兰,不久前去世的东方学家季羡林,也认定从太学算起的说法"既合情,又合理"[②]。同一天谢世的任继愈,在《北大的"老"与"大"》中,努力论证北大"是汉唐以来'太学'的继续"[③]。作为硕学鸿儒,冯、季、任三位并非校史专家,其建议也未曾详细论证,只能"聊备一说"。校史专家萧超然接过此说,将其"精确化",论证北大校史应追溯到晋代的国子学,乃"世界上历史最古老的大学之一"[④]。对于此类"为母校争光"的努力,我持反对意见。理由很简单:一、在晚清学界,国子监与京师大学堂没有关系;二、北京大学并非直接继承国子监而来;三、将北大历史延长一千六百年于情不合,于理不通;四、这种改写历史的冲动不值得提倡;五、倘若希望继承"中国古老的优

---

① 张其昀:《源远流长之南京国学》,《中国历代大学史》,台北:台湾中华文化出版事业委员会,1958年。

② 参见冯友兰《我在北京大学当学生的时候》及季羡林《〈名人与北大〉序》(《北京大学学报》1997年6期)。

③ 参见任继愈《北大的"老"与"大"》,《精神的魅力》62—63页,北京:北京大学出版社,1988年。

④ 参见萧超然《北大:世界上历史最古老的大学之一》,《北京大学校刊》1997年12月15日。

第四章　何为"大学"以及如何"大学"

秀文明",国子监并非重要的思想资源。

最近这些年,中国各大学的"校史"越说越长。北大还好,仍坚持以戊戌维新为起点,连颇多关联的京师同文馆(1862年)这条线,也都不愿意拉扯上。如此立论,也算是蔡元培校长的"遗训"。为什么这么说?1918年,蔡元培为《北京大学二十周年纪念册》作序,对此有过明确的表述:"吾国自虞夏时已有大学之制,见陈教授汉章所作《中国历代大学学制述》,然往昔太学国学,其性质范围,均与北京大学不可同年而语。然则往昔之太学国学,直当以高曾祖祢视之。而北京大学本体,则不得不认为二十岁之青年也。"[①] 1948年,北大纪念建校五十周年,胡适撰文称:若从太学算起,北大"比世界上任何大学都年高了";可这种拉长校史的"诱惑"不可取:"北京大学向来不愿意承认是汉武帝以来的太学的继承人,不愿意卖弄那二千多年的高寿。……这个小弟弟年纪虽不大,着实有点志气!"[②] 现在有人断章取义,说蔡、胡两校长也都主张北大从汉代太学算起。这不对,白纸黑字,他们俩都是反对拉长校史的。

说实话,今日的北大,以及所有中国大学,努力追摹的,不是"三代之学",不是汉代的太学,不是宋元的书院,也不是明清的国子监,而是西方现代大学——从学科设置,到课堂讲授,甚至毕业典礼,全都是舶来品。这是明摆在眼前的现实,不容抹

[①] 蔡元培:《〈北京大学二十周年纪念册〉序》,《蔡元培全集》第三卷158页,北京:中华书局,1984年。

[②] 胡适:《北京大学五十周年》,《胡适全集》第二十卷269—272页,合肥:安徽教育出版社,2003年。

杀。以北大为例，所谓从汉武帝元朔五年（前124年）创建"太学"说起，无非满足一下虚荣心，实在看不出有什么好处。我们的任务，借用蔡元培的说法，应是参酌"欧美教育新法"与"孔墨教育之精神"。前者之兼及为真理而研究、陶养道德以及发展社会教育，分别指向德、英、美三种颇有差异的大学理想[①]，固然值得借鉴；后者之注重"陶养性情，发达个性"，也不是太学或国子监所能涵盖。

在我看来，北大一百一十二年的历史，有三个关键时刻。第一个关键时刻：1917年开始的新文化运动（含1919年的五四运动），确立了北京大学在中国社会的巨大声誉，尤其是其救国救民，舍我其谁的精神气质，直接影响了中国历史进程。北大百年校庆期间，我说过一句很有名的"大话"：就教学及科研水平而言，北大现在不是、短时间内也不可能是"世界一流"；但若论北大对于人类文明的贡献，很可能是不少世界一流大学所无法比拟的。因为，在一个东方古国崛起的关键时刻，一所大学竟然曾发挥如此巨大的作用，这样的机遇，其实是千载难求的。说的便是这一段历史。1921年7月16日，蔡元培在旧金山华侨欢迎会上演说，比较了德国、法国、美国以及中国的大学制度，其中有一句："北大学生最关心国家大事。"[②] 时间过去了将近九十年，此说仍大致可信。这一"校格"，你可以喜欢，说北大学生志向远大；

---

① 蔡元培：《在卜技利中国学生会演说词》，《蔡元培全集》第四卷64—66页，北京：中华书局，1984年。

② 蔡元培：《在旧金山华侨欢迎会的演说词》，《蔡元培全集》第四卷57页。

也可以不喜欢，说北大学生眼高手低。这都是事实，就看你对"大学功能"的定位以及对"大学精神"的理解。

第二个关键时刻：1952年的院系调整，是现代中国大学之路的大转折。政府一声令下，保留十四所综合大学，其他的改为专业院校；加上此前的接管教会大学、取消私立大学等措施，对很多好大学造成严重伤害。但也有获益的，比如复旦大学的学术实力因此迅速提升。北大则是得失参半，割掉了工科、农科、医科等，是很大的遗憾；但在人文及数理等基础研究方面，实力大增。以中文系为例，杨振声、冯文炳等教授被调出去了；但吸收了不少清华、燕京的教授，还把王力领导的中山大学语言学系连锅端过来，那可是当时全国唯一的语言学系。至于哲学系，那就更离谱了——既然有马列主义作为指导，全国办一个哲学系就够了，于是，各地著名的哲学教授，大都被集中到北大来。

北大的精神气质植根于五四运动，学术底蕴则得益于院系调整。至于第三个关键时刻，则是百年庆典。1998年5月，北大在人民大会堂举行百年庆典，国家主席江泽民等中央主要领导出席。之所以如此郑重其事，那是一个心照不宣的仪式，让因"六四风波"而被明显压制的北京大学重新获得声誉。此后，尽管个别教授保持独立声音，但大学与政府之间取得默契，形成了所谓的"良性互动"。正是在北大百年庆祝会上，江泽民提出"创建世界一流大学"的口号。跟此前的论述相比，有个明显的变化，那就是在"大学"前面，去掉了"社会主义"四个字（据说是北大提的建议）。此举关系重大，紧接着出台的"985规划"，先是重点支持北大、清华"争创世界一流大学",第二步是中央和地方共建复旦大学、南京大学、浙江大学、中国科技大学、上海交通大学、西安交通大学、哈尔滨工业大学等,其奋斗目标是成为"国内一流、世界知名的高水平大学"。北大、清华的钱是中央财政给的,其他七所大学则是中央和地方各出一部分。这个"2加7",如今结成了模仿美国常春藤名校的"九校联盟"。得到"985工程"经费支持的大学,后来扩展到39所。从1993年的"211工程"(面向21世纪,分期分批重点建设100所左右的高等学校),到1998年的"985工程"(根据江泽民1998年5月4日在庆祝北京大学建校一百周年大会上讲话制订的大学发展计划),国家对于大学教育的经费投入明显增加,中国大学的硬件设施也得到了很大的改善;至于学术水准是否也因此而迅速提升,则见仁见智。

观察北京大学历史上这三个关键时刻,主动权掌握在自己手中的,只有第一次。新文化运动的主要动力,来自北大师生,其努力方向,与政府的追求风马牛不相及,甚至可以说是针锋相对。至于后两个重要转折,则是政府主导,大学只是配合。

说到五四时期的北京大学,之所以能有如此业绩,与校长蔡元培密切相关。蔡元培(1868—1940),字鹤卿,号孑民,浙江绍兴人。前清翰林,清末参加同盟会,闹革命,还曾任暗杀团团长;武昌起义后回国,1912年1月就任南京临时政府教育总长。1917—1927年任北京大学校长,前四年全力以赴,后六年半经常外出,先是考察欧美教育,后因政治抗争而不时离职。1928年辞去各行政职务,专任国立中央研究院院长。蔡先生乃国民党元老,在政界及学界均有很高声望。1940年3月5日在香港病逝。蔡先生那么多职务,最让人牵挂的还是北大校长。政治立场迥异的各界名人,说到蔡先生,无不交口称赞。而且,大多落墨在"校长"而不是"部长"或"院长"——尽管后两者职位更高些。当然,北大学生多,会写文章,这也是事实。可官大没用,部下不见得真服你,当年为了某种利益而拼命拍马屁的,日后也可能翻脸不认人。不像北大学生,对于蔡校长的崇敬,至今未改。这一点,你一踏入燕园,马上就能感觉到。

假如承认北大对于现代中国的重要性,以及蔡元培对北大性格形成所起决定作用,那么,就有必要认真思考他这个校长是怎么当的。更何况,理解蔡元培之于北大,也就部分理解了现代中国的大学之路。谈蔡元培,我选择1920年出版的《蔡孑民先生言行录》作为主要文本,那是因为,我相信,办大学,需要做,也需要说——持续不断地阐述大学的宗旨、功能、风格、日常运作乃至专业设置等,某种意义上,也是办大学的"题中应有之义"。

二 "博大"而非"精深"的教育家

《蔡孑民先生言行录》的出版者,是北大的新潮社。蔡元培主政后,积极扶持新进教师和学生,提倡新文化。得到校方经费支持的《新潮》,1919年1月创刊,与师长辈的《新青年》遥相呼应。这份勇猛精进的学生刊物,五四运动后声名大振。只可惜,学生流动性强，很快编辑工作难以为继。1919年11月，杂志社性质的"新潮社"扩展为学会，兼办《新潮》杂志和出版"新潮丛书"。1920年出版的"新潮丛书"，有王星拱著《科学方法论》、陈大齐著《迷信与心理》，周作人选译的世界短篇小说集《点滴》，以及《蔡孑民先生言行录》。前三种是北大教授的著译，第四种乃新潮社社员辑录。后者的《凡例》称："蔡先生的道德学问和事业，用不着我们标榜。不过，我们知道国内外尚有许多急欲明白先生言行的人，极希望一部有系统的先生言行录：这便是我们编印本书的一点微意。"

真没想到，如此众望所归的"言行录"，销路竟然很不好。鲁迅在《〈中国新文学大系〉小说二集序》中提及此事："终于，《新青年》的编辑中枢不得不复归上海，《新潮》群中的健将，则大抵远远的到欧美留学去了，《新潮》这杂志，也以虽有大吹大擂的豫告，却至今还未出版的'名著绍介'收场；留给国内的社员的，是一万部《子民先生言行录》和七千部《点滴》。"[①] 这里话中有话，暗含玄机。据新潮社主将李小峰日后回忆，都怨罗家伦"好大喜功"，错误判断形势。前两种印行两千册，销路很不错；照当时的市场，印个三四千，也还能接受。可"当时社的负责人罗家伦素以浮夸著称，他凭了主观的愿望，作了过高的估计，以为蔡校长负国内的重望，为社会所景仰，他的言论一定会受到文化界热烈的欢迎"，于是开印一万册。再加上此书分订上下册，定价超过了

[①] 鲁迅：《〈中国新文学大系〉小说二集序》，《鲁迅全集》第六卷241页，北京：人民文学出版社，1981年。

第四章　何为"大学"以及如何"大学"

一般的购买力,"销出的书,远远不如搁存的多,垫款的收回,印刷费的付清,显然是遥遥无期的了"。① 这么一本好书,竟因营销不当,导致新潮社陷入奄奄一息的困境。

俗话说,是金子总会发光;当初销路不好,并不妨碍后人对此书的极力推崇与接纳。1942 年,为蔡元培作传的高平叔提及:"二十四年夏季,一天,偶然和蔡先生谈到广益书局出版的那本《蔡元培言行录》,以及启智书局出版的那本《蔡元培文选》,都及不上北大新潮社那本《蔡孑民先生言行录》。"② 不仅本人很在意,同事也看好,同一年,周作人撰《记蔡孑民先生的事》,称:"《蔡孑民先生言行录》二册,成于民国八九年顷,距今已有二十年,但仍为最好的结集,如诸公细心一读,当信吾言不谬。"③ 而此前一年,朱自清和叶圣陶合作《读书指导》,包括《精读指导举隅》(四川省政府教育厅,1941 年)和《略读指导举隅》(商务印书馆,1943 年),后者收入朱自清的《〈蔡孑民先生言行录〉指导大概》,认定"这是一部有益于青年——特别是中学生——的书,在文字上,也在思想上"④。此外,台北文海"近代中国史料丛刊"第九四辑(1973 年)和上海书店"民国丛书"第二编(1990 年),

---

① 李小峰:《新潮社的始末》,见《五四运动回忆录(续)》223 页,北京:中国社会科学出版社,1979 年。
② 高乃同(高平叔):《蔡孑民先生传略·编者叙言》,《蔡孑民先生传略》,重庆:商务印书馆,1943 年。
③ 周作人:《记蔡孑民先生的事》,见陈平原、郑勇编《追忆蔡元培》27 页,北京:三联书店,2009 年。
④ 朱自清:《〈蔡孑民先生言行录〉指导大概》,《朱自清全集》第二卷 241 页,南京:江苏教育出版社,1988 年。

都将此书影印收录；而1998年山东人民出版社和2005年广西师范大学出版社，则分别刊行简体字的整理本。

  日后的整理本，有个很大的遗憾，那就是删去了与汪精卫相关的二文。朱自清在抗战烽火中谈论此书，删去大汉奸汪精卫的相关文字，完全可以理解。可半个世纪后重刊，本该恢复初版本的状貌才是。汪的《〈华工学校讲义〉序》，删去也就罢了；至于蔡致汪函，谈及其为何出任北大校长，至关重要。当时许多人劝蔡元培不要接北大的活，蔡之挺身而出，是经过深思熟虑的。在他看来，救中国的当务之急，不是搞政治，而是办教育。此信所说的"弟进京后，受各政团招待时，竟老实揭出不涉政界之决心"[①]，就是这个意思。而这一观念的形成，起始于戊戌变法时期。蔡支持康有为的变革理念，但不参加其组织的政治活动。因为，他不相信这样完全没有根基、单靠皇帝发诏书、自上而下推行的变革，能获得成功。中国这么大，积弊这么深，要想发展，必须在根本上从培养人才着手。[②] 蔡元培《自写年谱》提及戊戌变法失败后，康梁被通缉，"我甚为愤懑，遂于九月间携眷回绍兴。虽有人说我是康党，我也不与辩"；"我虽表同情，然生性不喜赶热闹，未尝一访康氏"。[③] 还有，《传略》中也称："孑民是时持论，谓康党所以失败，由于不先培养革新之人才，而欲以少数人弋取政权，排斥顽旧，不能不情见势绌。此后北京政府，无可希望。

---

  ① 蔡元培：《致汪兆铭函》，《蔡元培全集》第三卷26页。
  ② 参见罗家伦《逝者如斯集》80—81页，台北：传记文学出版社，1967年。
  ③ 蔡元培：《自写年谱》，《蔡元培全集》第七卷283页，北京：中华书局，1989年。

故抛弃京职,而愿委身于教育云。"① 这一立场,与严复、张元济、张伯苓等比较接近。1904年张与严范孙赴日考察教育,"知彼邦之富强,实由教育之振兴",因而相约"终身办教育,不作官"。在《四十年南开学校之回顾》中,张伯苓发誓:"苓于教育事业,极感兴趣,深具信心,故自誓终身为教育而努力。"② 而蔡元培写给汪精卫的这封信,山东、广西的整理本都删去了,实在可惜。好在中华书局版《蔡元培全集》第三卷收录此文,有兴趣的朋友可以参阅。

除《传略》及附录三篇,《蔡孑民先生言行录》全书分六类:照《凡例》的说法,第一类"关于最重大普遍的问题"(18篇),第二类"关于教育"(16篇),第三类"关于北京大学"(18篇),第四类"关于中西文化的沟通"(11篇),第五类为"普通的问题"(11篇),第六类为"范围较小、关系较轻的问题"(10篇)。附录的《华工学校讲义》共四十则,1916年夏撰于法国,有单行本,国内极少见,"且为先生大部分道德精神所寄,故特重印一回"。

不说绪论性质的《传略》和附录,其余84文,12篇撰于1899—1916年,72篇完成于1917—1920年,即蔡先生真正主导北大的时间。此书原先的编辑计划,是搜罗北大校长蔡元培之近作,故题《演说集》;"后来因搜集到的材料,不限于讲演,还包括了蔡先生从事革命以来至主持北大时期的一切言论,材料比预

---

① 蔡元培:《传略》(上),《蔡元培全集》第三卷320页。
② 张伯苓:《四十年南开学校之回顾》(1944年10月17日),见崔国良编《张伯苓教育论著选》318页,北京:人民教育出版社,1997年。

定计划增加一倍以上，不忍割弃，决定一并收入，改书名为《蔡孑民言行录》"①。为何改书名？因校长又说又写，还阑入若干早年文章，只好改名。这或许只是表面原因，我猜测，由"演说集"而"言行录"，还有更深层的缘故。

以"言行录"为题，很容易让人联想起宋代朱熹的《名臣言行录》（前集十卷，后集十四卷）。朱子《自序》云："予读近代文集及记事之书，观其所载国朝名臣言行之迹，多有补于世教者。然以其散出而无统也，既莫究其始终表里之全，而又汩于虚浮怪诞之说。予常病之。于是掇取其要，聚为此录，以便记览。"②纪昀等《四库全书总目》称："顾就其所录观之，宋一代之嘉言懿行，略具于斯。旁资检阅，固亦无所不可矣。"③清人沈佳撰《明儒言行录》（十卷，续录二卷），"是编仿朱子《五朝名臣言行录》之例，编次有明一代儒者。各征引诸书，述其行事，亦间摘其语录附之"。在纪昀等看来，此书可补黄宗羲《明儒学案》："学者以两家之书互相参证，庶乎有明一代之学派可以得其平允矣。正不必论甘而忌辛，是丹而非素也。"④这里有个缝隙，值得深究。第一，在传统分类中，"言行录"属于史部传记类，而非子部或集部，主要是记载行事，顺带附录言论；第二，"言行录"应是后人采集，而非本人撰著；第三，"言行录"大都吉光片羽，并非完整

---

① 李小峰：《新潮社的始末》，见《五四运动回忆录（续）》216页。
② 朱熹：《名臣言行录·自叙》，朱杰人、严佐之、刘永翔主编《朱子全书》第十二册8页，上海：上海古籍出版社，合肥：安徽教育出版社，2002年。
③ 纪昀等：《四库全书总目》520页，北京：中华书局，1965年。
④ 纪昀等：《四库全书总目》528页。

论文。清人朱桓辑《历代名臣言行录》、王炳燮辑《国朝名臣言行录》、邓淳编《粤东名儒言行录》，均是如此体例。

为配合《蔡孑民先生言行录》的刊行，由蔡元培口述、黄世晖笔记的《传略》，后附有《言行杂录》，如"孑民最不赞成中国合食之法，而亦不赞成西洋菜"，"孑民最不喜坐轿"，"孑民于应用文极端赞成用国语"，"孑民又提倡劳工神圣说"等，如此名臣之"言论集锦"，方才是传统"言行录"之正例。而当初北大学生之所以将蔡校长的"文集"说成是"言行录"，可能不明体例，但也可能别有深意。这就说到中国人的"三不朽"：太上立德，其次立功，再次才是立言。所谓"言行录"，看中的是"名臣"的知行合一，道德文章互相帮衬，而绝非一介书生的"区区文章"。

这一"命名"，明显看中的是蔡先生的"道德文章"；第二年，北大同事胡适也出集子，就叫《胡适文存》。上海亚东图书馆1921年12月刊行的《胡适文存》，分四册，其《序例》称："这四卷是我这十年来做的文章；因为有好几篇不曾收入，故名为《文存》。"此乃"文章"，且"自编"，收录从1911—1921年间的文章和书信66篇（不含附录）。胡适也喜欢演讲，但"文存"所收，基本上都是"写下来"的；蔡元培也撰文，但"言行录"所收，以"说出来"的为主。《蔡孑民先生言行录》书后附有《蔡先生著述目录》，开列1903—1917年刊行的《科培尔哲学要领》《中学修身教科书》《中国伦理学史》《哲学大纲》《石头记索隐》等著译七种。这回的新书，也有文章，但演说占很大比重。朱自清曾做了统计，称"演说词占全书百分之三十"①，其实远不止。有的文中没有注明，但根据年谱，能判定就是演说稿，或是据演说整理成文。我初步考定，演说稿 40 篇，加上拟演说的《华工学校讲义》，蔡书中倾向于"讲坛说道"而非"书斋阅读"的，起码占百分之六十以上。这也是此书原题《演说集》的缘故。

回到该书分类：一眼看去，第二、第三类可以合并，关于"教育"与关于"北京大学"，二者当然密不可分。第四、五、六类论题广泛，除了旧文，多涉及大学，或干脆就是在各大学的演讲稿。说这是一个教育家关于"大学"的各种言说，基本没错。关键在第一类，谈论的都是"最重大普遍的问题"，这倒是蔡元培的特点。不仅是大学校长，而且胸怀天下，谈论的是"哲学与科学"的关系，"黑暗与光明的消长"，欧战之成败与美术之起源，信教自由与劳工神圣，社会主义的历史以及工学互助团的希望等，视野如此开阔，且不是秘书代拟，全都属于蔡元培的个人兴趣——看得出来，这是一个有哲学修养且有国际视野的教育家。

蔡元培此前两度游学欧洲，学术上涉猎甚广，如在德国莱比锡大学那三年，"于哲学、文学、文明史、人类学之讲义，凡时间不冲突者，皆听之。尤注重于实验心理学及美学"②。莱比锡大学至今仍保留蔡元培的学籍名册、选修课程及学业成绩等资料③。有趣的是，年满四十的蔡先生，注册时竟填了三十五岁，大概是

---

① 朱自清：《〈蔡元培先生言行录〉指导大概》，《朱自清全集》第二卷 243 页。
② 参见《传略》（上），《蔡元培全集》第三卷 327 页。
③ 关于蔡元培在莱比锡大学各学期修课科目及讲授者，参见蔡元培《自写年谱》及高平叔撰著《蔡元培年谱长编》上册，北京：人民教育出版社，1996 年。

第四章 何为"大学"以及如何"大学"

为了更好地适应学生生活。年近七十时,蔡先生撰《假如我的年纪回到二十岁》,自述平生读书兴趣及遗憾:"我若能回到二十岁,我一定要多学几种外国语,自英语、意大利语而外,希腊文与梵文,也要学的;要补习自然科学,然后专治我最爱的美学及世界美术史。"[①] 热爱知识、手不释卷的政要名流,在现代中国,还能找到一些;但像蔡元培那样涉猎众多学科,且长久保持浓厚兴趣的,几乎可说是绝无仅有。

学术兴趣过于广泛,对于专家学者来说,不一定是好事,弄不好变得汗漫无归;而对于大学校长来说,却是一大优势,不如此,何以判断不同思想学说的价值?出于景仰之心,许多追忆蔡先生的文章,论及其学识,多"溢美之辞"。蔡先生的学问,"博大"是真的,"精深"则未必。兼及"中土文教"与"西方哲思",确实是蔡校长的一大特色,不过,更应该赞许的是其视野广阔,而不是其成绩卓著。在20世纪的中国学界,谈论文学、史学、哲学、伦理学等,蔡元培均非首选,其若干著述,也并非不可替代。可这丝毫不影响蔡元培在现代中国思想史上的卓越地位。

这是一个有哲学兴趣的教育家,关注政治、道德、文化、教育等,尤以"大学问题"为中心。蔡先生的论述,以真切见长,不限于具体事务,有思想深度,故时过境迁,仍有启示意义。大学校长与纯粹的哲学家或学问家不同,需要理解力、执行力,还得有人格魅力。这也是教育学本身的特点,不是"坐而论道",而

[①] 蔡元培:《假如我的年纪回到二十岁》,《蔡元培全集》第六卷522页,北京:中华书局,1988年。

是实践中的思考与表述。与专业水平或政治立场关系不是很大，关键在胸襟与趣味。而这恰好与"演说"这一文体的特性相吻合——距离不远不近，知识不旧不新，论说不浅不深，方才是"恰到好处"。

三 "大学"面面观

作为当年中国最高学府的掌门人，蔡元培在处理日常事务的同时，必须不断告诉公众，他心目中的"大学"到底是什么样子。这一点，是《蔡孑民先生言行录》的论述重心，也是此书的魅力所在。稍为归纳，此书论题，涉及大学宗旨、大学精神、政与学、学与术，还有"美育"等。

1919年8月，蔡元培应北大新潮社要求，为编印《蔡孑民先生言行录》而作《传略》，提及其改造老北大，格外关注学生人格的培养："乃于第一日对学生演说，即揭破'大学学生，当以研究学术为天责，不当以大学为升官发财之阶梯'云云。于是推广进德会，以挽奔竞及游荡之习。并延积学之教授，提倡研究学问之兴会。助成体育会、音乐会、画法研究会、书法研究会等，以供正当之消遣。助成消费公社、学生银行、校役夜班、平民讲演团等，及《新潮》等杂志，以发扬学生自动之精神，而引起其服务社会之习惯。"[①] 之所以不谈学术建设，而将破除"升官发财之阶

---

① 蔡元培：《传略》（上），《蔡元培全集》第三卷330页。

第四章 何为"大学"以及如何"大学"

梯"为第一要务,那是因为,在很多人眼中,大学乃科举的变相,只想骗到一纸毕业证书。而大学教育的目的,"不但传授学术,更有养成人格的义务"。在这个意义上,"于指导学生切实用功以外,还有各种体育、美育之设备,辩论演说的练习,游历调查的组织,以引起学生自尊人格、服务社会的精神",乃新文化运动后"大学教育之进步"的标志。①

这方面,经典性文献是发表于1917年1月9日的《就任北京大学校长演说》。此演说如今已进入中学语文课本,传播极广。一曰抱定宗旨,二曰砥砺德行,三曰敬爱师友,而关键的关键是:

> 诸君来此求学,必有一定宗旨,欲求宗旨之正大与否,必先知大学之性质。今人肄业专门学校,学成任事,此固势所必然。而在大学则不然,大学者,研究高深学问者也。外人每指摘本校之腐败,以求学于此者,皆有做官发财思想,故毕业预科者,多入法科,入文科者甚少,入理科者尤少,盖以法科为干禄之终南捷径也。……果欲达其做官发财之目的,则北京不少专门学校,入法科者尽可肄业法律学堂,入商科者亦可投考商业学校,又何必来此大学?所以诸君须抱定宗旨,为求学而来。入法科者,非为做官;入商科者,非为致富。宗旨既定,自趋正轨。②

---

① 蔡元培:《十五年来我国大学教育之进步》,《蔡元培全集》第五卷90页,北京:中华书局,1988年。

② 蔡元培:《就任北京大学校长演说》,《蔡元培全集》第三卷5页。

如此谈论大学宗旨，既指向学生，也指向学校。这可不是一时心血来潮，乃蔡先生的一贯思路。1912年5月15日，作为教育部长，蔡元培出席北京大学开学典礼，演说"大学为研究高尚学问之地。即校内课余，仍当温习旧学"①。而其手订《大学令》廿二条，1912年10月24日经临时教育会议通过，由教育部以第十七号部令公布："大学以教授高深学术，养成硕学闳材，应国家需要为宗旨。"②如此谈论"高深学问"，属于正面立论，似乎很平常；其实，绵里藏针，直接针对的是国人"读书做官"这一痼习。这是蔡元培的言说风格，一般情况下，并不锋芒毕露，但很有自己的坚持，且锲而不舍。从前清翰林到革命家到教育总长再到北大校长，蔡元培对于大学问题多有思考，并非临阵磨枪，更不是简单模仿——即便你能找到若干德国大学的影子。正因为此前多有"预演"，1917年的登台，方才是水到渠成。

这个演说，奠定了他整个大学理念的基调。日后，在很多场合谈大学，蔡元培多围绕此中心打转。改变国人"读书只为做官"这一植根于科举时代的观念，谈何容易。其实，直到今天，这一观念仍然根深蒂固。晚清闹革命时，蔡元培等设想，中国要成为现代国家，关键是培养出一大批不以当官为目标的真正的专家学者。所谓"不以当官为目标"，就是说，即便让你当省长部长，你也不去，因为你对学术研究更有兴趣。可当下中国读书人，多人在学界，心存宫阙；不是不想当官，只是没机会而已。考公务

---

① 参见高平叔撰著《蔡元培年谱长编》上册448页。
② 《大学令》，《蔡元培全集》第二卷283页，北京：中华书局，1984年。

第四章 何为"大学"以及如何"大学"

员成为大学生的首选,这可不是好现象。这里说的是个人,学校呢?当初蔡校长力倡"大学者,研究高深学问者也",今天各大学谈及自家业绩,都以能出大官为骄傲。有人甚至反省老北大的传统,说都是蔡元培闹的,整天标榜"独立性",害得北大人在官场上吃不开,全都是在野的"清流"。

大学以学术研究为中心,其工作目标不是培养官员,也不是教你如何赚钱。蔡元培说得很绝对,假如想当官,你就进法律学堂,想赚钱,你就进商业学校,根本不必念北大。北大的培养目标是"研究高深学问"的纯粹学者。九十多年过去了,蔡元培的理念不但没实现,反而成了北大招生的"障碍"。不断有家长问,我的孩子念北大,将来出路怎么样?记得三十年前,文科考生中,最聪明的进中文系、哲学系,至于念法学的、学商科的,大都成绩平平。如今倒过来,管理学院(商学院)高高在上,而哲学系的收分竟然是最低的。这让我很伤心——最聪明的人,不念哲学,跑去念商科,将"求学"完全等同于"谋职",背弃了蔡元培的大学理念。

蔡元培之所以刻意强调"高深学问",除了反对读书就为升官发财,还有一点——区分综合大学与专门学校。而这背后,是"学"与"术"的分野。虽说二者各有所长,蔡先生明显地重"学"而轻"术"。1909年,蔡元培撰《伦理学原理》,称:"科学有二别:一主理论者;二主实践者。前者谓之学,后者谓之术。前者属于知识而已,后者又示人利用其能力以举措事物。"[1] 落实在教

---

[1] 蔡元培:《伦理学原理》,《蔡元培全集》第一卷415页,北京:中华书局,1984年。

育上，便是凸显文理二科在大学校园里的支柱地位。

民国元年，教育总长蔡元培颁布大学令，强调"大学以文理二科为主"；1918年，作为北大校长，蔡又发表《大学改制之事实及理由》，再次强调："大学专设文、理二科。其法、医、农、工、商五科，则为独立之大学。其名为法科大学、医科大学等"；理由是"文、理二科，专属学理；其他各科，偏重致用"。① 讨论中，蔡先生进一步阐释其为何格外重视文理二科，既基于其"学""术"分途发展的理念，也针对时人过于强烈的功利心："吾国人科举之毒太深，升官发财之兴味本易传染，故文、理诸生亦渐渍于法、商各科之陋习"；"鄙人以为治学者可谓之'大学'，治术者可谓之'高等专门学校'"。② 真是说到做到，1919年9月，蔡校长做《北大第二十二年开学式演说词》，甚至称，反正办学经费不足，不如将北大工科归并北洋大学，以便集中精力办理科。为什么停办的是"工科"，而不是"理科"？那是因为："且既然认定大学是研究学理的机关，对于纯粹学理的文理科，自当先作完全的建设。"③ 对于如此决策，蔡元培日后没有后悔，反而很得意，在《我在北京大学的经历》中称："我那时候有一个理想，以为文、理两科，是农、工、医、药、法、商等应用科学的基础，而这些应用科学的研究时期，仍然要归到文、理两科来。所以文、理两科，必须设各种的研究所；而此两科的教员与毕业生必

---

① 蔡元培：《大学改制之事实及理由》，《蔡元培全集》第三卷130—131页。
② 蔡元培：《读周春狱君〈大学改制之商榷〉》，《蔡元培全集》第三卷150页。
③ 蔡元培：《北大第二十二年开学式演说词》，《蔡元培全集》第三卷344页。

第四章 何为"大学"以及如何"大学"

有若干人是终身在研究所工作,兼任教员,而不愿往别种机关去的。所以完全的大学,当然各科并设,有互相关联的便利。若无此能力,则不妨有一大学专办文、理两科,名为本科;而其他应用各科,可办专科的高等学校,如德、法等国的成例。以表示学与术的区别。"①

先有蔡元培的重学轻术,后是1952年的院系调整,此后,北大给人的印象便是从事基础研究,而不太擅长实践与运用。这本来也没什么,各大学都应该走自己的路。可在今日中国,这么做要吃很大的亏。为什么?因为做学术评估时,科研经费特别重要。谁都明白,文学院教授和工学院的教授,所需经费天差地别。一个主持大项目的工科教授,其科研经费很可能比整个文学院还多。你说我一个文学教授,要那么多钱干什么?我总不能让学生帮我读书、查资料、写论文吧?除了做大规模的社会调查,文学院教授其实花不了多少钱。工科不一样,买设备,做实验,花钱如流水。这样一来,工科性质的大学,其科研经费一定比综合大学多。比如,清华大学、浙江大学、天津大学等以工科著称的,其科研经费就比北大、复旦、南大多。还有一点,在中国,理工科有院士,文科没有,这也是导致人文及社会科学不太受重视的原因之一。蔡先生的重学理而轻应用的大学理念,今天面临很大的挑战。但在我看来,以探寻真理而不是寻找职业为大学的主要功能,并没有错;为了提高就业率而努力适应市场,追求所

---

① 蔡元培:《我在北京大学的经历》,《蔡元培全集》第六卷352页。

谓的"专业对口",不是高等教育的好出路。①

蔡元培对于现代中国的巨大贡献,主要在大学教育。蔡先生的大学理念,在1930年为《教育大辞书》而撰写的《大学教育》中,已得到系统的表述;至于其实现程度,则不妨参照1919年自撰的《传略》。有趣的是,二者均以"思想自由"与"兼容并包"为中心来展开论述。在《大学教育》中,蔡先生强调大学生多能自治,学校不妨放任,此乃大学与中学的根本区别。这两个判断互相依存:既然学生有判断是非的能力,大学因而不该垄断思想;大学鼓励自由思考,学生因而得以独立判断:

> 近代思想自由之公例,既被公认,能完全实现之者,厥惟大学。大学教员所发表之思想,不但不受任何宗教或政党之拘束,亦不受任何著名学者之牵掣。苟其确有所见,而言之成理,则虽在一校中,两相反对之学说,不妨同时并行,而一任学生之比较而选择,此大学之所以为大也。②

表面上看,这是个简单的命题,可真正实行起来,却很不容易。因其牵涉到现代教育的目的、民族国家的权威、意识形态的控制等,绝非只是校园里湖面上随意泛起的涟漪。就像蔡先生说的,之所以允许"两相反对之学说"并存,除了信任大学生独立思考的能力,更包括对于正常的学术竞争与思想激荡的理解。"我素信

---

① 参见拙文《我看"大学生就业难"》,《北京大学教育评论》2004年4期。
② 蔡元培:《大学教育》,《蔡元培全集》第五卷507—508页。

学术上的派别是相对的,不是绝对的"①,并置多种学说,允许学生"比较而选择",将此作为大学教育改革的核心,乃是基于对传统中国思想缺陷的思考。

同样是强调"兼容并包",《〈北京大学月刊〉发刊词》与《致〈公言报〉函并答林琴南函》略有区别。前者讲的是"兼容"不同学术流派,如哲学之唯心论与唯物论、文学之写实派与理想派、伦理学之动机论与功利论、宇宙论之乐天观与厌世观;后者则突出"兼容"不同政治主张,即大学教员以学术造诣为主,并不限制其校外活动。而"吾国承数千年学术专制之积习,常好以见闻所及,持一孔之论"②,对于持异议者,轻者逐出教席,重者消灭肉体。如今,借助于引进西方的大学体制,蔡先生希望建立得以自由思想的"安全岛"。

借用以赛亚·伯林的概念,"兼容并包"乃是一种"消极自由",其特征在于保证不同学说得以自由表述。在中国的特殊语境中,制度性的"兼容并包",比个人性的"思想自由",或许更难实现。这才能理解为何蔡元培在论述"对于学说,仿世界各大学通例,循'思想自由'原则,取兼容并包主义"③时,往往强调的是后者。能否"兼容并包",对于大学来说,"生死攸关"。所谓吸引大师,所谓专深学术,所谓独立思考,没有制度性的"兼容并包"作为后盾,根本无法实现。

---

① 蔡元培:《我在北京大学的经历》,《蔡元培全集》第六卷351页。
② 蔡元培:《〈北京大学月刊〉发刊词》,《蔡元培全集》第三卷211页。
③ 蔡元培:《致〈公言报〉函并答林琴南函》,《蔡元培全集》第三卷271页。

大学为什么需要兼容并包？鼓励学术创造、便于学生选择、承认真理的相对性等，固然可以算作答案，但是，在蔡元培心目中，最重要的，还是如何拒绝党派或教会的压制，以保持教育的相对独立性。这一思路，与蔡先生游学德国的经历大有关系。论及大学的相对独立性，蔡元培常以德国为佐证。五四运动爆发，蔡校长为抗议政府镇压爱国学生而辞职。在《不肯再任北大校长的宣言》中，蔡先生称："我绝对不能再作不自由的大学校长：思想自由，是世界大学的通例。德意志帝政时代，是世界著名开明专制的国，他的大学何等自由。那美、法等国，更不必说了。"①三个月后，在全体师生的强烈要求下，蔡校长回校复职，其《回任北大校长在全体学生欢迎会上的演说词》说："诸君都知道，德国革命以前是很专制的，但是他的大学是极端的平民主义；他的校长与各科学长，都是每年更迭一次，由教授会公举的……这是何等精神呵！"②以德国教育为参照系，强调即便政治专制的国家，大学也有相对的独立与自由。蔡校长之组织教授评议会，鼓励学生开展社团活动，反对党派或政府直接控制校园，都是力图在制度上保证大学的"平民主义"与"兼容并包"。

今日的北京大学，很奇怪，没有公认的校训。为什么？大家意见不统一，定不下来。百年校庆时，北大曾定了个校训——"爱国、进步、民主、科学"，据说很有来头，但大部分师生不认账，

---

① 蔡元培：《不肯再任北大校长的宣言》，《蔡元培全集》第三卷 298 页。
② 蔡元培：《回任北大校长在全体学生欢迎会上的演说词》，《蔡元培全集》第三卷 341—342 页。

因其没能显示北大人的精神面貌。你说哪一所大学不"爱国"？哪一个学生不追求"进步"？这不叫校训，是社会上流行的口号。我力主用蔡元培的"思想自由，兼容并包"作为校训，但不被接受。你看，这八个字，一听就知道不是军队、不是工厂，只能是大学；而且，在中国，只能是北京大学，别的大学还很难有如此神态。"六四风波"以后，新一任北大领导曾提出"学术无禁区，课堂有纪律"，希望借此有效控制校园里的言论。但没用，老师们上课，该怎么说还是怎么说，只不过比较讲究"技巧"而已。这就是由蔡元培奠定思想基础的北大——有特别"左"的，也有特别"右"的，只要你坚守自己的立场，且认真上课，这就行了。蔡先生的思路是：相信大学生们有选择的眼光和权利。至于课堂上各种各样的"主义"，哪些随风飘逝，哪些落地生根，是历史决定的，并不取决于个人的主观愿望。今天也一样，北大校园里流行的诸多思想学说，哪些能留下来，谁也说不清。

说到蔡元培的大学观，不能不提他的名言："爱国不忘读书，读书不忘爱国。"① 如何理解这句话？既反闭门读书，也反盲目干政。五四运动起来后，对蔡元培造成巨大压力的，不仅是腐败的政府，还有激进的学生。1919年9月，五四运动高潮刚刚过去，其深远的历史影响尚未浮现，但北大学生的政治热情，已震撼了全国民众。针对世人的疑惑，蔡元培发表《北大第二十二年开学式演说词》："此次学潮以后，外边颇有谓北京大学学生专为政治

---

① 蔡元培：《读书与爱国——在杭州之江大学演说词》，《蔡元培全集》第五卷123页。

运动，能动不能静的。不知道本校学生这次的加入学潮，是激于一时的爱国热诚，为特别活动，一到研究学问的机会，仍是非常镇静的。"① 1934年撰《我在北京大学的经历》，蔡元培旧事重提："五四运动之目的既达，北京各校的秩序均恢复，独北大因校长辞职问题，又起了多少纠纷。……回校以前，先发表一文，告北京大学学生及全国学生联合会，告以学生救国，重在专研学术，不可常为救国运动而牺牲。"② 强调大学乃"研究学理的机关"，此乃蔡先生的一贯主张，并非应付舆论压力的权宜之计。对于学生因政治热情高涨而放弃学业，以及因意识到自家力量而过多使用罢课等非常手段，蔡元培忧心忡忡。这一点，蒋梦麟的《西潮》中有很好的解说③。

在我看来，蔡先生首先是教育家，而后才是政治家。正因此，坚持大学的主要功能是传播知识、发展学术。论及此，不妨引入山东及广西版删去的《致汪精卫君书》："在弟观察，吾人苟切实从教育着手，未尝不可使吾国转危为安。而在国外所经营之教育，又似不及在国内之切实。"而教育救国的最好例子，便是此信所举的普法战争时，哲学家费希特如何发表爱国演讲，"改良大学教育，卒有以救普之亡"。④

《蔡孑民先生言行录》中作为附录的《华工学校讲义》，包

---

① 蔡元培：《北大第二十二年开学式演说词》，《蔡元培全集》第三卷343—344页。
② 蔡元培：《我在北京大学的经历》，《蔡元培全集》第六卷354页。
③ 参见蔡元培《读书与爱国——在杭州之江大学演说词》及蒋梦麟《西潮》第十六章"扰攘不安的岁月"，96—101页，台北：世界书局，1962年。
④ 蔡元培：《致汪兆铭函》，《蔡元培全集》第三卷26页。

括德育 30 篇，智育 10 篇；后者分为文字、图画、音乐、戏剧、诗歌、历史、地理、建筑、雕刻、装饰。如此论述，明显偏于审美，或曰美育。华工学校尚且如此，大学当有更高的要求。1912年，蔡先生就任中华民国临时政府教育总长，发表《对于新教育之意见》，提出军国民主义、实利主义、德育主义、世界观、美育主义五者，"皆今日之教育所不可偏废者也"①。可真正使得"美育"一词名扬天下，并引起思想文化界广泛关注的，是蔡先生的另一个口号："以美育代宗教"。先是在北京神州学会讲演，后发表于《新青年》3 卷 6 号上的《以美育代宗教说》，强调宗教对于人类情感有很大作用，但容易趋于极端，"盖无论何等宗教，无不有扩张己教、攻击异教之条件"；不若美育之平和中正，有百利而无一弊。②

"以美育代宗教"，作为哲学命题，在我看来，很难成立；可提倡"美育"，将其作为重要的教育宗旨，不但过去，而且至今仍在发挥良好的作用。侧重教育而不是哲学，这种谈论"美育"的方式，与蔡元培对这一概念的理解与阐发分不开。在蔡先生看来，"美育者，应用美学之理论于教育，以陶养感情为目的者也"。假如以"陶养感情为目的"，这种教育理念，古今中外都能找到知音。"其在西洋，如希腊雅典之教育，以音乐与体操并重，而兼重文艺"；中国呢，更是古已有之，而且源远流长："吾国古代教育，用礼、乐、射、御、书、数之六艺。乐为纯粹美育；书以记

---

① 蔡元培：《对于新教育之意见》，《蔡元培全集》第二卷 130—137 页。
② 蔡元培：《以美育代宗教说——在北京神州学会演说词》，《蔡元培全集》第三卷 30—34 页。

述,亦尚美观;射御在技术之熟练,而亦态度之娴雅;礼之本义在守规则,而其作用又在远鄙俗;盖自数以外,无不含有美育成分者。"① 西洋的音乐与文艺,以及中国的六艺与礼,确实都有利于"陶养感情",假如这就是"美育"的话,世人之从"艺术教育"的角度解读蔡元培的思路,也不能说错。

不过,即便暂时撇开用以取代宗教这一不太切合实际的宏愿,蔡先生所设想的"美育",也不仅仅是学校里的艺术课程。在撰于1930年的《以美育代宗教》中,蔡元培再三申明,他提倡的是"美育",而不是"美术"②。换句话说,蔡先生所设想的"美育",是全社会的审美教育——既以学校为中心,又兼及各阶层的民众;既以艺术教育为手段,又推广到日常生活的言谈举止。这样的"美育",确实很像传统儒家所设想的"礼"。记得近世怪才辜鸿铭曾主张将"礼"译为 art 而不是 rite,周作人对此深表赞赏,甚至加以引申:"礼"就是"生活之艺术"③。

作为一种"文化运动",假如希望世人普遍养成审美的生活态度,"美育"的实施,必须两条腿走路,一是学校教育,一是文化推广。这里面,蔡元培的执掌北京大学,以及在校园里大力推广艺术教育,是一个很好的榜样。难怪蔡先生在很多谈论美育的文

---

① 蔡元培:《美育》,《蔡元培全集》第五卷 508—509 页。

② 蔡元培:《以美育代宗教》,《蔡元培全集》第五卷 500 页。

③ 周作人《雨天的书·生活之艺术》(载 1924 年 11 月《语丝》1 期)称:"生活之艺术这个名词,用中国固有的字来说便是所谓礼。斯谛耳博士在《仪礼》序上说,'礼节并不单是一套仪式,空虚无用,如后世所沿袭者。这是用以养成自制与整饬的动作之习惯,唯有能领解万物感受一切之心的人才有这样安详的容止。'从前听说辜鸿铭先生批评英文《礼记》译名的不妥当,以为'礼'不是 rite 而是 art,当时觉得有点乖僻,其实却是对的。"

章中，都会提及其"北大经验"。

一个校长，花那么多心思和时间在关心、支持学生社团上，似乎有点"不务正业"。其实，这正是蔡校长高明之处——聘得若干学有专长的教授（包括文科学长陈独秀），再鼓动起校园里讲求学问、涵养性情的风气，大学也就成功了大半。如此说来，学生的社团活动，不全是为了打发课余时间，更是为了营造氛围，转移风气，培养能力，养成人格——这正是北大得以旧貌换新颜的关键所在。正因此，每次谈及自家的北大功业，蔡校长总要历数各种以学生为主体的社团。而这并非事后追认，当初北大之所以给人欣欣向荣的感觉，与十分活跃的社团活动大有关系。并不期待所有参加艺术社团的人，将来都成为书画或音乐戏剧方面的名家，而只是希望学生们通过这些活动"涵养心灵"，养成"活泼的精神"，以便从事任何有益的事业。借艺术活动陶冶性情，正是传统中国教育最为精微绝妙之处。

四 作为演说家的蔡元培

1934年，蔡元培撰《我在北京大学的经历》，其中有这么一句："改造第二院礼堂与庭园，使合于讲演之用。"[①] 大学校长的工作千头万绪，怎么连改造礼堂这样的小事也值得追忆？殊不知，此举牵

---

① 蔡元培：《我在北京大学的经历》，《蔡元培全集》第六卷355页。

涉蔡元培执掌大学的一个特征：演说。[1] 不同于明清两代官府组织的圣谕宣讲，也不同晚清文明戏中的言论小生，清末民初演说与学堂之结盟，值得认真关注。这中间，蔡元培发挥了重要作用。

目前见到蔡先生最早的演说稿，是1901年4月19日《在杭州方言学社开学日演说词》，未见刊本，但有日记和手稿为证，现收入中华书局版《蔡元培全集》第一卷。"今日为学社开学之日，我所演说者，即是表明学社命名之义及一切课程之关系"——这开篇很好，确实像演说。可接下来，"学塾繁多，不可具数，今最著者，为学官、书院、学堂三大支"云云[2]，越来越文绉绉，又变成了文章。此后蔡元培的日记中，多有关于演说的记载。也就是在这一年9月，蔡元培被聘为南洋公学特班总教习，开始着意培养学生的演说能力。1940年，黄炎培撰文哀悼蔡先生，提及其在南洋公学特班总教习任上的表现："师又言：今后学人，领导社会，开发群众，须长于言语。因设小组会习为演说、辩论，而师自导之，并示以日文演说学数种令参阅。又以方言非一般人通晓，令习国语。"[3]

1912年元月，蔡元培出任中华民国首任教育总长，当即通电各省都督，促其推行以演说为中心的社会教育："社会教育，亦为

---

[1] 本书前已提及，将学堂、报章、演说并列为"传播文明三利器"，如此时尚的晚清话语，发明权归日人犬养毅；而在"三利器"中突出渲染"演说"的功用，则属于梁启超的精彩发挥。梁启超：《饮冰室自由书·传播文明三利器》，《饮冰室合集·专集》第一册，上海：中华书局，1936年。

[2] 参见《在杭州方言学社开学日演说词》，《蔡元培全集》第一卷123—126页。

[3] 黄炎培：《吾师蔡孑民先生哀悼辞》，见陈平原、郑勇编《追忆蔡元培》91—92页。

今日急务，入手之方，宜先注重宣讲。即请贵府就本省情形，暂定临时宣讲标准，选辑资料，通令各州县实行宣讲，或兼备有益之活动影画，以为辅佐。"①同年六七月间，蔡元培派人筹办"以利用暇暑，从事学问，阐发理术，宏深造诣为目的"的"北京夏期讲演会"。此一"由教育部邀请中外专门学家分别担任各种科学"的系列讲演，涉及人文、社科、自然、军事等门类，包括严复讲授"进化天演"、章太炎讲授"东洋哲学"、许寿裳讲授"教育学"、鲁迅讲授"美术略论"等。②据蒋维乔《退庵日记》手稿，6月5日正式开讲，"由蔡先生演说"③。

1916年底奉命归国，准备出任北大校长的蔡元培，一路风尘，到处演讲：11月17日杭州各界在新市场凤舞台举行"蔡孑民先生讲演会"，到会五千余人，省长致介绍词，讲题《吾人所受于欧战之教训》；11月26日回家乡绍兴，在该县觉民舞台举行大会，做长篇演讲；同日，在绍兴的浙江省立第五师范发表演说；同月，在浙江省立甲种农业学校发表演说；12月11日应江苏省教育会邀请演说；12月12日在交通部上海工业专门学校演说；约略同时，还在爱国女校演说……12月13日赴杭州，逗留几天后北上，正式就任北大校长。不到一个月时间，已知的正式演讲就有七场；演说如此频繁，且不断变换话题，到底是个人兴趣，还是人情难却，抑或二者兼而有之？

---

① 参见高平叔撰著《蔡元培年谱长编》上册402页。
② 参见高平叔撰著《蔡元培年谱长编》上册450—451页。
③ 参见蒋维乔《退庵日记》（手稿），转引自高平叔撰著《蔡元培年谱长编》上册454—455页。

作为北大校长,蔡元培有义务在各种重要场合发表演说。属于公务性质的,不无应景成分。可蔡元培还有好些专业性很强的演说,一看就不是出自秘书之手。比如,《蔡孑民先生言行录》刚刚刊行的 1920 年 10 月,蔡先生恰好应湖南省教育会邀请,到长沙讲学。有据可查的,总共十二次,反而是《自写年谱》说少了:"我讲了四次,都是关乎美学的。我曾把演(说)稿整理一过,载在《北京大学日刊》。"[①] 如 10 月 27 日在明德学校演说,题为《美术的价值》,记录整理者是曾任北大图书馆员的毛泽东,讲稿刊 1920 年 11 月 5 日和 9 日长沙《大公报》。整理者还特意加上了按语:"蔡先生的话,有好些听不清楚。此篇所记,只其大略。开首两段,是周世钊先生记出给我的。"10 月 28 日,蔡先生在湖南第一师范讲《对于学生的希望》,因系湖南省教育会组织的,由该会人员担任记录;《大公报》则另请毕业于湖南一师的毛泽东记录整理,发表在 10 月 30、31 日及 11 月 3、5、6 日该报上[②]。很可惜,这两篇演说稿,都来不及收到《蔡孑民先生言行录》里去。

不过,借此机会,毛泽东与蔡元培建立了某种联系。两年后,蔡校长郑重其事地向学界推荐毛泽东的《湖南自修大学组织大纲》。蔡先生之所以对此"宗旨"大有好感,皆因感慨于"近二十年来,取法欧美,建设学校;偏重分班授课、限年毕业之制。书院旧制,荡然无存",故寄希望于"合吾国书院与西洋研究

---

① 参见高平叔撰著《蔡元培年谱长编》中册 338 页。
② 参见高平叔撰著《蔡元培年谱长编》中册 342 页。

所之长而活用之"。①

  毛泽东整理的演说稿，与"言行录"的刊行擦身而过，是时间问题；至于周恩来的记录稿漏收，则明显是编者的失误。这两篇演讲，《在南开学校全校欢迎会上的演说词》刊南开学校《校风》67 期，1917 年 5 月 30 日；《在南开学校敬业励学演说三会联合讲演会上的演说词》刊《敬业学报》6 期，1917 年 6 月。前一篇很有意思，讲学校德智体三育并重，具体论述时体育在先，而后才是智育与德育。而讲体育时，蔡元培竟从游侠说起："古之所谓勇夫、侠士，君子称之，此即体育之发端。"汉代读书人还佩剑，后来越来越柔弱。"若身体柔弱，则思想精神何由发达？""贵校体育号称发达者，大望始终勿怠，为国人倡焉。"②很可惜，这两篇由南开学生周恩来记录整理的演说，当初没有收入《蔡孑民先生言行录》。我想不是故意的，当初搜罗不易，有所遗漏，很正常。对照中华书局版《蔡元培全集》第三卷，1917—1920 年间蔡先生的文字，约有一半未入《言行录》。不过，仔细比勘，最为重要的文章和演讲，不曾遗漏。有些属于公文性质（如《为组织学术讲演会呈教育部文》），有些则只是领衔（如《征集全国近世歌谣启事》），不收也罢。真正感到遗憾的，除了上述二文，还漏收了《在爱国女校之演说》（1917 年）、《国立美术学校成立及开学式演说词》（1918 年）、《为北大音乐会代拟章程》（1918 年）、《不肯再任北大校长的宣言》（1919 年）及《〈音乐杂志〉发刊词》（1920 年）。

---

① 蔡元培：《湖南自修大学介绍与说明》，《蔡元培全集》第四卷 247 页。
② 蔡元培：《在南开学校全校欢迎会上的演说词》，《蔡元培全集》第三卷 46 页。

五 "演说"是如何成为"文章"的

毫无疑问，作为北大校长，蔡先生有义务到处演讲。问题是，我们今天读到的是"言行录"。换句话说，"声音"已经转化为"文字"，白纸黑字，有可能流传千古。这些年，我一直关注"演说"，到目前为止，还没有找到蔡元培的声音。同样，我很想听听鲁迅是怎么说话的。20世纪中国文人学者的声音，胡适有，赵元任有，而蔡元培、鲁迅则没有，很可惜。你走进大英博物馆，可以听到好些19、20世纪英国作家在朗读自己的作品。在中国，暂时我们做不到。因为，当初没有"保留声音"的意识。在蔡元培、鲁迅生活的年代，留声机／录音机其实已开始在中国流行。可学者们收集手稿，但不收集声音。其实，单看文字记载，有时不太可靠。记得我第一次到台北，参加"中研院"组织的会议，有位自称"跟胡适很熟"的老先生说，胡适不会讲话，口音很重，听都听不懂。我很惊讶，因为，好些回忆文章说胡适很会演讲。后来，在胡适纪念馆听胡适留下来的录音，讲话很清晰，而且抑扬顿挫，确实是会演说。真希望哪一天，突然间冒出蔡元培或鲁迅的讲话录音，那对于理解其性情与文章，我相信大有帮助。

蔡先生此前也有好些专业著述，如《中国伦理学史》《石头记索隐》等；可1917—1920年间，蔡元培留下来的文字，基本上都是演说与序跋。行政繁忙，时间及精力不够分配，专心于北大改革大业，无暇读书与作文，这很正常，所谓"有所为，有所不为"是也。蔡先生的专业著作，大都是在欧洲游学时写的，回到

第四章 何为"大学"以及如何"大学"

国内,像他这样的大名人,根本没时间撰写系统性的著述。记得史学家张政烺有句名言:趁着还没出名,赶紧读书。因为,出名以后,应酬无限,杂事繁多,反而没时间认真读书写作了。之所以发此感慨,因最近媒体揭发好几起大学校长抄袭的案子,让人很痛心。此前,我曾写文章"反对一流学者当校长",因为,做学问与当校长,都需要全力以赴;除非及时转型,否则两头落空。现在的大学校长,热衷于"偷闲"做研究,不断推出专著,还申请重大科研项目,真让人看不懂。像蔡先生那样,经营好北京大学,了不起;没有著作,只有演说,丝毫不影响大家对他的尊敬。

当北大校长期间,蔡先生主要采用"演说","作文"反而退居其次。著述讲究独创性与系统性,演说则没这个必要。就像胡适说的,演说乃"卑之无甚高论"。有主见,肯说多余话,而且说得恰到好处,这就行了。身为大学校长,你居高临下,学生不敢不听。官大学问大,位高言论多——不管是不是自己写的,能从容表演,就很不容易了。有经验的读者都明白,"口若悬河"与"梦笔生花"不是一回事,适合于讲演的,不见得适合于阅读。一场主宾皆大欢喜的讲演,抽离特定时空,很可能不知所云。相反,一篇精彩的专业论文或小说散文,即便由高明的演员朗读,也不见得能吸引广大听众。讲演者的姿态以及讲演时的技巧,同样影响到演说的成败[①]。大处着眼,一以贯之,再添上因地制宜,就

[①] 参见拙文《有声的中国——"演说"与近现代中国文章变革》(《文学评论》2007年3期)及《"演说现场"的复原与阐释——"现代学者演说现场"丛书总序》(《现代中国》第七辑,北京:北京大学出版社,2006年6月)。

可以做到宾主皆欢。经由长期的锻炼，很多校长都能应付自如。但如何超越日常事务，将诸多演说变成对于教育理念及大学道路的深入探讨，这里有学问，而且学问很大。不是每个校长都有出版演说集的必要；你一定要出也可以，但必须明白，不是每本"校长演说集"都能传下去。

这里的困难，还包括如何让"声音"准确地转变成"文字"。如果是日常话题，将其记录下来，相对来说还是比较容易的。但讲授内容若牵涉专业，加上讲者带有口音，要实现从"声音"到"文字"的转化，难度可就大多了。请看蔡元培的例子。1913年蔡元培在上海应邀到城东女学演讲，着重阐释女子教育的重要性。这篇记录稿，曾辑入1931年上海广益书局版《蔡元培言行录》。因记录潦草，错字甚多，1935年9月蔡元培在青岛审阅高平叔编《孑民文存》时，对此表示不满，予以删除[①]。在蔡先生眼中，文章与演说，入"言行录"与入"文存"，还是有很大区别的。

更有趣的是，前已提及，《新青年》3卷1号的"通信"栏里，收有蔡元培要求更正未经审核演说稿的致《新青年》记者函，以及《新青年》主编陈独秀以"记者"名义发布的检讨。引领学界风骚的《新青年》尚且如此，其他报章的情况可想而知。

记录"演说"之不容易，有演讲者的方言口音，有记录者的速记能力，更有学术思路上的隔阂；所有这些，使得失误很难避

[①] 参见高平叔撰著《蔡元培年谱长编》上册516页。

免。前文同样提及,章太炎晚年曾拒绝刊行未经自己审定的讲演稿①,就是担心记录有误,以讹传讹。胡适1921年7月31日在南京的暑期学校讲演《研究国故的方法》,日记中粘贴有同年8月4日《时事新报·觉悟副刊》剪报,自己加了批注:"此记多误,不及改。"②鲁迅则称上海十年的诸多演讲"大可不必保存"。③所有"演说",必须是像《蔡孑民先生言行录》那样,经过作者本人校订并认可的,研究者才能将其作为"著述"看待。

《蔡孑民先生言行录》所收40篇演说,还有《华工学校讲义》40则拟演说,无论怎么说,都不太像传统意义上的"文章"。这里牵涉到:谁来记录,如何整理,是否经过本人修订。至于发表时,是实录,是删节,是摘要,还是第三人称转述,是采用文言还是白话,都影响到这些"纸上声音"的阅读效果。讲演者使用的是白话(即便章太炎这样的古文大师也不例外),变成文稿,随整理者及发表者的要求,有时文言,有时白话,就看你着眼于"应用"还是"美文"。1919年11月,蔡先生在北京女子高等师范学校演说《国文之将来》:"照我的观察,将来应用文,一定全用白话。但美术文,或者有一部分仍用文言。"美术文指诗歌、小说、剧本三类,其中,"旧式的五、七言律诗与骈文,音调铿锵,合乎

---

① 汤炳正《忆太炎先生》称:"当时,应全国学术界的要求,每一门课讲毕,即将听讲记录集印成册。先生以精力不给,付印前皆未亲自审校。因此,在听讲记录出版时,他坚决反对署上自己的名字。"见陈平原、杜玲玲编《追忆章太炎》368—369页,北京:三联书店,2009年。

② 参见《胡适的日记》上册166页,北京:中华书局,1985年。

③ 参见鲁迅《〈集外集〉序言》,《鲁迅全集》第七卷5页。

调适的原则,对仗工整,合乎均齐的原则,在美术上不能说毫无价值"。至于应用文,其功能主要是"记载"与"说明",《史记》就是好例子。"照这么看起来,高等师范学校的国文,应该把白话文作为主要。至于文言的美术文,应作为随意科,就不必人人都学了。"① 第二年,蔡先生又在北京高等师范学校演说,讨论国语的标准,同时强调对于国文系学生来说,"因研究学问的必要,社会生活上的必要,我们不能不教他实用文"②。

这已经是新文化运动兴起之后的说法。从1902年编选《文变》,到1919年撰写《国文之将来》,前清翰林蔡元培很在意"文体感",而且"与时俱进"。蔡先生区分应用文与美术文,力主应用文用"白话";这里所说的"白话",不是胡适理解的"有什么话,就怎么说",而更接近吴稚晖的"近文的语",或者朱自清所说的"近语的文"。综观蔡元培的文章,或是实用性的浅近文言,或是近文的白话。这与他长期从事教育工作,着力于教科书编纂以及学术演讲有关。

关于"大学"的论述与演说,是事业,是公务,同时也可能是文章。蔡元培的若干演说,甚至作为语文教材,进入中学生的阅读视野。朱自清撰《〈蔡子民先生言行录〉指导大概》,特别表彰蔡元培的文言"朴实简明,恰合现在的应用"。"本书所收的蔡先生的文言,都是应用的文言,也是新文体之一。但只重达意的

---

① 蔡元培:《国文之将来——在北京女子高等师范学校演说词》,《蔡元培全集》第三卷358—359页。

② 蔡元培:《论国文的趋势及国文与外国语及科学的关系——在北京高等师范学校国文部演说词》,《蔡元培全集》第三卷456页。

清切，不带感情，又不大见典故，便更合用些。"此等"折衷的语体"，在朱自清看来，比梁启超的"新文体"，或者吴稚晖的"近文的语"，更有生命力，"这一体差不多成了文言的正宗"。①

不过，《〈北京大学月刊〉发刊词》和《就任北京大学校长演说词》都是浅近文言，一为文章，一为演说，可都畅达明快，乃"近语的文"。刊《少年中国》1卷7期（1920年1月）的《工学互助团的大希望》和刊1920年1月1日《时事新报》增刊的《国外勤工俭学会与国内工学互助团》，前者演讲，后者文章，可你读不出多大差异。"说"与"写"，在蔡元培这里，已经不存在壁垒分明的界限。②

蔡元培的演说或文章，从不取巧，难得说笑，唯一的例外，见1920年10月《在燕京大学男女两校联欢会上的演说词》。司徒雷登校长派定蔡元培代表男校讲话，蔡在演说中委婉拒绝"男校"角色，从本校有九名女生说起，谈论北大如何只问程度，不管性别。既是调侃式的应景，又顺带宣传自家主张，两全其美。③

现收入《蔡子民先生言行录》的《美术的起源》，用的是初刊《新潮》2卷4号（1920年5月）的修订本。这本是4万字的长篇论文，在1920年5—7月的《北京大学日刊》上连载过，改为学术演讲稿时，用白话重新写定，目的是实践自己的诺言：说理性

---

① 朱自清：《〈蔡子民先生言行录〉指导大概》，《朱自清全集》第二卷244页、260页、262页。
② 参见《蔡元培全集》第三卷210—212页、5—7页、377—380页、374—376页。
③ 蔡元培：《在燕京大学男女两校联欢会上的演说词》，《蔡元培全集》第三卷465—466页。

质的应用文,最好用白话。朱自清表彰蔡先生的文章"得体",不卑不亢,不骄不谄,说好话说坏话都留有余地。这不仅仅是技术性问题,而是待人接物的生活态度。能把复杂的问题说得很简单,要言不烦,那是本事,但最重要的还是"待人以诚"。《致〈公言报〉函并答林琴南函》是蔡元培少有的驳论文章,有条不紊,不愠不火,挡过众多飞来的子弹,转而阐述自家主张——对于学说,循思想自由原则,取兼容并包主义;对于教员,以学诣为主,不干涉其校外活动。只是在谈及胡适、钱玄同、周作人的古文修养以及"了解古书之眼光"时,隐含讥讽(钱、周的老师章太炎曾嘲笑林纾的古文,这与林1914年被迫离开北大不无关系)。至于称:你译《茶花女》《迦茵小传》等小说而在北大讲古文及伦理学,"使有人诋公为以此等小说体裁讲文学,以狎妓、奸通、争有妇之夫讲伦理者,宁值一笑欤?"① 即便有挖苦的味道,仍相对委婉,给对方留足了面子。

　　蔡元培的著作,属于哲学的有《中国伦理学史》,属于文学的有《石头记索隐》,还有就是这属于教育学的《蔡孑民先生言行录》。在各自领域中,当然是后者的影响最大,也最能体现众人称颂的"古今中外派"之学识渊博与性情温润。至于文体,不若著作专精,驳杂中自有筋骨在,那就是探索"近文的语"及"近语的文"。

---

① 蔡元培:《致〈公言报〉函并答林琴南函》,《蔡元培全集》第三卷271—272页。

第四章 何为"大学"以及如何"大学"

六 大学是做出来的，也是讲出来的

什么是大学？或者说，什么是"理想的大学"？每个读书人，都有权利也都有义务进行深入的反省。另一方面，"教育"乃实践性很强的学科，单有文章不够，还需要当事人"知行合一"。读《蔡孑民先生言行录》，必须兼及1917—1920年间北京大学所发生的翻天覆地的变化。新文化运动时期北大的业绩，与校长蔡元培的故事互为因果，且相得益彰。

大学需要追忆，也需要讲述，在再三的辨析、阐释、抉择中，大学方能找到好的发展方向。1988年，为了纪念西南联大成立五十周年、北京大学成立九十周年，出了两本有趣的书，一是《笳吹弦诵情弥切》，一是《精神的魅力》[1]。校庆纪念文集，本来是官样文章，但老学生谈起几十年前的大学生活，特别有感情，文章也写得很不错。这两本书刚出来时，影响并不大，可到了1998年，以北大百年校庆为契机，出现一大批图书，包括我编写的《北大旧事》和《老北大的故事》[2]，"大学故事"方才引起广泛的关注。以前的"大学史"，以意识形态为主导，基本上是政治史的附庸；如今，开始强调大学有其独立的运转轨迹。[3]

我谈大学问题，十五年间，最被认可的，便是认定大学在"大

---

[1] 参见《笳吹弦诵情弥切——国立西南联合大学五十周年纪念文集》（北京：中国文史出版社，1988年）及《精神的魅力》（北京：北京大学出版社，1988年）。
[2] 参见陈平原、夏晓虹编《北大旧事》（北京：三联书店，1998年）和拙著《老北大的故事》（南京：江苏文艺出版社，1998年）。
[3] 参见拙文《文学史视野中的"大学叙事"》，《北京大学学报》2006年2期。

楼"与"大师"之外，还有"精神"在，而"精神"又往往附着在有趣的"故事"上①。讲述"老大学的故事"，不仅仅是怀旧，更重要的是反省一百年间中国大学之路。有趣的是，此后所有大学筹备校庆纪念，都会兼及"正史"与"野史"。因为，大学里的故事与人物，往往比所谓的"正史"更传神，也更容易被大众理解和接受。我说过，大学传统的延续，主要不是靠校史馆，也不是靠校长演说，而是靠熄灯后学生们躺在床上聊天，或者饭桌上的口耳相传。这些在大学校园里广泛传播的雅人趣事，真假参半，代表了一代代大学生的趣味、想象力及价值判断。不仅北大如此，所有的大学都是这样。

有关大学的历史、传说与精神，当事人责无旁贷，不但可以，而且应该大胆讲述。这是构成大学传统的重要组成部分。阅读《蔡孑民先生言行录》，我当然明白，这带有论述者个人的印记，并非"信史"。比如，今人表彰蔡先生如何提倡思想自由、兼容并包，大部分资料来自蔡先生的自述，从1919年的《致〈公言报〉函并答林琴南函》，到1920年的《传略》，到1934年的《我在北京大学的经历》，再到1936年2月14日始着手编撰的《自写年谱》等。仔细考辨，某些细节经不起推敲，某些立论尚可斟酌，可我们还是被其深深吸引。不无遗憾的是，蔡先生的精彩陈述，给读者留下了极深的印象，以至后人很难体会对立面的思路和立场。

---

① 参见拙文《"太学"传统——老北大的故事之一》(《读书》1997年4期)、《校园里的"真精神"——老北大的故事之二》(《读书》1997年5期)及《大学排名、大学精神与大学故事》(《教育学报》2005年1期)。

第四章 何为"大学"以及如何"大学"

蔡元培生前身后,有各种文集问世,后出者往往搜罗广泛,卷数非常可观,如高平叔编七卷本《蔡元培全集》(北京:中华书局,1984—1989年),何莉莉、吴梅东编十四卷本《蔡元培文集》(台北:锦绣出版事业公司,1995年),以及中国蔡元培研究会编十八卷本《蔡元培全集》(杭州:浙江教育出版社,1996—1998年)。可要说影响,还是首推此《蔡孑民先生言行录》,就因其要言不烦,且精神俱在。朱自清认定这是一部有益于青年的好书,尤其看中蔡先生那些达意清切、少用典故的"应用的文言";我则主张从演说入手,探讨蔡先生那些"近语的文"和"近文的语",尤其关注书中所阐述的大学理念,以及如何借助此理念来改造中国大学。

作为北大的学生或教授,不管你学什么专业,总会在某个特定时刻,与老校长蔡元培"相遇"。或花前月下,或雨后雪晴,漫步在幽雅静谧的北大校园,你会被未名湖边翠柏掩映下的蔡元培铜像(1982年10月15日落成)所吸引。更何况,我学的是中国现代文学专业,又对大学问题有兴趣,自然经常与之对话。从1995年撰《与学者结缘》,到1997年出版《追忆蔡元培》,邀请蔡先生参与当下中国的教育改革及文化建设;北大百年校庆时,连续撰写《"兼容并包"的大学理念》《北大传统:另一种阐释》等,借辨析蔡校长的足迹,反省北京大学的传统;2005年出版《触摸历史与进入五四》,第三章标题是"叩问大学的意义——作为教育家的蔡元培";2007年更是以一种特殊形式与蔡校长相遇,在《我为什么反对一流学者当校长》中,谈及大学校长应是"通才"而非"专家",理想的例子,便是北大校长蔡元培。到了2009年夏,有幸得到大块文化的邀请,在香港书展上纵论《蔡孑民先生言行录》。选择此题目,缘于我对大学问题的关注,某种意义上,也是为了向长眠于此的老校长致敬。

半个多世纪前,朱自清把这本书推荐给中学生,而且专门写了个"指导大概"。他当然也谈此书的思想内容,但为了配合国文课程学习,更多从"应用的文言"这一角度立论。蔡元培写文章一点都不花哨,很少用形容词,也很少用比喻,用词准确,恰到好处,朱自清认为,这就行了。若是不当作家,这样的文字最应该学。我关注的是另外一个角度,即大学理念及实践。今天中国,高等教育已经大众化,适龄人口中,上大学的大约占百分之二十五,而且这个比例还在不断提升。既然上大学已经很普通,很正常,反过来,我们有必要追问:什么是"大学"?我们念的真的是大学吗?在大学校园里,不只应该学习各种专门知识,还有必要将"大学"作为一种组织形式与知识体系,来认真阅读、理解、反省、阐释。什么叫大学、大学宗旨何在、大学该做什么不该做什么、大学的功能及理想等,所有这些,都值得你我仔细斟酌。蔡先生这本书,涉及诸多大学问题,而且,多采用"演说"这么一种浅白的论述形式,很容易引领我们进入。目前中国,每年大约有2500万年轻人在大学校园里生活,我半开玩笑说,应该开一门必修课,就叫"大学学"。不管你念的是物理、化学,还是哲学、史学,你都有必要稍微了解一下什么叫"大学"。假如此说成立,不妨将《蔡孑民先生言行录》作为入门书,推荐给大家。

第五章　兼及"著作"与"文章"
——关于章太炎的《国故论衡》

不管你认定他是"有学问的革命家",还是"有思想的学问家"①,你都不能不承认,章太炎是晚清最特立独行,也最丰富多彩的人物。如此江山,如此人物,奔走四方提倡革命之余,还留下众多激扬文字及专深著述。只是事过境迁,当初"真是所向披靡,令人神旺"的"战斗的文章",今日已不太为人关注;那刊落"驳难攻讦"之作,自以为足以"昭示后世"的《章氏丛书》②,也不见得有多少真正的读者。留在世人记忆里,更多的是太炎先生的逸事与隽语③,比如"以大勋章作扇坠,临总统府之门,大诟袁世凯的包藏祸心",或者"独有兄弟却承认我是疯癫,我是有神经病",因"古来有大学问成大事业的,必得有神经病,方能做到"。④

---

① 参见拙文《有思想的学问家》,《文学自由谈》1992年2期,后收入《书生意气》,上海:汉语大词典出版社,1996年。
② 参见鲁迅《关于太炎先生二三事》,《鲁迅全集》第六卷545—547页,北京:人民文学出版社,1981年。
③ 这方面的资料很多,可参见陈平原、杜玲玲编《追忆章太炎》,北京:中国广播电视出版社,1997年。
④ 参见鲁迅《关于太炎先生二三事》及太炎《演说录》(《民报》6号,1906年7月)。

对于著名学者来说，有众多"逸事""隽语"以供流传，真说不清到底是好事还是坏事。因这既使得其声名远扬，又妨碍其著述被认真阅读。知其名却不读其书，对于学者来说，近乎买椟还珠。读其著述，而后观其逸行，品其清言，这才是"欣赏"学者的最佳途径——即便对于章太炎这样有显赫事功的民国元勋，也不例外。

谈论章太炎的专业著述，世人多以1900年初刊本《訄书》为代表，因其出版在先；而我则更喜欢1910年刊行的《国故论衡》，因其更能代表太炎先生的学术风貌。

一 学术史家的自我定位

善读书者，无不注重"辨章学术，考镜源流"（章学诚《校雠通义》），这点古今中外几无例外。太炎先生的特出之处在于，不满足于对具体学者、著述或思潮的考辨，而是"全史在胸"，借助旧学新知的融会贯通，透视三千年中国学术流变，并试图为现代中国学术建立牢靠的根基。如此强烈的学术史意识，虽未催生贯通古今的通史，却也为后来者开无数法门。这一点，思想史家侯外庐有言在先。在《中国近代思想学说史》中，侯称章为"中国学术史的第一次尝试者"：

> 他关于周秦诸子，两汉经师，五朝玄学，隋唐佛学，宋明理学，清代学术，都有详论，即从他的著作中整理一部"太

第五章 兼及"著作"与"文章"

炎的中国学术史论",亦颇有意义。实在讲来,他是中国近代第一位有系统地尝试研究学术史的学者,皮锡瑞的《经学历史》,虽以近代早期的学术史概论出现,而内容上则远不及太炎的见识,可惜他没有自己把这一问题的材料编著起来,使后来治学术史的人剽窃其余义,多难发觉。①

经学史家周予同大概也认同这一说法,因其在《中国经学史讲义》中,曾专门提及章太炎的《检论》和《国故论衡》:"这两种著作,是中国学术批判史。"②

说章太炎是最早"尝试研究学术史的学者",这没问题;但要说"第一位",则很可能不无争议。因为,如果强调著述之"有系统",则梁启超1902年在《新民丛报》上连载的《论中国学术思想变迁之大势》,其整体框架、理论术语以及论述线索,比刊刻于1900年的《訄书》更接近现代意义上的"学术史"。其实,是否"系统",谁人"第一",并非关键所在;最要紧的是,太炎先生关于五朝玄学或清代学术的诸多论述,至今仍被研究者奉为圭臬,可见其著述生命力之长远。

我想追问的是,如此目光如炬的学术史家,如何看待自家的写作?对学术史人物的褒贬,与对自家专业著述的抑扬,二者即便不说互为表里,起码也颇多内在联系。那么,就让我们借助作

---

① 参见侯外庐《中国近代思想学说史》(上海:生活书店,1947年)下卷"章太炎的科学成就及其对于公羊学派的批判"章。此书下卷改订为《中国近代启蒙思想史》(北京:人民出版社,1993年),关于章太炎的评价一仍其旧,参见修订本181页。

② 参见《周予同经学史论著选集(增订本)》912页,上海:上海人民出版社,1996年。

为学术史家的太炎先生之自我定位，来凸显《国故论衡》的意义。

1915年12月23日，时被袁世凯幽禁于北京钱粮胡同寓所的章太炎，给女婿龚宝铨写信，嘱其将《章氏丛书》交浙江图书馆木刻刊行。信中有这么一句：

> 《国故论衡》原稿亦当取回存杭，此书之作，较陈兰甫《东塾读书记》过之十倍，必有知者，不烦自诩也。①

将自家著述与清人陈澧的《东塾读书记》相比拟，而且自认更胜一筹，并非一时意气。在《自述学术次第》中，太炎先生提及当初之发奋著述，乃有感于"汪容甫略推墨学，晚有陈兰甫始略次诸子异言，而粗末亦已甚"；正是意识到"此皆学术缺陷之大端"，方才起而"补前人所未举"：

> 余所撰著，若《文始》、《新方言》、《齐物论释》及《国故论衡》中《明见》、《原名》、《辨性》诸篇，皆积年讨论，以补前人所未举。其他欲作《检论》明之（旧著《訄书》，多未尽理，欲定名为《检论》，多所更张）。②

至于1928年成稿的《自定年谱》，在宣统二年（1910年）条则有云：

---

① 章太炎：《致龚未生书十五》，转录自汤志钧编《章太炎年谱长编》509页，北京：中华书局，1979年。

② 章太炎：《自述学术次第》，陈平原编校《中国现代学术经典·章太炎卷》655页，石家庄：河北教育出版社，1996年。

第五章 兼及"著作"与"文章"

> 自三十九岁亡命日本,提奖光复,未尝废学。……先后成《小学答问》、《新方言》、《文始》三书,又为《国故论衡》、《齐物论释》,《訄书》亦多所修治矣。

如果说私人通信受具体事宜的制约,有可能思虑未周;《自定年谱》和《自述学术次第》则是很严肃的著述,起码体现太炎本人的"自我定位"——尤其是在学术史方面。

辛亥革命胜利后,章氏弟子大举入京,占据北大讲坛;再加上太炎先生本人"时危挺剑入长安"(《无题》四首之一),先在化石桥共和党本部讲授国学,后又因反袁被囚禁,声望如日中天,北大学生更是以阅读《国故论衡》为荣。据顾颉刚称,当初因国文教师、文字学教师等都是章氏弟子,再加上当面听过太炎先生讲演,得到一回切实的指导,"因此,我自己规定了八种书,依了次序,按日圈点诵读"[①]。而比顾低两级、1915年进入北大预科的陶希圣,那时也在教师指导下重点阅读八部书(外加司马谈的《论六家要旨》)。顾、陶二君所开列书目,重叠部分有《文心雕龙》《史通》《文史通义》《国故论衡》四种。据陶君回忆,是国文教师沈尹默"叫我们买太炎先生的《国故论衡》读习"的。当时北大文科教师之所以着力推荐《国故论衡》,我想并不全是学派之争或师生之谊,其中也包括此书"确能将中国文史之学的源

---

① 参见顾颉刚《古史辨第一册自序》(《古史辨》第一册,上海:上海古籍出版社,1982年)和顾潮《顾颉刚年谱》36页(北京:中国社会科学出版社,1993年)。

流及其演变，摆在读者面前"①。

随着五四新文化运动的迅速推进，西学大潮汹涌澎湃，引领中国学界风骚的，一转而为胡适为代表的留学生。至于章太炎等博雅的晚清学人，则逐渐退居二线。但这不等于说，章太炎在思想文化领域的影响力从此消失。或许，就像毛子水在追忆傅斯年时所说的，只因当初十分崇拜，用力较深，知其利也知其弊，日后提及时反而可能出言不逊②。辨析那些自以为彻底告别《国故论衡》的青年才俊，我们依然能够在其蹒跚学步的足迹中，发现章太炎潜移默化的影响。③

二 "精心结构"的"著作"

民国初年，北大教授为何极力向学生推荐《国故论衡》，而不是太炎先生同样精深的其他著述——比如"可谓一字千金矣"的《文始》和《齐物论释》？④道理很简单，就因为前者更能完整体现太炎先生的学术风貌，也更适合刚入门的大学生阅读。1910年初刊行于日本的《国故论衡》，共分三卷，上卷小学十篇，中卷文学七篇，下卷诸子学九篇，合起来，恰好涵盖其时"国学研究"各主要领域。此前出版的《訄书》《文始》固然精深，但论述范围

---

① 参见陶希圣《北京大学预科》，见陈平原、夏晓虹编《北大旧事》188—195页，北京：三联书店，1998年。
② 毛子水：《傅孟真先生传略》，《傅故校长哀挽录》1—3页，台湾大学，1950年。
③ 参见拙文《失落在异邦的"国故"》，《读书》2002年6期。
④ 参见章太炎《自述学术次第》，陈平原编校《中国现代学术经典·章太炎卷》642页。

第五章　兼及"著作"与"文章"

相对狭小；日后问世的《国学概论》《国学讲演录》包罗更广，可又属于通俗讲演。直到现在，如果要挑一本既精且广、能大致体现章氏学术创见的著述，非《国故论衡》莫属。

《国故论衡》虽然也是各章独立撰写，而后才结集出版，但最后凝集而成这上中下三卷，还是显得很有条理。正是这种各文之间的互相呼应，以及全书的结构完整，引起胡适的极大兴趣。因为，在胡适看来，中国学者擅长局部的专深研究，但缺乏系统的眼光以及融会贯通的愿望。在《中国哲学史大纲》第一章"导言"中，胡适提到整理史料的方法有三：在"校勘""训诂"之外，还得加上至关重要的"贯通"。通过对具体著述的阐释与贯通，"寻出一个脉络条理，演成一家有头绪有条理的学说"，这不只牵涉阅读眼光，更是把握全局的结构意识。正是在这一点上，胡适敏感地意识到，章太炎已经走出了清学的藩篱：

> 清代的汉学家，最精校勘训诂，但多不肯做贯通的工夫，故流于支离碎琐。校勘训诂的工夫，到了孙诒让的《墨子间诂》，可谓最完备了，但终不能贯通全书，述墨学的大旨。到章太炎方才于校勘训诂的诸子学之外，别出一种有条理系统的诸子学。太炎的《原道》、《原名》、《明见》、《原墨》、《订孔》、《原法》、《齐物论释》，都属于贯通的一类。《原名》、《明见》、《齐物论释》三篇，更为空前的著作。[1]

---

[1] 胡适：《中国哲学史大纲》30页，上海：商务印书馆，1919年。

适之先生评价著作,不管"文学"还是"学术",都特别看重"结构"(此外还有"方法")。这一独特的眼光,有其利也有其弊[1]。在留学期间所撰《诸子不出于王官论》中,胡适已经指出"太炎先生《国故论衡》之论诸子学,其精辟远过《诸子学略说》矣"[2];上述引文更是通过"剪辑",强调太炎先生对于九流十家均有专深研究。除单独刊行的《齐物论释》外,前三篇取自《国故论衡》,后三篇来自《检论》,合起来,确实显得很有条理与系统。如此表彰章氏,很可能直接启发了日后侯外庐的论述,后者将"别出一种有条理系统的诸子学",扩展为"有系统地尝试研究学术史"。

突出表彰章太炎著述时之能"贯通"以及"有条理系统",基于胡适的一个基本判断,即中国学者不太擅长需要"精心结构"的"著作"。在《五十年来中国之文学》中,胡适如此评述太炎先生的贡献:

> 这五十年中著书的人没有一个像他那样精心结构的;不但这五十年,其实我们可以说这两千年中只有七八部精心结构,可以称做"著作"的书,——如《文心雕龙》、《史通》、《文史通义》等,——其余的只是结集,只是语录,只是稿本,但不是著作。章炳麟的《国故论衡》要算是这七八部之中的一部了。[3]

---

[1] 参见拙文《胡适的述学文体》,《学术月刊》2002年7、8期。

[2] 胡适:《诸子不出于王官论》,《太平洋》1卷7号,1917年10月。

[3] 《五十年来中国之文学》,《胡适古典文学研究论集》123页,上海:上海古籍出版社,1988年。

第五章 兼及"著作"与"文章"

就在这篇四万多字的长文完稿一个多月后,胡适在日记中重提"中国很少精心结构而有系统的著作",不过这回评价标准略为放宽,中国历史上可称为"著作"的,增加到四十多种,其中近人的著述,包括《今古学考》《新学伪经考》《孔子改制考》《仁学》《訄书》《国故论衡》《文始》等(最后两种加了着重号)①。

清儒做学问,为了"长驱直入",往往采取"攻其一点,不及其余"的策略;章太炎追求融会贯通,不能不转益多师,也不能不面临更多方面的挑战。也许正是意识到这一点,为推介《国故论衡》,某知音专门撰写了一则很有气魄的广告:

> 此书为余杭章先生近与同人讨论旧文而作,分小学、文学、诸子学二十六篇。叙书契之原流,启声音之秘奥,阐周秦诸子之微言,述魏晋以来文体之蕃变,凡七万余言。昔章氏《文史通义》括囊大典,而不达短书小说不与邦典。王氏《经义述闻》甄明词例,而未辨俪语属词古今有异。陈氏《东塾读书记》粗叙九流,而语皆钞撮,无所启发。段氏《说文解字注》始明转注,孔氏《诗声类》肇起对转,而段误谓转注、假借不关造字,孔氏知声有正变,通转甚繁。先生精心辩秩,一切证定。口授既毕,爰著纸素。同人传钞,惧其所及未广,因最录成袠,以公诸世。有志古学者,循此以求问学之涂,窥文章之府,庶免擿埴冥行之误,亦知修辞立诚之

---

① 参见《胡适的日记》331—333页,北京:中华书局,1985年。

道。为益宏多，岂待问哉！今已出版，每册定价日币七十钱（合洋八角）。①

以有清一代诸多学有专长的名家，如章学诚（1738—1801）、王引之（1766—1834）、陈澧（1810—1882）、段玉裁（1735—1815）、孔广森（1752—1786）等，来作为太炎先生的陪衬，无非是想强调《国故论衡》乃"集大成"之作。而"叙书契之原流，启声音之秘奥，阐周秦诸子之微言，述魏晋以来文体之蕃变"四句，相当准确地道出了此书的主要观点及基本特色——《国粹学报》上这则广告的作者，目前无法考定，但当为熟悉太炎先生思路者无疑。

其实，单以清学作为参照系，无法说清章太炎所凭借的学术资源，以及可能的发展方向。这一点，同属弄潮儿的梁启超看得非常清楚。在《清代学术概论》第二十八章中，梁启超既指出"少受学于俞樾"，以及"中年以后究心佛典"对章太炎学术道路的牵引与制约，但更强调其"既亡命日本，涉猎西籍，以新知附益旧学，日益闳肆"。因此，所谓"能为正统派大张其军"的章太炎，真正的学术业绩还在于其"中岁以后所得，固非清学所能限矣，其影响于近年来学界者亦至巨"。②

面对"三千年未有之大变局"，既不崇洋，也不泥古，而是"以

---

① 《〈国故论衡〉出版广告》，《国粹学报》第六年4号，1910年5月。
② 梁启超：《清代学术概论》，见夏晓虹编校《中国现代学术经典·梁启超卷》203—204页，石家庄：河北教育出版社，1996年。

新知附益旧学",并借以收拾被欧风美雨敲打得七零八落的民族自信,重新构建起既基于传统而又广泛采纳西学的学术大厦,章太炎这一悲壮的努力,永远值得后人追怀。

三 在"管籥"与"堂奥"之间

太炎先生论学,门户之见非常明显。不说因一时政见歧异而攻击孙中山,或者因学派冲突而谩骂龚自珍、康有为,即便在没有直接利害冲突的领域,也常见其"意气用事"。比如笃信正史,反对学界"欲穿地以求石史",称此乃"惑于西方之说"[①];以及认定"别国人到底不明白我国的学问",用刻薄的语调嘲笑林泰辅等日本著名汉学家[②]。类似的偏激言论,大都是在张扬中国文化价值的同时,流露出一种"爱国的自大"。不过,真正让太炎先生蒙受"恶名"的,并非那些近乎儿戏的"酷评",而是《国故论衡》上卷《理惑论》之嘲笑甲骨文——因此乃太炎先生的专业,必须认真对待。一句"骸骨入土,未有千年不坏"[③],由此断定甲骨文乃不法商贾伪造,实在是过于草率。

此类明显的过失,固然与其高傲的个性、峻急的文风,还有喜欢语出惊人的表达习惯有关,但最重要的,还是基于其特立独行的学术品格。认准"中国之学,其失不在支离,而在汗漫",章

---

① 《信史上》,《章太炎全集》第四卷62页,上海:上海人民出版社,1985年。
② 参见《与罗振玉书》,《章太炎全集》第四卷171—172页;《教育的根本要从自国自心发出来》,《章太炎的白话文》88—99页,贵阳:贵州教育出版社,2001年。
③ 《国故论衡·理惑论》,陈平原编校《中国现代学术经典·章太炎卷》40页。

太炎于是极力诋毁近世学人之貌似博学与公允，实则无卓识，难自立①。承袭先秦学者遗风，突出自家学说，"小有异同，便不相附"，此等学术性格，自是得失互见。倘做长时段考察，学者的短处其实可以忽略（即便笑话多多），关键看其对于中国学术有无实质性的贡献。

关于章太炎的业绩，弟子周作人有一总体判断："我以为章太炎先生对于中国的贡献，还是以文字音韵学的成绩为最大，超过一切之上的。"②这一说法，在诸多专门家的论述中可以得到印证。先是梁启超在《清代学术概论》第二十八章中称：

> 其治小学，以音韵为骨干，谓文字先有声然后有形，字之创造及其孳乳，皆以音衍。所著《文始》及《国故论衡》中论文字音韵诸篇，其精义多乾嘉诸老所未发明；应用正统派之研究法，而廓大其内容延辟其新径，实炳麟一大成功也。③

后又有不少学者在相关著述中，肯定太炎先生的文字音韵之学。这其间，我最为关注的，还是语言学界的意见。四年前出版的《二十世纪的中国语言学》，集合当代中国众多优秀的语言学家，进行学术史回顾。涉及汉语音韵学、训诂学、文字学之研究史的前三章，无一例外，都大力肯定章氏的贡献。如唐作藩等称：

---

① 参见章绛《诸子学略说》，《国粹学报》第二年8、9号，1906年9、10月；拙文《自立门户与径行独往》，《读书》1992年5期。
② 《周作人回忆录》205页，长沙：湖南人民出版社，1982年。
③ 梁启超：《清代学术概论》，夏晓虹编校《中国现代学术经典·梁启超卷》203页。

第五章　兼及"著作"与"文章"

"章、黄被认为是清代乾嘉以来小学的继承者和集大成者,他们对古音研究都有重要贡献。"何九盈称:"章氏艰苦卓绝,以振兴国学为己任;在研究西方思潮,包括语言学知识方面也很下过工夫。"裘锡圭等称:"章氏的理论和实践都证明他已经有了比较明确的语言学思想。他提出'语言文字之学'这一名称,标志着中国现代语言学的发端。"① 尽管接下来的,很可能是严苛的批评,但章氏学说的枢纽作用,却无人否认。

史家钱穆提醒我们,在表彰章氏"音韵小学尤称度越前人"时,必须明白:"然此特经生之专业,殊不足以尽太炎。"② 在钱穆看来,"太炎学之精神,其在史学乎";而我则认为,将语言研究与哲学分析相勾连,方才是"太炎学"最让人着迷之处。这一点,章氏本人其实早已做了预告。1909年的《致国粹学报社书》上,有这么一段自我表白:

> 弟近所与学子讨论者,以音韵训诂为基,以周、秦诸子为极,外亦兼讲释典。盖学问以语言为本质,故音韵训诂,其管籥也;以真理为归宿,故周、秦诸子,其堂奥也。③

单纯的小学研究或诸子学研究,均未尽太炎学说精妙处。正是这

---

① 参见刘坚主编《二十世纪的中国语言学》7页、55页、92页,北京:北京大学出版社,1998年。
② 钱穆:《余杭章氏学别记》,见章念驰编《章太炎生平与学术》25页,北京:三联书店,1988年。
③ 章太炎:《致国粹学报社书》,《国粹学报》第五年10号,1909年11月。

种兼及"管籥"与"堂奥"、"实""虚"结合,最能体现章氏治学的特色。而这,恰好落实在《国故论衡》的上卷与下卷。

这种以语言为根基、以诸子为目标的研究策略,使其下卷《原道》《原名》《明见》《辨性》等文异彩纷呈,得到当时及后世诸多哲学家的一致赞许。如梁启超称:

> 章太炎炳麟《国故论衡》中有《原名》、《明见》诸篇,始引西方名学及心理学解《墨经》,其精绝处往往惊心动魄。[①]

而贺麟在《五十年来的中国哲学》中,也有类似的论述:

> 在他的《国故论衡》中有"明见"一篇,最富哲学识度,又有"原道"三篇,最能道出道家的长处,而根据许多史实,指出道家较儒家在中国政治史上有较大较好的贡献,尤值得注意。[②]

如果再添上前面已经征引过的太炎先生的《自述学术次第》和胡适的《中国哲学史大纲》第一章,你会发现,对于《国故论衡》的褒扬,大都集中在这几篇极具洞见的"诸子学"论述。

为什么大家不约而同地表扬这几篇论说?侯外庐的阐释值得注意。在《中国近代启蒙思想史》中,侯氏将《国故论衡》上卷的

---

① 梁启超:《中国近三百年学术史》,朱维铮校注《梁启超论清学史二种》361页,上海:复旦大学出版社,1985年。
② 贺麟:《五十年来的中国哲学》5页,沈阳:辽宁教育出版社,1989年。

《语言缘起说》和下卷的《原名》相勾连,强调"太炎综合东西名学而作《原名》,和文字学的研究融合而成为一种'以分析名相始'的朴学,亦他所谓近代的科学所趋"①。此处提及的"以分析名相始",以及侯书下一章讨论的"以排遣名相终",均出自章氏《菿汉微言》结尾处的自道甘苦②。贺麟同样引述了这段话,然后有如下精彩的发挥:

> 现代西方哲学,大部分陷于支离繁琐之分析名相。能由分析名相而进于排遣名相的哲学家,除怀特海教授外,余不多觏。至转俗成真,回真向俗,俨然柏拉图"洞喻"中所描述的哲学家胸襟。足见章氏实达到相当圆融超迈的境界。③

这里所说的"相当圆融超迈的境界",包括章太炎整个学术历程;但借用来评价其代表作《国故论衡》,我以为同样合适。

四 "文实闳雅"的著述

在坚实的"小学"与幽深的"诸子学"之间,还有作为过渡形态的中卷"文学"。如果说太炎先生的小学、文学与诸子学之间,有什么共同特点或内在联系,那便是对于"名学"的倚重。

---

① 参见侯外庐《中国近代启蒙思想史》175—176页,北京:人民出版社,1993年。
② 参见《菿汉微言结语》,陈平原编校《中国现代学术经典·章太炎卷》639—641页。
③ 贺麟:《五十年来的中国哲学》7页。

对此，梁启超、胡适等人早有发现，但主要从章氏的小学及诸子学立论，这里希望兼及其文学。所谓"凡立论欲其本名家，不欲其本纵横"①，太炎先生的这一著名论断，既是文学史论，也是自家创作谈。

章氏为文，不追求意兴遄飞、文采风流，更不喜欢游谈恣肆、心矜气浮，其刻意表彰及摹仿的，是魏晋之文。太炎先生之表彰魏晋文章，最著名的莫过于《国故论衡·论式》中的两段话：

> 魏晋之文，大体皆埤于汉，独持论仿佛晚周。气体虽异，要其守己有度，伐人有序，和理在中，孚尹旁达，可以为百世师矣。

在章氏看来，汉文、唐文各有所长，也各有所短，"有其利无其病者，莫若魏晋"。魏晋文之所以值得格外推崇，因其长于持论：

> 夫持论之难，不在出入风议，臧否人群，独持理议礼为剧。出入风议，臧否人群，文士所优为也；持理议礼，非擅其学莫能至。②

在《通程》中，章氏表达了大致相同的意见："魏晋间，知玄理者

---

① 《国故论衡·论式》，陈平原编校《中国现代学术经典·章太炎卷》80页。
② 《国故论衡·论式》，陈平原编校《中国现代学术经典·章太炎卷》78—79页。

甚众。及唐，务好文辞，而微言几绝矣。"① 而在众多清峻通脱、华丽壮大的魏晋文章中，太炎先生对嵇、阮大有好感："嵇康、阮籍之伦，极于非尧、舜，薄汤、武，载其厌世，至导引求神仙，而皆崇法老庄，玄言自此作矣。"②

太炎先生之论文，既反流俗之推崇先秦文章或"唐宋八大家"，也不认同所谓骈文正宗，而是强调六朝确有好文章，但并非世代传诵的任、沈或徐、庾，而是此前不以文名的王弼、裴頠、范缜等。1922年，章太炎在上海做系列演讲，论及"文章之派别"时，赞扬晋文华妙清妍，舒卷自如，平易而有风致。至任昉、沈约，"每况斯下"；到了徐陵、庾信，"气象更是不雅淡了"。"至当时不以文名而文极佳的，如著《崇有论》的裴頠，著《神灭论》的范缜等；更如孔琳（宋）、萧子良（齐）、袁翻（北魏）的奏疏，干宝、袁宏、孙盛、习凿齿、范晔的史论，我们实在景仰得很。"③ 如此立说，整个颠覆了传统学界对于"八代之文"的想象。章氏这一惊世骇俗的高论，乃长期酝酿，且渊源有自。早在1910年的《国故论衡·论式》中，章氏便如此谈论六朝文：

> 近世或欲上法六代，然上不窥六代学术之本，惟欲厉其末流。……余以为持诵《文选》，不如取《三国志》、《晋书》、《宋书》、《弘明集》、《通典》观之，纵不能上窥九流，犹胜

---

① 《检论·通程》，《章太炎全集》第三卷453页，上海：上海人民出版社，1984年。
② 《訄书·学变》，《章太炎全集》第三卷145页。
③ 章太炎主讲、曹聚仁记述：《国学概论》85—86页，香港：学林书店，1971年港新六版。

> 于滑泽者。①

在章氏看来，文章的好坏，关键在于"必先豫之以学"。深深吸引太炎先生的，首先是六朝学术（或曰"魏晋玄理"），而后才是六朝文章（或曰"魏晋玄文"）。太炎先生一反旧说，高度评价魏晋玄言，称六朝人学问好，人品好，性情好，文章自然也好——如此褒扬六朝，非往日汲汲于捍卫骈文者所能想象。直到晚年讲学苏州，太炎先生仍坚持其对于魏晋六朝文的独特发现。而这一发现，经由周氏兄弟的引申与转化，成为20世纪中国散文的一大景观。②

在《自述学术次第》中，太炎先生自称先慕韩愈为文奥衍不驯，后学汪中、李兆洛，及至诵读魏晋文章并宗师法相，方才领略谈玄论政舒卷自如的文章之美，逐渐超越追踪秦汉文的"唐宋八大家"以及追踪唐宋文的桐城派，又与汪、李等追摹六朝藻丽俳语的骈文家拉开了距离，形成兼及清远与风骨的自家面貌。而《太炎先生自定年谱》"光绪二十八年（1902年）三十五岁"则，有这么一段话，可与上述总结互相呼应：

> 初为文辞，刻意追蹑秦汉，然正得唐文意度。虽精治《通典》，以所录议礼之文为至，然未能学也。及是，知东京文学不可薄，而崔实、仲长统尤善。既复综核名理，乃悟三

---
① 《国故论衡·论式》，陈平原编校《中国现代学术经典·章太炎卷》78页。
② 参见拙著《中国现代学术之建立》第八章，北京：北京大学出版社，1998年。

第五章　兼及"著作"与"文章"

国两晋文诚有秦汉所未逮者，于是文章渐变。①

这段"文章渐变"的自述，主要针对的是《訄书》的文体探索；可真正称得上"清远本之吴、魏，风骨兼存周、汉"的②，起码应包括日后刊行的《国故论衡》。

1909年，针对上海有人"定近世文人笔语为五十家"，将章太炎与谭嗣同、黄遵宪、王闿运、康有为等一并列入，章大为不满，在《与邓实书》中，除逐一褒贬谭、黄、王、康的学问与文章外，更直截了当地表述了自家的文章理想：发表在《民报》上并广获好评的"论事数首"，不值得推崇，因其浅露粗俗，"无当于文苑"；反而是那些佶屈聱牙、深奥隐晦的学术著作如《訄书》等，"博而有约，文不奄质"，方才真正当得起"文章"二字③。照章氏的说法，自家所撰"文实闳雅"的，除了《訄书》，还有箧中所藏的数十首。这数十首，应该就是第二年结集出版的《国故论衡》。

对于《国故论衡》，胡适除表彰其"精心结构"外，还称书中各章"皆有文学的意味，是古文学里上品的文章"④。我很欣赏适之先生的这一看法，不过，作为文章，我更看好《论式》《原学》，而不是适之先生推荐的《明解故上》和《语言缘起说》等。另外，

---

① 《太炎先生自定年谱》9页，《章太炎先生自定年谱》，上海：上海书店影印，1986年。
② 章太炎：《自述学术次第》，陈平原编校《中国现代学术经典·章太炎卷》648页。
③ 参见《与邓实书》，《章太炎全集》第4卷169—170页。
④ 《五十年来中国之文学》，《胡适古典文学研究论集》123—126页。

胡适称章氏文章"是古文学的上等作品",其实暗含讥讽,即"他的成绩只够替古文学做一个很光荣的下场"。可是,有周氏兄弟的显赫成绩,起码薪火相传;如果再考虑到众多学者的趣味,所谓太炎文章"及身而绝"的断言,其实大可商榷。

1960年5月,钱穆给时正负笈哈佛的得意门生余英时写信,畅谈述学文字,对王国维、陈寅恪颇多非议,而极力表彰的是太炎先生:

> 鄙意论学文字极宜着意修饰,近人论学,专就文辞论,章太炎最有轨辙,言无虚发,绝不支蔓,但坦然直下,不故意曲折摇曳,除其多用僻字古字外,章氏文体最当效法,可为论学文之正宗。①

至于文学史家程千帆,早年曾将《国故论衡·文学总略》作为大学中文系教材,用以"论文学之界说"②。晚年说起"别是一家"的述学之文,程先生极力推崇《五朝学》,称这才是"好文章,大文章"③。

---

① 《钱宾四先生论学书简》,见余英时《犹记风吹水上鳞——钱穆与现代中国学术》253页,台北:三民书局,1991年。

② 参见《文论要诠》第一章,上海:开明书店,1948年。此书1983年由黑龙江人民出版社重刊时,改题《文论十笺》;1996年辽宁古籍出版社刊行《程千帆选集》,收程著七种,此书作为第二种收入上卷。

③ 1997年初秋,我乘赴上海讲学之机,转道南京,拜谒程先生。谈及现在的学生不太会写论文,我说起计划编一册20世纪中国文史学者的文集,以供研究生参考,而选择的标准是"文""学"并重。程先生对此设想十分赞赏,一再叮嘱,若编纂,非选入章太炎的《五朝学》不可。记得当时先生谈锋甚健,兴致也很高,连声说:那才叫好文章,大文章。

第六章 "元气淋漓"与"绝大文字"
——梁启超及"史界革命"的另一面

谈论20世纪中国的"新史学",不能不涉及梁启超等人竭力提倡的"史界革命"。1900年代的中国,在西学大潮激荡下,各种新锐学者纷纷提出革新史学的方案,或开始着手新史的撰述,其中成绩显著的有章太炎、梁启超、陈黻宸、马叙伦、夏曾佑、刘师培、曾鲲化等[①]。但有一点值得注意,晚清主张史学革新者众多,可影响最大的,却非健笔纵横的梁启超莫属。

今人分辨梁氏史学思想渊源,不难发现其对日本著名历史学家浮田和民的《史学原论》多有借鉴。大约从1899年起,梁启超的著述中就可见浮田和民的影响;只不过在《新史学》中,《史学通论》的烙印最为清晰可辨。梁氏并非全盘照抄,撮述中有所调整,而且"叙述更紧凑,条理更清楚,再加上有特色的语言,使读者感到亲切易懂,其效果反较直接翻译为好"。据说这也是译本虽多(在1902—1903年间《史学通论》共有六种中译本),均

[①] 参见俞旦初《二十世纪初年中国的新史学思潮初考》,《史学史研究》1982年3、4期。

不若梁文影响大的缘故①。今人比勘译本，不难发现梁文虽有所本，但又根据中国的实际情况加以改造、发挥——晚清学者并不忌讳"借鉴"，关键在于是否"合用"。比如，对传统中国史学"四弊二病"的批判，便属于梁启超的自家心得。

批判"旧史学"，提倡"新史学"，涉及政治立场、民族意识、历史观念、著述体例，以及述学文体等。以往谈论晚清以降的"新史学"者，多从立场及观念入手，本章则更看好表述方式。不完全是拾遗补阙，在我看来，"革命"一旦成为"口号"，就不仅仅是时代风气或思想潮流，同时也是极有感染力的文学表述。这一点，在文人气很浓的学者兼政治家梁启超身上，体现得尤为突出。

只是后世研究梁启超者，分属不同专业，其对原本血肉丰满、生机勃勃的任公先生的观察、判断与阐释，多基于自家立场及理论预设，"史界革命"于是与"文界革命"等无涉。而这一分割，无论对于史学史研究，还是文学史论述，都是一大遗憾。因而，本章之钩稽"梁启超及'史界革命'的另一面"，既指向史学，也指向文学。

一 "史界革命"与"文界革命"

谈论晚清的"史界革命"者，莫不极力推崇梁启超1902年发表于《新民丛报》上的《新史学》，尤其是以下极富感染力的表述：

---

① 参见蒋俊《梁启超早期史学思想与浮田和民的〈史学通论〉》，《文史哲》1993年5期。

第六章 "元气淋漓"与"绝大文字"

> 今日欲提倡民族主义,使我四万万同胞强立于此优胜劣败之世界乎,则本国史学一科,实为无老无幼无男无女无智无愚无贤无不肖所皆当从事,视之如渴饮饥食一刻不容缓者也。然遍览乙库中数十万卷之著录,其资格可以养吾所欲给吾所求者,殆无一焉。呜呼!史界革命不起,则吾国遂不可救。悠悠万事,惟此为大!《新史学》之著,吾岂好异哉?吾不得已也。①

这段首倡"史界革命"的论述,犹如荒野中的"呐喊",当年曾激动过无数热血青年。可如此名言,必须与同年11月发表在《新小说》创刊号上的《论小说与群治之关系》相比照,方能显示梁氏为文的特色:

> 欲新一国之民,不可不先新一国之小说。故欲新道德,必新小说;欲新宗教,必新小说;欲新政治,必新小说;欲新风俗,必新小说;欲新学艺,必新小说;乃至欲新人心、欲新人格,必新小说。何以故?小说有不可思议之力支配人道故。……故今日欲改良群治,必自小说界革命始;欲新民,必自新小说始。②

---

① 《新史学》初刊《新民丛报》1—20号(1902年2—11月),署名"中国之新民",校订本收入夏晓虹编校《中国现代学术经典·梁启超卷》,石家庄:河北教育出版社,1996年。此处引文见夏编校本545页。

② 《论小说与群治之关系》,未署名,刊《新小说》1号,1902年11月。

"改良群治"的"悠悠万事",到底该唯谁为大,是"史界革命"还是"小说界革命"?梁启超并未给出明确答案。

再联系此前两年的《夏威夷游记》,其中也有关于"诗界革命"与"文界革命"的提倡。读读这些煽情的文字,你会发现,刚东渡日本的那几年,梁启超脑海里充满各种关于"革命"的想象。1899年底,赴夏威夷途中的梁启超,在船上畅想中国诗文改革的方案,提出日后被史家再三论述的"诗界革命"与"文界革命":

> 欲为诗界之哥仑布、玛赛郎,不可不备三长:第一要新意境,第二要新语句,而又须以古人之风格入之,然后成其为诗。……吾虽不能诗,惟将竭力输入欧洲之精神思想,以供来者之诗料可乎?要之,支那非有诗界革命,则诗运殆将绝。虽然,诗运无绝之时也。今日者,革命之机渐熟,而哥仑布、玛赛郎之出世,必不远矣。
>
> 读德富苏峰所著《将来之日本》及《国民丛书》数种。德富氏为日本三大新闻主笔之一,其文雄放隽快,善以欧西文思入日本文,实为文界别开一生面者。余甚爱之。中国若有文界革命,当亦不可不起点于是也。①

也就是说,从1899年底到1902年秋,在短短两年多的时间里,梁启超竟然连续抛出四个同样带有强烈情感色彩的"革命"——"诗

---

① 《夏威夷游记》旧题《汗漫录》,初刊《清议报》35—38册,1900年2—3月。所引两则日记分别撰于1899年12月25日和12月28日。

第六章 "元气淋漓"与"绝大文字"

界革命""文界革命""史界革命",以及"小说界革命"。

那是一个需要口号的时代。能够敏感到思想及学术潮流发展之趋向,将众多零散的思考凝聚成一个口号,这是一种本事,需要某种"先知先觉",更需要胆略与气魄。要说对西学的理解,严复远在梁启超之上;要说国学的修养,梁启超也无法与章太炎比肩。可作为思想潮流而被史家再三提及的,首先还是梁启超的"革命"论述。以一人而包揽晚清四大"革命"的命名权,而且在每场"革命"中都能以身作则,多有创获,这实在是个奇迹。只有在晚清这"三千年未有之大变局"中,才可能出现如此局面。可这同时也提醒我们,此四大"革命"之间,存在某种内在联系,并非像日后研究者所描述的那样,有各自独立的疆界。

言说方式不太一样,但所谓的四大"革命",其核心都是"竭力输入欧洲之精神思想",并将其应用到各个专门领域,以改变传统中国的文学及学术。这一思路,确实在 20 世纪中国占据主流地位,难怪梁启超如此简要的表述,能激起当年以及后世无数读者的强烈共鸣。可这里的"革命"云云,只是表达了一种强烈的愿望,包括选择、动力、信心、方向感等。其所以激起如此巨大反响,除了顺应西学东渐的大势,满足世人破除陈规陋习、寻求救国救民良策的热诚,还与梁启超特殊的表述方式有关。年少气盛(1902年提倡"史界革命"时,梁刚到而立之年),"笔锋常带情感",加上有"传播文明三利器"之一的报章做后盾[①],难怪梁启超充满

[①] 梁启超转述犬养毅的意见,称学校、报纸和演说为"传播文明三利器",参见《自由书·传播文明三利器》,《饮冰室合集·专集》第二册,上海:中华书局,1936 年。

自信，态度十分决绝。以日渐成熟的"新文体"，表达诸多关于"革命"的想象，二者相得益彰。

梁启超1920年撰成的《清代学术概论》，第二十五章有关于自家"新文体"的描述，常被研究者所引述：

> 启超夙不喜桐城派古文；幼年为文，学晚汉魏晋，颇尚矜炼；至是自解放，务为平易畅达，时杂以俚语韵语及外国语法，纵笔所至不检束；学者竞效之，号新文体；老辈则痛恨，诋为野狐，然其文条理明晰，笔锋常带情感，对于读者，别有一种魔力焉。①

根据上下文，这里的"至是"，指的是《新民丛报》和《新小说》。有这句话垫底，讨论"文界革命"者，不必以梁启超等人的政论自限，起码可以包括杂记、随笔、评传，以及某些史著。这样一来，所谓的"史界革命"与"文界革命"，也就不可能真的泾渭分明。《新民丛报》第1号"绍介新著"栏对于梁启超所撰《李鸿章》的评价是："此书以泰西传记新体，叙述李鸿章一生经历而论断之，其体例实创中国前此所未有。"②似这般"前此所未有"的评传，如《南海康先生传》《罗兰夫人传》《意大利建国三杰传》等，乃谈论"文界革命"或"史界革命"者都必须涉及的。

假如"史界革命"与"文界革命"互相沟通这一假设成立，《新

---

① 《清代学术概论》，见夏晓虹编校《中国现代学术经典·梁启超卷》195页。
② 《李鸿章》，无署名，《新民丛报》1号，1902年2月。

第六章 "元气淋漓"与"绝大文字"

史学》之《论书法》,便不该被忽略。以往我们多注意其对于传统的"春秋笔法"的批评,倘若借鉴"文界革命"的思路,则以下这段话大有深意在:

> 吾非谓史之可以废书法,顾吾以为书法者,当如布尔特奇之《英雄传》,以悲壮淋漓之笔,写古人之性行事业,使百世之下,闻其风者,赞叹舞蹈,顽廉懦立,刺激其精神血泪,以养成活气之人物;而必不可妄学《春秋》,侈衮钺于一字二字之间,使后之读者,加注释数千言,犹不能识其命意之所在。吾以为书法者,当如吉朋之《罗马史》,以伟大高尚之理想,褒贬一民族全体之性质,若者为优,若者为劣,某时代以何原因而获强盛,某时代以何原因而致衰亡,使后起之民族读焉,而因以自鉴曰,吾侪宜尔,吾侪宜毋尔;而必不可专奖励一姓之家奴走狗,与夫一二矫情畸行,陷后人于狭隘偏枯的道德之域,而无复发扬蹈厉之气。①

《论书法》一节乃梁氏的神来之笔,当初译介进来的外国史学著作,未见有此名目。此举既延伸了对于传统中国史学的批判,也无意中透露了梁氏本人的趣味。本章即从此入手,希望窥探梁启超"新史学"中不太为人看重的另一面。

---

① 《新史学》,见夏晓虹编校《中国现代学术经典·梁启超卷》570页。

二 政论文章与历史著述

梁启超所表彰的"书法",以普鲁塔克(Plutarch,46—120/127)和吉本(Edward Gibbon,1737—1794)的撰述为榜样,这点很值得注意。关于撰写《罗马帝国衰亡史》的英国史学家吉本,除《新史学》外,梁启超还在《自由书·不婚之伟人》《新民说》《说常识》《盾鼻集》中提及,但真正有所论述的,乃撰于1911年的《中国前途之希望与国民责任》:

> 而我国人爱国心之久不发达,则世界主义为之梗也。吉朋者,英国之良史也。所著《罗马兴亡史》,欧洲有井水饮处匪不诵之。其言曰:"罗马自征服意大利以后,其人民无复爱国心。彼非不爱罗马,然所爱者,罗马之文化,非爱罗马人,非爱罗马国也。其人常以保存增长其文化为己任,以扩张其文化施于世界为己任。无论何族之人,有能完成此责任者,则罗马人奉权力以予之不稍吝,故罗马历代帝王,起于异族者居其半。"

至于梁启超之正面表彰普鲁塔克,有《作文教学法》《中国历史研究法》以及《中国历史研究法补编》等,只是最为精彩的,当推1902年发表的《近世第一女杰罗兰夫人传》——此传竟五处提及罗兰夫人阅读普鲁塔克的《英雄传》。第一次出现时,作者还加了个按语:

第六章 "元气淋漓"与"绝大文字"

> 按：布尔特奇 Plutarch，罗马人，生于西历纪元后四五十年顷，其所作《英雄传》，传凡五十人，皆希腊罗马之大军人大政治家大立法家，而以一希腊人一罗马人两两比较，故共得二十五卷。每卷不下万余言，实传记中第一杰作也。其感化人鼓舞人之力最大。近世伟人如拿破仑、俾士麦，皆酷嗜之。拿破仑终身以之自随，无一日不读，殆与罗兰夫人等也，常置身卷里，以其中之豪杰自拟。①

前者强调文化对于帝国的超越，欣赏"以保存增长其文化为己任"者；后者则突出传记之英雄主义气质，以及"其感化人鼓舞人之力最大"。这种阅读趣味，与西方学者的判断不无相通处。

克罗齐在《历史学的理论和实际》中提及"从文艺复兴到十八世纪，许多人为了准备起义和诛戮暴君而读普鲁塔克的著作"②。而汤普森的《历史著作史》上卷则主张"应当把普鲁塔克看作一位道德家，而不应当把他看成历史家"，因为，"唤醒业已消失的希腊理想主义和对道德的尊重，几乎是普鲁塔克热情而迫切地追求的目标"。扁平的人物造型以及简要的叙述，或许不符合现代人的欣赏趣味，"但是从文艺复兴到法国革命这段时期，普鲁塔克的著作却极受欢迎"。③

同样是汤普森，在《历史著作史》下卷，强调吉本对历史写

---

① 梁启超：《近世第一女杰罗兰夫人传》，《饮冰室合集·专集》第四册。
② 克罗齐著、傅任敢译《历史学的理论和实际》28页，北京：商务印书馆，1982年。
③ 汤普森著、谢德风译《历史著作史》上卷159—160页，北京：商务印书馆，1988年。

作方法及技巧的探讨:"抓住历史的连续性这个观点的第一位作者就是他,而且他视野广阔、学识渊博。"[1]而古奇的《十九世纪历史学与历史学家》则称:"吉本的著作在古代世界与近代世界之间搭起了一座桥梁;它迄今仍是各民族的通衢大道;并在罗马帝国的其他建筑物都久已变成废墟之后,仍然屹立着。"[2]

或许是注意到任公先生对于吉本的欣赏,半个多世纪前,张荫麟在大力表彰梁氏的史学著述时,故意将其与"吉朋、麦可莱、格林、威尔斯辈"相比较,而且认定前者有过之而无不及[3]。到底谁该"瞠乎后矣",这里暂时不论;要说二者具有可比性,很可能指的是任公先生的学术史著述。传统的学案体包含学者传记、言行、著作摘要、相关评论等,尤其重视某一学派的承传。而梁著在此基础上,更突出时代风云、思想潮流、历史沿革等,尤其关注不同学派间的纷争,以及各个学术领域的具体成绩。若《论中国学术思想变迁之大势》《清代学术概论》《中国近三百年学术史》等,确实以其"视野开阔,学识渊博",以及"在古代世界与近代世界之间搭起了一座桥梁"最为人称道。

与学术史著述之注重整体感与连续性不同,梁启超之开创评传体式,则是以叙事生动、议论精辟,以及激情澎湃著称。若《近世第一女杰罗兰夫人传》的开篇,当初不知吸引了多少热血青年:

---

[1] 汤普森著、孙秉莹等译《历史著作史》下卷122页,北京:商务印书馆,1992年。
[2] 古奇著、耿淡如译《十九世纪历史学与历史学家》81页,北京:商务印书馆,1989年
[3] 参见张荫麟《跋〈梁任公别录〉》,《思想与时代》4期,1941年11月。

第六章 "元气淋漓"与"绝大文字"

"呜呼！自由自由，天下古今几多之罪恶，假汝之名以行！"此法国第一女杰罗兰夫人临终之言也。

罗兰夫人何人也？彼生于自由，死于自由。罗兰夫人何人也？自由由彼而生，彼由自由而死。罗兰夫人何人也？彼拿破仑之母也，彼梅特涅之母也，彼玛志尼、噶苏士、俾士麦、加富尔之母也。质而言之，则十九世纪欧洲大陆一切之人物，不可不母罗兰夫人。十九世纪欧洲大陆一切之文明，不可不母罗兰夫人。何以故？法国大革命，为欧洲十九世纪之母故。罗兰夫人，为法国大革命之母故。①

可与此相媲美的，是《意大利建国三杰传》结尾处的"新史氏曰"。表扬过玛志尼、加里波的、加富尔的赫赫功勋，坚信"吾侪读史何为乎？察往以知来，鉴彼以诲我而已"的任公先生，忍不住大发宏论：

要而论之，彼三杰之人格，自顶至踵，无一指一发而无可以崇拜之价值。此五端者，不过对吾侪之缺点，而举之以相劝勉相警励云尔。呜呼！我辈勿妄菲薄我祖国，勿妄菲薄我眇躬。苟吾国有如三杰其人者，则虽时局艰难，十倍于今日，吾不必为祖国忧。彼意大利之衰象困象险象，夫岂在吾下也！苟吾躬而愿学三杰其人者，则虽才力聪明远下于

---

① 梁启超：《近世第一女杰罗兰夫人传》，《饮冰室合集·专集》第四册。

彼等，吾不必为眵躬怯。舜何人？予何人？有为者，亦若是也。抑意大利有名之三杰，而无名之杰尚不啻百千万。使非有彼无名之杰，则三杰者又岂能以独力造此世界也。吾学三杰不至，犹不失为无名之杰。无名之杰遍国中，而中国遂为中国人之中国焉矣。①

诸如此类的长篇大论，并不限于"开篇"或"结尾"。只要有感触、能发挥，梁启超随时可以搁置叙事，插入洋洋洒洒、骈散相间的几百乃至上千言的宏论。这与《史记》中盖棺论定式的"太史公曰"，不可同日而语，明显是另有渊源。

在1922年所撰《作文教学法》中，梁启超谈及"古今中外传记名手"，举的是"在欧洲则布鲁特奇之《英雄传》，在中国则司马迁之《史记》"②。而此前一年，梁启超还专门表彰司马迁"其最异于前史者一事：曰以人物为本位"；这一点，"其价值乃颇类布尔达克之《英雄传》；其年代略相先后（布尔达克后司马迁约二百年），其文章之佳妙同，其影响所被之广且远，亦略同也"。③

《史记》乃中国叙事文学之祖，称《项羽本纪》《信陵君列传》《廉颇蔺相如列传》《淮阴侯列传》《郦食其列传》等"皆肃括宏深，实叙事文永远之模范"，或者表彰其特别能摹写人物神态，尤其善

---

① 梁启超：《意大利建国三杰传》，《饮冰室合集·专集》第四册。
② 参见梁启超《作文教学法》，《饮冰室合集·专集》第十五册。
③ 梁启超：《中国历史研究法》，见夏晓虹编校《中国现代学术经典·梁启超卷》235页。

第六章 "元气淋漓"与"绝大文字"

以小事见性情①,都在情理及预料之中。不过,要说"读名人传记,最能激发人志气,且于应事接物之智慧,增长不少"②,司马迁其实不如普鲁塔克更为本色当行。梁启超所撰大量古今中外的人物评传,基本上都以思想性、知识性见长,大处着眼,外加激动人心的抒情及议论。至于精妙的细节、入微的刻画,不能说全然没有,但确实非梁传的主要特征。这是因为,梁启超所追摹的,主要并非历代文人奉为圭臬的司马迁,而是"以悲壮淋漓之笔,写古人之性行事业"的普鲁塔克。

说到"悲壮淋漓之笔",自是不能不提及梁启超极负盛名的"新文体"。在我看来,"新文体"之"笔锋常带情感""条理明晰""平易畅达""时杂以俚语、韵语及外国语法"等特点,固然在《少年中国说》《呵旁观者文》《过渡时代论》《新民说》等政论中得到很好的落实;而上述《近世第一女杰罗兰夫人传》《意大利建国三杰传》以及《南海康先生传》等史述,同样符合梁启超对于"新文体"的界定。论者因主要关注"新文体"对于桐城古文、六朝骈俪或八股文章的挑战,还有如何接引新术语和外国语法,不免重议论而轻叙事,相对忽略梁氏或长或短、或中或外的人物传记。

郑振铎注意到《南海康先生传》《李鸿章》《袁崇焕传》《王荆公》《意大利建国三杰传》等"都是火辣辣的文字,有光有热,有声有色的;决不是什么平铺直叙的寻常史传而已",可限于体例,还是将其作为"历史著作",与代表"新文体"实绩的政论

---

① 参见《要籍解题及其读法》及《作文教学法》,均见《饮冰室合集·专集》第十五册。
② 参见梁启超《国学入门书要目及其读法》,《饮冰室合集·专集》第十五册。

文章区分开来①。钱基博撰《现代中国文学史》，定梁启超文体演变为六阶段，从少年时代的学桐城，到后来的学汉魏，再到"新民体"之"晰于事理，丰于情感"，这前三段基本依据梁氏自述。从第四段起，方才见出钱氏的眼力：《国风报》时期梁文"已臻洁净，朴实说理，不似《新民丛报》之浑灏流转，挟泥沙俱下；然排比如故，冗长如故"；民国既建，海外归来，因与林纾、陈衍、易顺鼎等相过从，梁氏"述志言情，间出俪体"；晚年专心讲学与著述，且与新文化人胡适等交往，舍诗古文辞不为，而时时为语体文。②钱先生的分辨颇为精细，只可惜囿于"文章"的观念，不将"史著"纳入论述的视野。

作为"史界革命"的发轫之作，《新史学》之《论书法》，固然涉及传记、通史等著述体例问题，可所谓"悲壮淋漓之笔""发扬蹈厉之气"，指向的却是文章。这也难怪，《近世第一女杰罗兰夫人传》固然被作为文章广泛传诵，即便《清代学术概论》，当初也是作为文章来认真经营的，只不过因"下笔不能自休，遂成数万言"③，方才独立成书。私心以为，《清代学术概论》乃梁启超所撰最为成功的兼及"著述"与"文章"的代表作。

梁启超平生撰述，早期主要是政论，后期则以史著最为出色。这当然只是概而言之，比如其对于评传的兴趣，便始终没有改变。可研究者之表彰梁氏"文章"，大都集中在前期的政论，

---

① 参见郑振铎《梁任公先生》，《小说月报》20卷2号，1929年2月。
② 参见钱基博《现代中国文学史》383—407页，长沙：岳麓书社，1986年。
③ 《清代学术概论·自序》，见夏晓虹编校《中国现代学术经典·梁启超卷》123页。

而不太涉及后期的史学著述。反而是在梁启超刚去世时，有徐凌霄、谢国桢、郑振铎三文，为其后期撰述做了专门的辩解。如报人彬彬（徐凌霄）的《梁启超》称：

> 世人所认为真正之梁文，大抵皆以《新民丛报》所作为标准也。其用语体文于学术之讲演，及整理旧艺之著作，亦出于自然。以新语体自有显白条理之特长。此系实用问题，贵得其便。章士钊遽讥其阿附后生，降抑身分，则所见甚陋。此只是工具之运用耳。苟于宣意达词为便，区区人我之界先后之分又何足论哉。①

谢国桢作为及门弟子，其《〈论七略别录与七略〉跋》的口气，似乎略嫌夸张：

> 按先生少年之文，以豪迈胜；及夫壮年治学，以系统条理见长，故恒亦有疏忽之愆；及夫晚年，则由提要钩玄，一变而为精湛纤密之作，而文则情韵不匮，真迫东汉。②

新文学家郑振铎的《梁任公先生》固然着重褒扬梁启超《新民丛报》时期的撰述，但也不忘其后期写作。郑先生并没有否认梁启超归

---

① 彬彬（徐凌霄）：《梁启超》，原载 1929 年 1 月 26—28 日《时报》，见夏晓虹编《追忆梁启超》19 页，北京：中国广播电视出版社，1997 年。
② 谢国桢：《〈论七略别录与七略〉跋》，原载 1929 年 3 月 5 日天津《益世报》，见夏晓虹编《追忆梁启超》426 页。

国后的撰述文字风格与前不同，但颇有偏爱"雄奇"而不薄"恬淡"的意味：

> 他的文字已归于恬淡平易，不复如前之浩浩莽莽，有排山倒海的气势，窒人呼吸的电感力了。读《新民丛报》的文字，我们至今还要感到一种兴奋，读近年来的梁氏文字，则如读一般的醇正的论学文字，其所重在内容而不在辞章。

对于梁启超之追随时代变化，改用白话写作，风格由"气势雄健"一改而成"舒徐婉曲"，郑振铎认为，这并没有什么不好，反而"此可见梁氏始终是一位脚力轻健的壮汉，始终能随了时代而走的"①。

1930年代以后，随着中国现代学术的健康发展，梁启超的许多具体研究成果被超越，而其"笔锋常带情感"，当初乃"新史学"的催化剂，如今则成了"不够专业"的象征。其论述之随意、考证之粗疏，借用外来学说时之一知半解，使得作为"学者"的梁启超，日渐远离中国学界的主流。

倒是史家钱穆的一则私人通信，重新激起我们对梁启超的强烈兴趣，不过，这回不是"竭力输入欧洲之精神思想"，而是其述学文体。1960年5月，钱穆给时正负笈哈佛的得意门生余英时写信，称"鄙意论学文字极宜着意修饰"，其中专门表彰梁启超的述

---

① 郑振铎：《梁任公先生》，《小说月报》20卷2号，1929年2月。

第六章 "元气淋漓"与"绝大文字"

学文字:

> 梁任公于论学内容固多疏忽,然其文字则长江大河,一气而下,有生意、有浩气,似较太炎各有胜场,即如《清代学术概论》,不论内容,单就其书体制言,实大可取法。近人对梁氏书似多失持平之论,实则在五四运动后梁氏论学各书各文均有一读之价值也。①

这里强调的是梁氏的"论学",而且专门点出撰于五四运动后的各书各文,正可与上述郑振铎等人的说法相呼应。也就是说,事隔三十年,任公先生的"文章"重新引起关注,而且是一位颇为挑剔的史学家的关注。

又过了三十年,1990年代的中国学界,梁启超的名字再次大放光彩。世人有欣赏其立宪政治的,有追慕其文学改良的,有发掘其国文教育主张的,更有表扬其引进外来思想的。任公先生本就兴趣广泛,言论驳杂,对当世的几乎每个重大问题都发表过意见,于是,反省20世纪中国思想文化进程,任公先生成了最佳的入口处。但毋庸讳言,今日世人之普遍关注梁启超,与其"平易畅达"的著述文体不无关系。这里所说的文体,既包括前期"时杂以俚语、韵语及外国语法,纵笔所至不检束"的"时务文体",也包括后期以白话为主的"醇正的论学文字"。

---

① 《钱宾四先生论学书简》,见余英时《犹记风吹水上鳞——钱穆与现代中国学术》253页,台北:三民书局,1991年。

三 "极宜着意修饰"的"论学文字"

在同一封论学书札中，钱穆还分别表扬了章太炎、陈垣、胡适等人的述学文体，并对王国维的考据文字"繁重处只以轻灵出之，骤读极易领略，细究实多罅漏"，以及陈寅恪的"冗沓而多枝节，每一篇若能删去其十之三四始为可诵"①，颇多非议。以下引征此信，并略做注解与发挥。

钱穆论学宗旨与胡适不同，可这并不妨碍其欣赏胡文。所谓"胡适之文本极清朗，又精劲有力，亦无芜词，只多尖刻处，则是其病"②，大体准确；只是"尖刻"二字，在我看来，与适之先生的为人为文均不大能对上号。胡适的述学文章很受欢迎，当初影响极大，可这并非"无心插柳"。作为学者，胡适对于文章的经营，确实是很下了一番功夫。

学问家之为了能"自抒所见"而着意经营文章，与文学家之专注于文学创作，其实还是很有区别的；而廖平与康有为对近代中国思想界影响的大小，也不全然是文章的缘故。但胡适对于"述学文体"的理解与刻意经营，还是值得认真琢磨③。

至于说到陈垣的"其文朴质无华，语语必在题上，不矜才，

---

① 《钱宾四先生论学书简》，见余英时《犹记风吹水上鳞——钱穆与现代中国学术》253页。
② 《钱宾四先生论学书简》，见余英时《犹记风吹水上鳞——钱穆与现代中国学术》254页。
③ 参见拙文《胡适的述学文体》，《学术月刊》2002年7、8期。

第六章 "元气淋漓"与"绝大文字"

不使气,亦是论学文之正轨"①,估计不会有什么争议。因陈文特色实在太明显,作为考据文章,确实是本色当行。不过,启功提醒我们,以严谨著称的史学家陈垣,同样富有"诗情和书趣",其带"自况"性质的联语"百年史学推瓯北,万首诗篇爱剑南",可见其志趣所在。②之所以选择《日知录》式的论学文字,"只求通达不求文采",乃有感于文学家不会著史书,故拒绝《新五代史》那样的"借史作文"。③虽然抗战中陈垣史学思想有所变化,"颇提倡有意义之史学","不徒为精密之考证而已"④,著述风格基本上没有变化。援庵先生晚年撰《谈谈文风和资料工作》,批评"有一种文章,看起来洋洋大观,而一句话绕来绕去,看了半天看不懂,不知他说的是什么",表面理由是"话要讲明白,让人看得懂",实则坚持其"文字简练"的一贯主张。⑤

钱穆最为欣赏的述学文体,其实还属章太炎。不再限定"义理"或"考据",而是统称之为"论学文之正宗"⑥。

这与太炎先生本人的自我估计,大致吻合。只不过在章太

---

① 《钱宾四先生论学书简》,见余英时《犹记风吹水上鳞——钱穆与现代中国学术》253页。
② 启功:《夫子循循然善诱人》,见陈智超编《励耘书屋问学记》106页,北京:三联书店,1982年。
③ 蔡尚思:《陈垣先生的学术贡献》,见陈智超编《励耘书屋问学记》23页。
④ 《致方豪》,《陈垣先生往来书札》(上)172页,台北:"中研院"中国文哲研究所筹备处,1992年。
⑤ 《谈谈文风和资料工作》,《陈垣史学论著选》636—637页,上海:上海人民出版社,1981年。
⑥ 《钱宾四先生论学书简》,见余英时《犹记风吹水上鳞——钱穆与现代中国学术》253页。

炎看来，以"学说""文辞"来区分文章，本来就不是明智的选择①。章氏的立意乃是"推翻古来一切狭陋的'文'论"，破除所谓"应用文"与"美文"的区别，强调"讲学说理的文章都很有文学的价值"②，这点得到文学史家胡适的高度赞扬。胡适甚至称："章炳麟是清代学术史的押阵大将，但他又是一个文学家。他的《国故论衡》、《检论》，都是古文学的上等作品。"将章氏的专业著述说成"皆有文学的意味，是古文学里上品的文章"③，这点很合太炎先生的口味。

史学史家大都注意到这样一件事实，就在梁启超提倡"新史学"的同时，章太炎也在酝酿新的"中国通史"的撰述。1902年七八月间，章太炎屡次致信梁启超及吴君遂，表达自己借鉴社会学，从事学术志及通史写作的愿望。其中提到："然所贵乎通史者，固有二方面：一方以发明社会政治进化衰微之原理为主，则于典志见之；一方以鼓舞民气、启导方来为主，则亦必于纪传见之。"④这些思路，完全可与梁启超所提倡的"新史学"互相发明。而且，就在这一年，章太炎"删革"日后被自家和后人作为"文章"来表彰的《訄书》。也就在这一年，太炎先生"综核名理，乃悟三国两晋间文诚有秦汉所未逮者，于是文章渐变"⑤。

读余英时著《犹记风吹水上鳞——钱穆与现代中国学术》所

---

① 参见章绛《文学论略》，《国粹学报》丙午年第9—11号，1906年10—12月。
② 胡适《五十年来中国之文学》，《胡适古典文学研究论集》123—124页，上海：上海古籍出版社，1988年。
③ 参见《五十年来中国之文学》，《胡适古典文学研究论集》123—127页。
④ 《章太炎来简》，《新民丛报》13号，1902年8月。
⑤ 《太炎先生自定年谱》9页，《章太炎先生自定年谱》，上海：上海书店影印，1986年。

第六章 "元气淋漓"与"绝大文字"

附录的《钱宾四先生论学书简》,实在佩服钱穆先生对各家述学文字风格的精确体味。作为史学家而如此关注述学文体,我相信与其早年的求学经历有关。在《宋明理学概述》的"自序"中,钱穆追忆自家的治学经历:最初从韩柳文入手,后"遂悟姚、曾古文义法并非学术止境";转治晦翁、阳明,"因其文渐入其说";由黄宗羲、全祖望的《明儒学案》和《宋元学案》,又上溯五经;后"所读书益多,遂知治史学"。① 余英时对钱先生这段恳切的自叙十分欣赏,不过更多强调"'史学立场'为钱先生提供了一个超越观点,使他能够打通经、史、子、集各种学问的千门万户"②;我则更关注钱先生早年的浸染"唐宋八大家"古文,如何影响其一生著述。举《国史大纲》为例,世人多关注书前所要求读者的"对其本国已往历史之温情与敬意",其实更应该注意的,是那长达34页的"引论"③。不说其中所体现的史家的政治立场与忧患意识,单是文章本身,便值得认真体味。《师友杂忆》第十一章提到,此"引论"当初刊之报端,曾引起巨大争议;陈寅恪断其为"大文章",还提醒张其昀"君必一读"④。这虽是钱先生自家的回忆文字,但我相信这一说法。

余英时在淬砺其述学文体时,多大程度上接受了钱穆的意见,或者另有"暗度陈仓"的高招,在找到进一步的确证前,不

---

① 钱穆:《宋明理学概述》,台北:台湾中华文化出版事业委员会,1953年。
② 余英时:《钱穆与新儒家》,《犹记风吹水上鳞——钱穆与现代中国学术》35页。
③ 参见钱穆《国史大纲》之"凡读本书请先具下列诸信念"和"引论",北京:商务印书馆,1996年修订第三版。
④ 钱穆:《八十忆双亲 师友杂忆》198页,长沙:岳麓书社,1986年。

好妄下结论。但钱先生以下的建议，确实让我们看到余先生日后学术及文章发展的某种趋向：

> 弟之文路，多看《鲒埼亭集》为近，自全祖望上参黄宗羲《明儒学案》各家之序，此是绝大文字，以黄、全为宗，再参以清代各家碑传，于弟此后治学术思想史行文，必有绝大帮助。①

依然健在的史学家中，能兼及考据与论述，撰写酣畅淋漓的"绝大文字"者，为数实在不多；而余英时名列其间，当之无愧。就像钱穆所说的，"作考据文字较易，作阐述文字较难，专从一点说之易，而兼综并包者难"——后者需要全史在胸，需要驾驭全局的能力，需要"于主要观点刻意沉潜反复，有甚深自得之趣"，方可下笔。这样的文章，方才有可能追踪"虽有未精，然元气淋漓"的乾嘉以前著述②。钱穆此说，与梁启超《清代学术概论》中关于清初学术的评述，可谓异曲同工：

> 虽然，其条理未确立，其研究方法正在间错试验中，弃取未定，故此期之著作，恒驳而不纯；但在淆乱粗糙之中，自有一种元气淋漓之象。③

---

① 《钱宾四先生论学书简》，见余英时《犹记风吹水上鳞——钱穆与现代中国学术》254—255页。

② 《钱宾四先生论学书简》，见余英时《犹记风吹水上鳞——钱穆与现代中国学术》252—256页。

③ 《清代学术概论》，见夏晓虹编校《中国现代学术经典·梁启超卷》127页。

第六章 "元气淋漓"与"绝大文字"

照任公先生的说法,此乃"启蒙期之特色也"。而在我看来,这也是一种极为难得的学问及文章境界。这种境界,梁启超向往之,钱穆、余英时何尝不如此?

在《中国近三百年学术史》第八章,梁启超论述清初史学之建立,专门表彰全祖望的性情与文章:

> 若问我对于古今人文集最爱读某家?我必举《鲒埼亭(集)》为第一部了。全谢山性情极肫厚,而品格极方峻,所作文字,随处能表现他的全人格,读起来令人兴奋。……他所作南明诸贤之碑志记传等,真可谓情深文明,其文能曲折尽情,使读者自然会起同感,所以晚清革命家,受他暗示的不少。(注略)他最善论学术流派,最会描写学者面目,集中梨洲、亭林、二曲、季野、桴亭、继庄、穆堂……诸碑传,能以比较简短的文章,包举他们学术和人格的全部,其识力与技术,真不同寻常。①

对比梁启超"笔锋常带情感"的评传,以及条理贯通、见识高迈的学术史,当能明白任公先生与全谢山的学问文章,颇多渊源。而钱穆、余英时师徒撰写史论时之追求"绝大文字",似乎也与梁启超、全祖望血脉相连。

---

① 《中国近三百年学术史》,见朱维铮校注《梁启超论清学史二种》198页,上海:复旦大学出版社,1985年。

四　史家的"文人习气"

全祖望极其崇拜黄宗羲,然亦不阿其所好,在《鲒埼亭集·答问南雷学术帖子》中,对梨洲先生不无讥讽:"文人之习气未尽,以正谊明道之余技,犹留连于枝叶。"梁启超认同此说,称:"这段话把梨洲的短处,也说得公平。总之梨洲纯是一位过渡人物,他有清代学者的精神,却不脱明代学者的面目。"[1]我却不这么看,没有完全蜕变成只讲经史、不弄文章的清代学者,或许正是黄宗羲的可爱之处。其实,全祖望本人的学问与文章,其佳妙处也正在此。只是囿于时代风气,一说到学者的"擅长文章",便有点旁骛杂收、学问不够精粹的意味。黄宗羲《南雷文案·李杲堂文钞序》称,"余尝谓文非学者所务,学者固未有不能文者",这当然是理想状态。可刘师培明确告诉我们,清代学者大都"不复措意于文词,由是学日进而文日退"[2]。梁启超则换一种说法,称"我国文学美术,根柢极深厚,气象皆雄伟",只是因"清代第一流人物,精力不用诸此方面,故一时若甚衰落"[3]。

　　文章别是一家,关乎才学,也关乎性情,并不一定随着学问的长进而长进。这一点,梁启超应该比任何人都清楚。大概跟论者本人的趣味、能力以及发言的姿态有关,梁启超立论时反而刻意贬抑文章的功用。在《中国历史研究法补编》中,梁启超论"史

---

[1]《中国近三百年学术史》,见朱维铮校注《梁启超论清学史二种》145页。
[2] 刘师培:《论近世文学之变迁》,《国粹学报》26期,1907年3月。
[3]《清代学术概论》,见夏晓虹编校《中国现代学术经典·梁启超卷》214页。

第六章　"元气淋漓"与"绝大文字"

家的四长",发挥唐代刘知几和清代章学诚关于史学修养的论述,并有所修正与创新:

> 至于这几种长处的排列法,各人主张不同:子玄以才为先,学次之,识又次之;实斋又添德于才学识之后。今将次第稍为变更一下,先史德,次史学,又次史识,最后才说到史才。①

将"史才"放在"史家的四长"的末位,如此轻视"史家的文章技术",与梁启超本人的气质有关。对于才华横溢的任公先生来说,根本不能想象,表达精确、文采飞扬怎么可能会是个难题!

可看梁启超谈论"史德"之必须铲除"夸大""附会""武断"等毛病,或者讲"史学"时之传授"关于专精下苦功的方法",还有"史识"如何依赖于"正确精密的观察力"等,说实话,都不见十分精彩。倒是最后出场的"史才",颇多可圈可点处:

> 史才专门讲作史的技术,与前面所述三项另外又是一事,完全是技术的。有了史德,忠实的去寻找资料;有了史学,研究起来不大费力;有了史识,观察极其锐敏;但是仍然做不出精美的历史来。要做出的历史,让人看了明了,读了感动,非有特别技术不可。此种技术,就是文章的构造。章实斋作《文史通义》,把文同史一块讲。论纯文学,章氏不

---

① 《中国历史研究法补编》,见夏晓虹编校《中国现代学术经典·梁启超卷》371 页。

成功;论美术文,章氏亦不成功;但是对于作史的技术,了解精透,运用圆熟,这又是章氏的特长了。①

至于何谓"史家的文章技术",梁启超主张从"组织"与"文采"两方面着眼。前者包括"剪裁"与"排列",乃史家必备的基本功:"此事看时容易,做时困难。许多事实摆在面前,能文章的人可以拉得拢来,做成很好的史。文章技术差一点的人,就难组织得好。没有在文章上用过苦功的人,常时感觉困难。"后者相对复杂些,似乎不必强求。

"文采"的要素很多,梁启超选择了最为关键的两点。一是"简洁"——即便对"章无剩句,句无剩字"的解说不尽相同,史家一般都会认同行文需"简洁"的主张。真正显示梁启超趣味的,其实是第二点,即"飞动":

> 为什么要作文章?为的是作给人看。尤其是历史的文章,为的是作给人看。若不能感动人,其价值就减少了。作文章,一面要谨严,一面要加电力。好像电影一样活动自然。如果电力不足,那就死在布上了。事本飞动,而文章呆板,人将不愿看,就看亦昏昏欲睡。事本呆板,而文章生动,便字字都活跃纸上,使看的人要哭便哭,要笑便笑。如像唱戏的人,唱到深刻时,可以使人感动。假使想开玩笑,

---

① 《中国历史研究法补编》,见夏晓虹编校《中国现代学术经典·梁启超卷》382—383页。

第六章 "元气淋漓"与"绝大文字"

而扳起面孔,便觉得毫无趣味了。不能使人感动,算不得好文章。旁的文章,如自然科学之类,尚可不必注意到这点。历史家如无此种技术,那就不行了。①

梁氏接下来比较司马光的《资治通鉴》和毕沅的《续资治通鉴》,二者体裁一样,可感染力却有天壤之别。不是史实的差异,而是前者文章飞动,后者则显得相当呆滞。由此可见,对于史家来说,"此种技术,非练习不可"。

这段关于"文采"的议论,在梁启超或许只是信马由缰,但因有丰富的写作经验作底,显得十分贴切、自然。强调史学著述必须认真经营,"让人看了明了,读了感动",以及追求"文章生动,便字字都活跃纸上"的效果,且将其作为"好文章"的重要指标,我相信这是梁著获得巨大成功的"独得之秘"。

让"史才"在"史家的四长"中叨陪末座,如果不是故弄玄虚,以求超越前贤,那便是推己及人,以为天下史家都能写出一手好文章。在《中国近三百年学术史》中,梁启超之表彰顾炎武、黄宗羲,或者申明"我最爱晚明学者虎虎有生气"等,对于熟悉其学术思路及文章趣味的人来说,都在意料之中。倒是大力褒扬戴名世,颇发人深思。戴君罹奇冤以死,固然值得同情;但将其置于"有清一代史家作者之林",而且自甘"俯首",实在出人意外:

---

① 《中国历史研究法补编》,见夏晓虹编校《中国现代学术经典·梁启超卷》386页。

> 其史虽一字未成,然集中有遗文数篇,足觇史才之特绝。其《孑遗录》一篇,以桐城一县被贼始末为骨干,而晚明流寇全部形势乃至明之所以亡者见具焉,而又未尝离桐而有枝溢之辞;其《杨刘二士合传》,以杨畏知、刘廷杰、王运开、王运宏四人为骨干,寥寥二千余言,而晚明四川、云南形势若指诸掌;其《左忠毅公传》,以左光斗为骨干,而明末党祸来历及其所生影响与夫全案重要关系人面目皆具见。盖南山之于文章有天才,善于组织,最能驾驭资料而熔冶之,有浓挚之情感而寄之于所记之事(不著议论),且蕴且泄,恰如其分,使读者移情而不自知。以吾所见,其组织力不让章实斋,而情感力或尚非实斋所逮。有清一代史家作者之林,吾所俯首,此两人而已。①

以文集之文来褒贬"史家"的"史才",本就有点蹊跷;如仅涉及"组织力"与"情感力",似乎只能证明"文章有天才",而不该贸然闯入"有清一代史家作者之林"。问题在于,梁启超并不觉得如此比附有何不妥。可见其心目中,"史才"其实并不易得,极为精彩者,同样值得"俯首"。

所谓的"文人习气",落实在具体的史学著述中,可能是无识大体,"流连于枝叶",也可能是"善于组织,最能驾驭资料而熔冶之"。二者都能使得原先"扳起面孔"的史著,带上某种"文学

---

① 梁启超:《中国近三百年学术史》,见朱维铮校注《梁启超论清学史二种》411 页。

第六章 "元气淋漓"与"绝大文字"

性",只不过一"轻浮",一"飞动",得失之间,几不可同日而语。正是基于此,我并不一概排斥史学著述中的"文人习气"。尤其是当下中国,"实证史学"成为主流,史家根本不屑于讲求著述中的"组织"与"情感",更不要说着意修饰"论学文字",其著述因而日渐枯燥,很难再"感动"专业圈外的读者。此时重温梁启超的经验,不无好处。

更何况,在我看来,所谓的"文人习气",不一定落实为文体上的"平易畅达"或"辞采靡丽",而更体现在一种不同于史家(或其他专业学者)的眼光、立场、趣味,以及思维方式与表达方式。在某些方面,比如对千古不变的人性的发掘、对已经消逝了的情景的悬想,对研究对象的体贴入微,对文本内外的沉潜把玩,还有古今对话的欲望、直觉领悟的能力,以及丰富的人生体验与想象力等,"文人"似乎并不比"史家"差。如此立说,并非颠倒时论,在史学领域里以"文人"取代"专家";而是主张学有专门的"史家"不必刻意回避"文人习气",以免自家生命以及笔下文章过于干枯。

强调"史学"不见得非远离"文学"不可,这点,与时贤之借渲染"史学"的"科学性"提高其学术品位的努力,基本上是背道而驰。暂时不追究"科学"作为学科、作为方法、作为人生观、作为主义的巨大差别,也不想引入后现代的历史观,就按一般的解说,"史学"也不可能与"文学""艺术"绝缘。

历史学既是"科学",又是"艺术",在英国思想家罗素看来,这是十分清楚的,没什么好争论。针对世人对于科学的过分崇拜，在《历史学作为一种艺术》的演讲中，罗素甚至称："历史中的科学规律并不像人们有时认为的那么重要，或那么容易被发现。"而"历史著作必须是有趣味的"这一基本要求，使得讲求"文学技巧"，变得并非可有可无。作为例证，罗素提出来的，恰好就是普鲁塔克和吉本；而且具体论述时与当年梁启超《新史学》中的思路非常接近：吉本"他是用丰富的想像力写的，而不是只怀着记述已知事实的冷静的愿望去写的"，即便不符合历史规定情景，"却使人有一种非常逼真的感觉"；"普鲁塔克的《希腊和罗马名人传》鼓舞着很多具有非凡抱负的年轻人度过英勇的一生；如果不是这样，他们可能就不去冒险了"。①

在《怎样阅读和理解历史》一文中，罗素再次提及"自从文艺复兴以来，布鲁塔克就一直是古代历史学家之中最有影响的人，——但确实并非是在历史学作家们中间（因为他一点也不可信），而是在实际的政治家和政治理论家们中间"；而作为史学家的吉本，"尽管他对个人的描绘往往令人失望，而他对伟大事件进程的感受则是准确无误的。没有别人曾经提出过一幅历史纲要，能比他做得更好"。② 或许，在罗素看来，对具体人物性格的生动描绘，以及对整体历史进程的准确把握，二者乃历史学家的基本功，也是史学之兼及"科学"与"艺术"的重要特征。而这，恰好可以以普鲁塔克和吉本为代表。

在中国史学界，最早明确承认史学既是科学也是艺术的，当

---

① 罗素著、何兆武等译《论历史》62—83页，北京：三联书店，1991年。
② 参见罗素著、何兆武等译《论历史》25—26页。

第六章 "元气淋漓"与"绝大文字"

推英年早逝的史家张荫麟。在其发表于1928年的《论历史学之过去与未来》中,有这么一段名言:

> 惟以历史所表现者为真境,故其资料必有待于科学的搜集与整理。然仅有资料,虽极精确,亦不成史,即更经科学的综合,亦不成史。何也?以感情生命神彩,有待于直观的认取与艺术的表现也。①

如果承认史学应该兼及科学与艺术,而不简单地推崇"史学便是史料学",那么,对于梁启超的史学成就,评价可能会更高些。

也正是这位才高气盛的张荫麟,在《跋〈梁任公别录〉》中,针对世人之批评梁启超考据不够精当,作了如下精彩的辩解:

> 虽然,考据史学也。非史学之难,而史才实难。任公在"新汉学"兴起以前所撰记事之巨篇,若《春秋战国载记》(在《饮冰室合集》中首次刊布于其身后,世人注意之者甚少),若《欧洲战役史论》,元气磅礴,锐思驰骤,奔砖走石,飞眉舞色,使人一展卷不复能自休者,置之世界历史著作之林,以质而不以量言,若吉朋,麦可莱,格林,威尔斯辈,皆瞠乎后矣。曾试自操史笔之人,读此等书而不心折者,真无目耳。②

---

① 张荫麟:《论历史学之过去与未来》,《学衡》62期,1928年3月。
② 张荫麟:《跋〈梁任公别录〉》,《思想与时代》4期,1941年11月。

说到麦可莱,我想起美国史学家 J. W. 汤普森《历史著作史》中的一段话。在论及麦考莱等三位英国伟大的文学家兼历史家时,汤普森称:

> 他们的著作和吉本的著作类似,即使被见解更正确、细节更可靠的著作取代之后,可能仍然会继续流传。①

我相信,梁启超许多精彩的人物评传以及《清代学术概论》等,都会有这种幸运。

与文学家争锋,当然不是史学家的主要任务;但出神入化的谋篇布局,以及变幻莫测的叙事技巧,何尝不是史家的基本功?分析史学固然更多借重理论与史料,至于叙事史学,文学手法是必不可少的。我同意汤普森的说法,"虽然历史科学已经提出更高的问题,但这种叙事史永远不会被废弃,永远不会死亡",因为"从好奇心和想象力产生的对惊险事件的朴素的兴趣也是一切年代都有的"。②

即便以分析为主,"史才"同样不可或缺。照罗素的说法,比起辞藻、文采、情绪等,史家的述学文体更值得关注:"文体,如果是好的,乃是作家感情方式的十分个人化的表现。"③此语既可证以吉本之苦心经营,为撰写《罗马帝国衰亡史》而"在呆板的

---

① 汤普森著、孙秉莹等译《历史著作史》下卷 401 页。
② 汤普森著、谢德风译《历史著作史》上卷 30 页。
③ 罗素著、何兆武等译《论历史》72—73 页。

第六章 "元气淋漓"与"绝大文字"

记事体和夸饰的论辩体之间选定一种适中的笔调"①,也可呼应钱穆对章太炎等各具特色的论学文字的精彩评点,更可完善郑振铎、钱基博等人关于梁启超文体演变内在动因的解说。

汉语语境中的"新史学",经由梁启超等人的大力倡导,百年间成绩斐然。论者面对这种既令人振奋、又不无遗憾的局面,无论是回顾、反省还是展望,多从理论提升、史料扩容以及学科拓展角度立论,而很少考虑表述方式的革新。对于基本是门外汉的我来说,本章的主要目的,无非是想为"史界革命"补充一个不太为人关注的侧面,即"述学文体"值得认真经营,并非只是无关紧要的"雕虫小技"。

---

① 参见戴子钦译《吉本自传》(北京:三联书店,1989 年)156 页:"一个作家的文笔,应当是他的心灵的映象,而语言的选择和驾驭,则是长期操练的结果。我做了多次试验,然后才有可能在呆板的记事体和夸饰的论辩体之间选定一种适中的笔调。第一章起稿三次,二、三两章起稿两次,方才觉得差强人意。"

第七章　分裂的趣味与抵抗的立场
　　——鲁迅的述学文体及其接受

　　在20世纪中国，作为思想家及文学家的鲁迅，其业绩始终得到极大的肯定；而作为学者的鲁迅，则相对不太受重视。《中国小说史略》的开创意义固然得到学界的普遍认可，并在相关著述中被不断引用；但鲁迅的学术理想、治学方法，乃至其别具一格的述学文体，并未引起足够的关注。

　　兼具思想家、文学家与学问家的鲁迅，其对于述学文体的选择，以及这种选择被认可的程度，与现代中国学术进程密不可分。因此，本章所论，不纯以鲁迅为限，而是希望借描述鲁迅述学文体的来龙去脉，凸显现代中国学术历来被忽视的另一侧面。

一　文体家的别择

　　1933年3月，鲁迅撰写了日后被学界经常征引的《我怎么做起小说来》。作家如此坦率地自报家门，且所论大都切中肯綮，难怪研究者大喜过望。其中最受关注的，除了"说到'为什么'做

第七章 分裂的趣味与抵抗的立场

小说罢,我仍抱着十多年前的'启蒙主义',以为必须是'为人生',而且要改良这人生",再就是关于"文体家"的自述:

> 我做完之后,总要看两遍,自己觉得拗口的,就增删几个字,一定要它读得顺口;没有适宜的白话,宁可引古语,希望总有人会懂,只有自己懂得或连自己也不懂的生造出来的字句,是不大用的。这一节,许多批评家之中,只有一个人看出来了,但他称我为 Stylist。[①]

最早将鲁迅作为文体家(Stylist)来表彰的,当属黎锦明的《论体裁描写与中国新文艺》。可黎氏此文将 Stylist 译为体裁家,将"体裁的修养"与"描写的能力"分开论述,强调好的体裁必须配合好的描写,并进而从描写的角度批评伤感与溢恶、夸张与变形等[②]。后者所涉及的,本是文体学所要解决的难题,如今都划归了"描写",那么,所谓的"体裁",已经不是 Style,而是 Gener——这从黎氏关于章回小说《儒林外史》的辨析中,也不难

[①] 鲁迅:《我怎么做起小说来》,《鲁迅全集》第四卷 512—513 页,北京:人民文学出版社,1981年。

[②] 黎锦明《论体裁描写与中国新文艺》(《文学周报》5 卷 2 期,1927 年 8 月)称:"西欧的作家对于体裁,是其第一安到著作的路的门径,还竟有所谓体裁家(Stylist)者。……我们中国文学,从来就没有所谓体裁这名词,到现在还是没有。我们的新文艺,除开鲁迅、叶绍钧二三人的作品还可见到有体裁的修养外,其余大都似乎随意的把它挂在笔头上。"

看出。倒是鲁迅关于 Stylist 的解读，接近英文本身的含义①。黎氏对 Stylist 的误读，其实很有代表性，因古代中国作为文章体式的"文体"，与西学东渐后引进的探究语言表达力的"文体"（Style），名同实异，但又不无相通处。直到今天，中国学界之谈论文体，仍很少仅局限于语言表达，而往往兼及文类②。

如此半中不西——或者说中西兼顾——的批评术语，使我们得以将"Stylist"的命名，与"新形式"的论述相勾连。就在黎氏撰文的前几年，沈雁冰发表《读〈呐喊〉》，赞扬鲁迅在小说形式方面的创新：

> 在中国新文坛上，鲁迅君常常是创造"新形式"的先锋；《呐喊》里的十多篇小说几乎一篇有一篇新形式，而这些新形式

---

① 韦勒克和沃伦合著、刘象愚等译《文学理论》第十四章"文体和文体学"称："文体学研究一切能够获得某种特别表达力的语言手段，因此，比文学甚至修辞学的研究范围更广大。所有能够使语言获得强调和清晰的手段均可置于文体学的研究范畴内：一切语言中，甚至最原始的语言中充满的隐喻；一切修辞手段；一切句法结构模式。"（191页，北京：三联书店，1984年）

② 1930年代修辞学家陈望道撰《修辞学发凡》，论及文体时称，有八种分类方法：民族的分类、时代的分类、对象或方式上的分类、目的任务上的分类、语言的成色特征上的分类、语言的排列声律上的分类、表现上的分类，依写说者个人的分类等。而作者最为关注的是第七种，即"表现上的分类"，包括"简约和繁丰""刚健和柔婉""平淡和绚烂""谨严和疏放"这四组八种体性（《修辞学发凡》263页，上海：上海教育出版社，2002年）。1990年代，申丹撰《叙述学与小说文体学研究》，区分文学文体学、功能文体学、话语文体学、社会历史/文化文体学等。论及狭义的文体即文学文体学时，作者称："包括文学语言的艺术性特征（即有别于普通或实用语言的特征）、作品的语言特色或表现风格、作者的语言习惯，以及特定创作流派或文学发展阶段的语言风格等。"（《叙述学与小说文体学研究》73页，北京：北京大学出版社，2001年）如果局限在文学文体学，论者一般都会兼及体裁、语体、风格三个层面，而不仅仅是语言分析。

第七章　分裂的趣味与抵抗的立场

又莫不给青年作者以极大的影响，必然有多数人跟上去试验。①

鲁迅没有直接回应茅盾关于其小说"一篇有一篇新形式"的评述，但在《故事新编》的序言里，称此书"也还是速写居多，不足称为'文学概论'之所谓小说"②，除顺手回敬成仿吾的批评，也隐约可见其挑战常识、不以"文学概论"为写作圭臬的一贯思路。

你可以说沈从文、张天翼是文体家，那是指其小说体式的讲究；你也可以说茅盾的《子夜》《白杨礼赞》和《中国神话研究》各具特色，可那是体裁决定的。明显的文体意识，使得鲁迅所撰，即便同是小说、诗歌、散文、杂文，表达方式也都很不一样。更重要的是，这一"文体感"背后，有明显的文化关怀。

汉魏以降，中国人喜欢讲文章体式③。合体式而又能创新，这才是真正的文学创造。可几乎所有的"文章辨体"，都侧重历史溯源，而非逻辑分析，故显得灵活有余，精确不足。这里有中国人的思维习惯——重视具体经验，而不太擅长抽象思辨；但很可能还隐含着一种重要思路——任何大作家的出现，都可能打破常规，重建文类边界。金人王若虚《滹南遗老集》卷三七《文辨》中有一妙语，大致表明了"文章辨体"的意义及边界："或问文章有体乎？曰：无。又问无体乎？曰：有。然则果何如？曰：定体则无，大体则有。"

---

① 雁冰：《读〈呐喊〉》，1923 年 10 月 8 日《时事新报》副刊《学灯》。
② 《〈故事新编〉序言》，《鲁迅全集》第二卷 342 页。
③ 最典型的，莫过于曹丕的《典论·论文》："夫文本同而末异，盖奏议宜雅，书论宜理，铭诔尚实，诗赋欲丽。"

认定"凡有文章，倘若分类，都有类可归"的鲁迅①，关注的是那些不太守规矩、着力于另辟蹊径的作品。比如，表彰俄国的《十二个》以及日本的《伊凡和马理》，强调的都是其"体式"的"异样"，或"格式很特别"②。鲁迅本人的写作，同样以体式的特别著称，比如作为小说的《故事新编》，以及散文诗《野草》。《野草》最初连载于《语丝》时，是被视为散文的（虽然其中《我的失恋》标明"拟古的新打油诗"，《过客》则是剧本形式，可以直接转化为舞台演出）。等到鲁迅自己说"有了小感触，就写些短文，夸大点说，就是散文诗"③，大家这才恍然大悟，异口同声地谈论起散文诗来。

鲁迅曾自嘲《朝花夕拾》乃是"从记忆中抄出来的"，"文体大概很杂乱"。④其实，该书首尾贯通，一气呵成，无论体裁、语体还是风格，并不芜杂。要说文体上"很杂乱"的，应该是指此前此后出版的杂感集。《且介亭杂文》中的《忆韦素园君》《忆刘半农君》《阿金》等，乃道地的散文，可入《朝花夕拾》；《准风月谈》中的《夜颂》《秋夜纪游》则是很好的散文诗，可入《野草》。至于《门外文谈》，笔调是杂文的，结构上却近乎著作⑤。文

---

① 《〈且介亭杂文〉序言》，《鲁迅全集》第六卷 3 页。
② 参见《〈十二个〉后记》，《鲁迅全集》第七卷 301 页；《马上日记之二》，《鲁迅全集》第三卷 342 页。
③ 《〈自选集〉自序》，《鲁迅全集》第四卷 456 页。
④ 《〈朝花夕拾〉小引》，《鲁迅全集》第二卷 230 页。
⑤ "听说今年上海的热，是六十年来所未有的"——这样的开篇，确实不像学术论文。可这十二则发表在《申报·自由谈》上的系列短文，有完整的理论构思，非寻常杂感可比。第二年，此系列短文加上其他关于语文改革的四篇文章，合为《门外文谈》一书，由上海天马书店单独刊行。

章体式不够统一,或者说不太理会时人所设定的各种文类及文体边界,乃鲁迅著述的一大特征。

轮到鲁迅为自家文章做鉴定,你会发现,他在"命名"时颇为踌躇。翻阅收入人民文学出版社1981年版《鲁迅全集》第四卷的《鲁迅著译书目》、第七卷的《自传》、第八卷的《鲁迅自传》和《自传》,其中提及短篇小说、散文诗、回忆记、纂辑以及译作、著述等,态度都很坚决;但在如何区分"论文"和"短评"的问题上,则始终拿不定主意。

称《坟》为"论文集",以便与《热风》以降的"短评"相区别,其实有些勉强。原刊《河南》的《人之历史》等四文,确系一般人想象中的"论文";可《看镜有感》《春末闲谈》《灯下漫笔》以及《杂忆》等,从题目到笔法,均类似日后声名显赫的"杂感"。将《坟》的前言、后记对照阅读,会觉得很有意思。后者称,"在听到我的杂文已经印成一半的消息的时候",显然当初鲁迅是将此书作为"杂文"看待,而不像日后那样将其断为"论文集";前者则干脆直面此书体例上的不统一:"将这些体式上截然不同的东西"合在一起,只是一般意义上的文章结集,并没有什么冠冕堂皇的理由。① 反过来,日后鲁迅出版众多"杂感集",其中不难找到"违规者"。在《二心集》的序言中,鲁迅称:"此后也不想再编《坟》那样的论文集,和《壁下译丛》那样的译文集",于是百无禁忌,在这回"杂文的结集"里,连朋友间的通信"也擅自一

---

① 参阅《写在〈坟〉后面》和《〈坟〉题记》,《鲁迅全集》第一卷282页、3页。

并编进去了"。① 其实，不只是朋友间的通信，《二心集》里，除作为主体的杂感外，既有论文（如《硬译与文学的阶级性》）、演讲（如《上海文艺之一瞥》）、传记（如《柔石小传》），也有译文（如《现代电影与有产阶级》）、答问（如《答北斗杂志问》）、序跋（如《〈艺术论〉译本序》）等，几乎无所不包。

同样以说理而不是叙事、抒情为主要目标，"论文"与"杂文"的边界，其实并非不可逾越。鲁迅不愿把这一可以约略感知但又很难准确描述的"边界"绝对化，于是采用"编年文集"的办法，避免因过分清晰的分类而割裂思想或文章。对于像鲁迅这样因追求体式新颖而经常跨越文类边界的作家来说，这不失为一种有效的创举。在《〈且介亭杂文〉序言》里，鲁迅进一步阐释"分类"与"编年"两种结集方式各自的利弊，强调"分类有益于揣摩文章，编年有利于明白时势"。"只按作成的年月，不管文体，各种都夹在一处，于是成了'杂'"②——如此纵论"古已有之"的"杂文"，恰好与《〈坟〉题记》的立意相通。也就是说，鲁迅谈"杂文"，有时指的是"不管文体"的文章结集方式，有时讲的又是日渐"侵入高尚的文学楼台去的"独立文类。③

学界在谈论鲁迅的杂文观时，一般关注的是后者，即作为文类的"杂文"或"杂感"。像"论时事不留面子，砭锢弊常取类型"④，"我是爱读杂文的一个人，而且知道爱读杂文还不只我一个，因为

---

① 参见《〈二心集〉序言》，《鲁迅全集》第四卷189—192页。
② 参见《〈且介亭杂文〉序言》，《鲁迅全集》第六卷3页。
③ 《徐懋庸作〈打杂集〉序》，《鲁迅全集》第六卷291页。
④ 《〈伪自由书〉前记》，《鲁迅全集》第五卷4页。

第七章 分裂的趣味与抵抗的立场

它'言之有物'。我还更乐观于杂文的开展,日见其斑斓。第一是使中国的著作界热闹,活泼;第二是使不是东西之流缩头;第三是使所谓'为艺术而艺术'的作品,在相形之下,立刻显出不死不活相"①,以及"不错,比起高大的天文台来,'杂文'有时确很像一种小小的显微镜的工作,也照秽水,也看脓汁,有时研究淋菌,有时解剖苍蝇。从高超的学者看来,是渺小,污秽,甚而至于可恶的,但在劳作者自己,却也是一种'严肃的工作',和人生有关,并且也不十分容易做"②等,都是常被鲁迅研究者引用的"绝妙好辞"。我想提请注意的是,作为文章结集方式的"杂文",即"不管文体"导致的不同文类之间的相互影响与渗透。

在《〈华盖集〉题记》《〈华盖集续编〉小引》《〈三闲集〉序言》《〈伪自由书〉前记》等文中,鲁迅明明将自家写作命名为"杂感""杂文",可为何在各类自述文字中,却又改用面目模糊的"短评"?是否因意识到《华盖集》等其实是以"杂文"为主体的"编年文集",而不是文章分类意义上的"杂文集",并因此做了区分,目下不得而知。但鲁迅的"短评"集之兼及杂文、散文、论文、书信、日记等文类这一事实,提醒我们注意鲁迅文章的丰富性,以及鲁迅"文体"的多样性。苏联汉学家谢曼诺夫很早就提及这一点:"把鲁迅的作品和中国现代文学放在一起研究,就能特别明显地看出他作品的思想和艺术价值以及体裁的多样

---

① 《徐懋庸作〈打杂集〉序》,《鲁迅全集》第六卷293页。
② 《做"杂文"也不易》,《鲁迅全集》第八卷376页。

化。"① 如只是涉及鲁迅短篇小说、散文诗、回忆记、杂文、散文等文类的成就，以及各文类内部的革新与变异，自茅盾以降，已有无数论述。我关心的是鲁迅的"论文"与"杂文"之间错综复杂的关系，并希望将这一关注贯穿到语言层面。

二 论著、杂文与演讲

同样以文章名家，周氏兄弟的"文体感"以及写作策略明显有别：周作人是以不变应万变，同一时期内的所有撰述，不管是翻译还是创作，是散文还是专著，笔调基本一致。鲁迅则很不一样，不要说翻译和创作不同，小说与散文不同，即便同是议论，杂文与论文的笔调，也都可能迥异。换句话说，读周作人的文章，可以采用统一的视点，而且不难做到"融会贯通"；读鲁迅的作品，则必须不断变换视点，否则，用读杂文的眼光和趣味来读论文，或者反之，都可能不得要领。后世关于鲁迅的不少无谓的争论，恰好起因于忽略了作为"文体家"的鲁迅，其写作既源于文类，而又超越文类。只读杂文，你会觉得鲁迅非常尖刻；但反过来，只读论文和专著，你又会认定鲁迅其实很平正通达。很长时间里，我们习惯于将鲁迅杂文里的判断，直接挪用来作为历史现象或人物的结论，而忽略了杂文本身"攻其一点，不及其余"的特征；在尊崇鲁迅的同时，违背了鲁迅顾及全人与全文的

---

① 谢曼诺夫著、李明滨译：《鲁迅和他的前驱》102页，长沙：湖南文艺出版社，1987年。

第七章　分裂的趣味与抵抗的立场

初衷①。"文化大革命"期间编纂的三种鲁迅言论集，即中山大学中文系鲁迅研究室编印的《鲁迅论中国现代文学》（广州：中山大学，1978年）、厦门大学中文系所编的《鲁迅论中国古典文学》（福州：福建人民出版社，1979年）和福建师范大学中文系编选的《鲁迅论外国文学》（北京：外国文学出版社，1982年）在给学界提供很大便利的同时，也留下了若干后遗症。除了"选本"和"语录"的盛行，必定缩小读者的眼光，更因其将论文、杂文以及私人通信等混编，很容易让人忽略论者依据文类所设定的拟想读者与论述策略，导致众多无心的误读或"过度的阐释"。这三种言论集目前使用者不多，但《鲁迅全集》电子版的出现，使得检索更为便利，于是，寻章摘句以及跨文类阅读，使得上述问题更为严重。

除了专门著述，鲁迅杂文中确实包含了大量关于古代中国以及现代中国的论述。这些论述，常为后世的研究者所引用。必须正视将鲁迅杂文中的只言片语奉为金科玉律的负面效果；但如果反过来完全否认蕴涵在鲁迅杂文中的睿智的目光及精湛的见解，无疑也是一大损失。如何超越这一两难境地，除了前面所说的顾及全人与全文外，很重要的一点是，必须将鲁迅论敌的眼光包括在内——杂文作为一种文类，其补缺救弊的宗旨以及单刀直入的笔法，使得其自身必定是"深刻的片面"。所谓"好像评论做得太简括，是极容易招得无意的误解，或有意的曲解似的"②，鲁迅

---

① 在《"题未定"草（六）》中，鲁迅这样谈论陶渊明："这'猛志固常在'和'悠然见南山'的是一个人，倘有取舍，即非全人，再加抑扬，更离真实。"（《鲁迅全集》第六卷422页）

② 《〈二心集〉序言》，《鲁迅全集》第四卷191页。

的抱怨，主要针对的是读者之缺乏通观全局的目光和思路，而过于纠缠在个别字句或论断上。杂文的主要责任在破天下妄念，故常常有的放矢；而论文追求"立一家之言"，起码要求自圆其说。二者的目标与手段不同，难怪对同一事件或人物做出截然不同的评价。完成《中国小说史略》和《中国小说的历史的变迁》后，鲁迅还在很多杂文中谈论唐宋传奇以及明清小说。单看结论，你会发现二者之间存在很大的缝隙，但鲁迅并没有修订旧作的意图——《中国小说史略》的日译本序提及马廉和郑振铎的贡献，也只是偏于资料订正。假如你一定要把鲁迅众多杂文中对于林黛玉的讥讽①，作为鲁迅对于中国小说的"新见解"来接纳，而不是将其与梁实秋论战的背景，以及对梅兰芳自始至终的讨厌考虑在内，很可能差之毫厘失之千里。

更值得注意的是，在鲁迅那里，"文类意识"与"文体感"二者是密不可分的。《马上日记之二》评说《伊凡和马理》，兼及其"文法"与"体式"的"欧化"；《答KS君》批评《甲寅》，也是将"文言文的气绝"与"前载公文，接着就是通信，精神虽然是自己广告性的半官报，形式却成了公报尺牍合璧"这样"滑稽体式的著作"相勾连。②至于《坟》的前言后记，更是兼及"体式"（论文、杂文）与"文体"（文言、白话）的辨析。

---

① 参见《坟·论照相之类》《二心集·"硬译"与"文学的阶级性"》《二心集·宣传与做戏》《花边文学·略论梅兰芳及其他（上）》《花边文学·看书琐记》和《集外集·文艺与政治的歧途》等。

② 参见《马上日记之二》，《鲁迅全集》第三卷342页；《答KS君》，《鲁迅全集》第三卷112页。

第七章 分裂的趣味与抵抗的立场

并非混用概念而不自觉，而是有意识地将"体式"与"文体"挂钩——鲁迅这方面的思考，尚未得到学界的充分重视。《〈坟〉题记》中关于《摩罗诗力说》写作过程的叙述，似乎只是个人经历，带有很大的偶然性：《河南》杂志的编辑先生有一种怪脾气，文章愈长稿费愈多；再加上受《民报》文风的影响，喜欢做怪句子和写古字。① 这一叙述，得到钱玄同、周作人回忆文章的证实。鲁迅刚逝世，钱、周分别发表文章或答记者问。前者称周氏兄弟跑到民报社听章太炎讲《说文解字》，目的是文字修养："他们的思想超卓，文章渊懿，取材谨严，翻译忠实，故造句选辞，十分矜慎，然犹不自满足，欲从先师了解故训，以期用字妥帖。"② 后者也提及当初"每星期日亦请太炎先生在东京民报社内讲学"，紧接着补充道："彼时先兄尚有出版杂志之计划，目的侧重改变国人思想，已定名为《新生》，并已搜集稿件。"③ 周氏兄弟早年的思想及文章受章太炎影响很深，这点学界早有定论。我想证明的是，这种影响，并非随五四新文化运动的兴起以及周氏兄弟的崛起于文坛而自动终结。尤其是对于"述学文体"的探索，章太炎的影响十分深远。④

古代中国，不乏兼及文学与学术者，现代学者则很少这方面的追求。鲁迅及其尊师太炎先生，应该说是少有的将"著述"作

---

① 《〈坟〉题记》，《鲁迅全集》第一卷3页。
② 钱玄同：《我对于周豫才君之追忆与略评》，1936年10月26日《世界日报》（北平）。
③ 参见《周作人谈往事》，1936年10月20日《世界日报》（北平）。
④ 参见拙著《中国现代学术之建立》（北京：北京大学出版社，1998年）第八章"现代中国的'魏晋风度'与'六朝散文'"，以及拙文《作为"文章"的"著述"》（见《掬水集》，天津：百花文艺出版社，2001年）。

为"文章"来经营的。换句话说,鲁迅之无愧于"文体家"称号,应该包括其学术著述——除了学术见解,也牵涉文章的美感,以及文言与白话之间的调适。后人撰小说史著时,喜欢引鲁迅的"只言片语",因其文辞优美,言简意赅,编织进自家文章,有锦上添花的效果。其他人的论述(如胡适、郑振铎等),也有很精彩的,但引证者大都取其观点,而不看中其审美功能。

按理说,不同的拟想读者和传播途径,必定影响作者的述学文体。可在实际操作中,好的系列演讲,略加整理就可成书(如《中国小说的历史的变迁》);教科书若认真经营,摇身一变,又都成了专著(如《中国小说史略》)。专著需要深入,教科书讲究条理,演讲则追求现场效果,鲁迅很清楚其间的缝隙。查有记载的鲁迅演讲达五十多次,可收入《鲁迅全集》的只有16篇,不全是遗失,许多是作者自愿放弃——或因记录稿不够真切[①],或因与相关文章略有重复[②]。只要入集的,即便是演讲,也都大致体现了鲁迅思考及表达的一贯风格。

但是,作为演讲的《魏晋风度及文章与药及酒之关系》和主要是案头之作的《汉文学史纲要》,二者虽都有学术深度,可表达方式截然不同——后者严守史家立场,前者则多有引申发挥,现

---

① 在《〈集外集〉序言》中,鲁迅称:"只有几篇讲演,是现在故意删去的。我曾经能讲书,却不善于讲演,这已经是大可不必保存的了。而记录的人,或者为了方音的不同,听不很懂,于是漏落,错误;或者为了意见的不同,取舍因而不确,我以为要紧的,他并不记录,遇到空话,却详详细细记了一大通;有些则简直好像是恶意的捏造,意思和我所说的正是相反的。凡这些,我只好当作记录者自己的创作,都将它由我这里删掉。"(《鲁迅全集》第七卷5页)

② 参见朱金顺《鲁迅演讲资料钩沉》,长沙:湖南人民出版社,1980年;马蹄疾《鲁迅讲演考》,哈尔滨:黑龙江人民出版社,1981年。

第七章 分裂的趣味与抵抗的立场

场感很强。《中国小说的历史的变迁》共六讲,乃鲁迅1924年7月在西安讲学时的记录稿,经本人修订后,收入西北大学出版部1925年印行的《国立西北大学、陕西教育厅合办暑期学校讲演集(二)》中。开头与结尾,确系讲演口吻;中间部分则颇多书面化的表述①。不过,即便如此,对比其专门著述,还是大有区别。谈过了《官场现形记》,接下来便是《二十年目睹之怪现状》:

> 这部书也很盛行,但他描写社会的黑暗面,常常张大其词,又不能穿入隐微,但照例的慷慨激昂,正和南亭亭长有同样的缺点。这两种书都用断片凑成,没有什么线索和主角,是同《儒林外史》差不多的,但艺术的手段,却差得远了;最容易看出来的就是《儒林外史》是讽刺,而那两种都近于谩骂。②

这段话,根基于《中国小说史略》中的如下表述:

> 其在小说,则揭发伏藏,显其弊恶,而于时政,严加纠弹,或更扩充,并及风俗。虽命意在于匡世,似与讽刺小说同伦,而辞气浮露,笔无藏锋,甚且过甚其辞,以合时人嗜好,则其度量技术之相去亦远矣,故别谓之谴责小说。其作

---

① 如"敬梓多所见闻,又工于表现,故凡所有叙述,皆能在纸上见其声态;而写儒者之奇形怪状,为独多而独详"云云,就不能说是口语实录。
② 《中国小说的历史的变迁》第六讲,《鲁迅全集》第九卷335页。

者,则南亭亭长与我佛山人名最著。①

两相比较,前者之接近口语,与后者的简约典雅,形成鲜明对照。

演讲与著述之间,如果只是文体差异,一通俗,一深邃,那问题还不是很大。真正值得关注的,是允不允许借题发挥。根据演讲整理而成的《从帮忙到扯淡》,将屈原的《离骚》概括为"不得帮忙的不平",宋玉则是"纯粹的清客",好在还有文采,故文学史上还是重要作家云云②,与《汉文学史纲要》关于"屈原及宋玉"的论述,便有天壤之别。《汉文学史纲要》第四篇论及屈原作《离骚》,毫不吝惜褒奖之辞:

> 逸响伟辞,卓绝一世。后人惊其文采,相率仿效,以原楚产,故称"楚辞"。较之于《诗》,则其言甚长,其思甚幻,其文甚丽,其旨甚明,凭心而言,不遵矩度。故后儒之服膺诗教者,或訾而绌之,然其影响于后来之文章,乃甚或在三百篇以上。③

至于宋玉所撰《九辩》,"虽驰神逞想,不如《离骚》,而凄怨之情,实为独绝"④。如此赞誉,哪有日后"清客"之类讥讽的影子。

如此"前言"不搭"后语",与其说是思想演进,不如考虑文

---

① 《中国小说史略》第二十八篇,《鲁迅全集》第九卷 282 页。
② 《从帮忙到扯淡》,《鲁迅全集》第六卷 344 页。
③ 《汉文学史纲要》第四篇,《鲁迅全集》第九卷 370 页。
④ 《汉文学史纲要》第四篇,《鲁迅全集》第九卷 375 页。

体的差异。谈及鲁迅的"偏激",研究者有褒有贬,但多将其作为个人气质,还有思维方式以及论述策略①。可除此之外,鲁迅之喜欢说狠话,下猛药,其实还有文体方面的制约。也就是说,容易冲动,言辞激烈,好走极端,乃杂文家的天性。论及自家杂感之所以显得"偏激",鲁迅有这么一段解释:

> 说得自夸一点,就如悲喜时节的歌哭一般,那时无非借此来释愤抒情,现在更不想和谁去抢夺所谓公理或正义。你要那样,我偏要这样是有的;偏不遵命,偏不磕头是有的;偏要在庄严高尚的假面上拨它一拨也是有的,此外却毫无什么大举。名副其实,"杂感"而已。②

这里的关键是"释愤抒情"。为了对抗流俗,"偏不遵命""偏要这样",如此思维及表达方式,明显不同于史家所追求的"通古今之变,成一家之言"。

学问须冷隽,杂文要激烈;撰史讲体贴,演讲多发挥——所有这些,决定了鲁迅的撰述,虽有"大体",却无"定体",往往随局势、论题、媒介以及读者而略有变迁。

---

① 要说鲁迅的"偏激"有策略性的考虑,最合适的例子,莫过于拆屋子的比喻:"中国人的性情是总喜欢调和,折中的。譬如你说,这屋子太暗,须在这里开一个窗,大家一定不允许的。但如果你主张拆掉屋顶,他们就会来调和,愿意开窗了。没有更激烈的主张,他们总连平和的改革也不肯行。"(《无声的中国》,《鲁迅全集》第四卷13—14页。)

② 《〈华盖集续编〉小引》,《鲁迅全集》第三卷183页。

三　古书与口语的纠葛

将"体式上截然不同的东西"结集成书,最多只是个体例不纯的问题,远不如将古文和白话混编所可能导致的误解严重。更何况,其时社会上出现"做好白话须读好古文"的议论,而举例为证的名人中,正好就有鲁迅。鲁迅称:"这实在使我打了一个寒噤。别人我不论,若是自己,则曾经看过许多旧书,是的确的,为了教书,至今也还在看。因此耳濡目染,影响到所做的白话上,常不免流露出它的字句,体格来。但自己却正苦于背了这些古老的鬼魂,摆脱不开,时常感到一种使人气闷的沉重。"自认为"从旧垒中来,情形看得较为分明,反戈一击,易制强敌的死命",鲁迅因此坚持"青年少读,或者简直不读中国书"的说法,而且说,这是"用许多苦痛换来的真话,决不是聊且快意,或什么玩笑,愤激之辞"。① 不谈思想,单以文章论,鲁迅也主张"博采口语",而不是阅读古书:

> 以文字论,就不必更在旧书里讨生活,却将活人的唇舌作为源泉,使文章更加接近语言,更加有生气。至于对于现在人民的语言的穷乏欠缺,如何救济,使他丰富起来,那也是一个很大的问题,或者也须在旧文中取得若干资料,以供使役,但这并不在我现在所要说的范围以内,姑且不论。②

---

① 《写在〈坟〉后面》,《鲁迅全集》第一卷285—287页。
② 《写在〈坟〉后面》,《鲁迅全集》第一卷286页。

第七章 分裂的趣味与抵抗的立场

为什么"也须在旧文中取得若干资料,以供使役"可以存而不论,那是因为,在鲁迅眼中,中国思想界最大的危险在于"复古";而最容易"复古"的,莫过于文章趣味。在约略同时的《古书与白话》中,鲁迅继续批驳不读古书做不好白话之类的议论,坚称:"古文已经死掉了;白话文还是改革道上的桥梁,因为人类还在进化。"[①]

对照周作人同时期的相关论述,你会发现,兄弟俩对于白话文运动胜利后所应采取的发展策略,有截然不同的设想。在五四新文化运动中,周作人将批判古文与提倡新思想捆绑在一起,态度同样非常决绝[②]。可从1922年起,周作人的立场发生了变化,先是在《国语改造的意见》中称:"现在的普通语虽然暂时可以勉强应用,但实际上言词还是很感缺乏,非竭力的使他丰富起来不可。这个补充方法虽有数端,第一条便是采纳古语。"后又在《国语文学谈》中表示:"五四前后,古文还坐着正统宝位的时候,我们的恶骂力攻都是对的",如今白话成为正宗,有必要"把古文请进国语文学里来"。[③]而更有名的,是为俞平伯《燕知草》所撰写的跋语。在这篇文章中,周作人称自家欣赏"有涩味与简单味"因而"耐读"的文章,落实到"文体"上,便应该是:

[①] 《古书与白话》,《鲁迅全集》第三卷214页。
[②] 如《思想革命》(《谈虎集》上册,上海:北新书局,1928年)中称:"我们反对古文,大半原为他晦涩难解,养成国民笼统的心思,使得表现力与理解力都不发达,但别一方面,实又因为他内中的思想荒谬,与人有害的缘故。"
[③] 参见《国语改造的意见》,《艺术与生活》57页,长沙:岳麓书社,1989年;《国语文学谈》,《艺术与生活》64—65页。

> 以口语为基本，再加上欧化语，古文，方言等分子，杂揉调和，适宜地或咨意地安排起来，有知识与趣味的两重的统制，才可以造出有雅致的俗语文来。①

一个关注"自己的园地"，在创造"有雅致的俗语文"的努力中，不避"古文"的介入；一个着眼于青年的未来，虽也承认总有一天文学家必须"在旧文中取得若干资料"，但当务之急是断绝复古之路。应该说，这两种策略各有其合理性。

朱光潜正是在表彰周作人成功的文体试验这一点上，提醒读者："想做好白语文，读若干上品的文言文或且十分必要。现在白话文作者当推胡适之、吴稚晖、周作人、鲁迅诸先生，而这几位先生的白话文都有得力于古文的处所（他们自己也许不承认）。"② 未见同是新文化运动主将的周作人或胡适之对此说发表异议，只有敏感的鲁迅不只"不承认"，还将此番言论与复古思潮联系起来，称此乃"新文艺的试行自杀"③。

作为五四新文化运动的积极倡导者之一，鲁迅之坚决捍卫白话文，自在情理之中。可在白话文已经成为现代中国的流行文体，文言文正迅速退出历史舞台的1920年代后期，还用如此"刻毒"的语言表达自己的隐忧，确实发人深省：

---

① 周作人：《〈燕知草〉跋》，《永日集》78页，长沙：岳麓书社，1988年。
② 明石（朱光潜）：《〈雨天的书〉》，《一般》1卷3号，1926年11月。
③ 《写在〈坟〉后面》，《鲁迅全集》第一卷287页。

第七章　分裂的趣味与抵抗的立场

> 我总要上下四方寻求，得到一种最黑，最黑，最黑的咒文，先来诅咒一切反对白话，妨害白话者。即使人死了真有灵魂，因这最恶的心，应该堕入地狱，也将决不改悔，总要先来诅咒一切反对白话，妨害白话者。①

这篇《〈二十四孝图〉》，与上述的《古书与白话》和《写在〈坟〉后面》，同样写作并发表于1926年，可以互相呼应。而对文言文死灰复燃的警惕，在鲁迅看来，是与思想战线上的反对复古主义联系在一起的。"我们此后实在只有两条路：一是抱着古文而死掉，一是舍掉古文而生存。"②——类似于这样只下大判断，而不屑于讲道理的决绝而专断的言论，在《鲁迅全集》中可以找到不少。那是因为，在鲁迅看来，"文言和白话的优劣的讨论，本该早已过去了，但中国是总不肯早早解决的，到现在还有许多无谓的议论"③，实在是中国人的悲哀。

十年后，章太炎纵谈"白话与文言之关系"，称"以此知白话意义不全，有时仍不得不用文言也"；"白话中藏古语甚多，如小学不通，白话如何能好？"④此语引起白话文提倡者的不满，并招来新文化人的若干批评。比如修辞学家陈望道便将此等"非深通小学就不知道现在口头语的某音，就是古代的某音，不知道就是

---

① 《〈二十四孝图〉》，《鲁迅全集》第二卷251页。
② 《无声的中国》，《鲁迅全集》第四卷15页。
③ 《无声的中国》，《鲁迅全集》第四卷14页。
④ 章太炎：《白话与文言之关系》，章太炎主讲、曹聚仁记述《国学概论》113—121页，香港：学林书店，1971年。

古代的某字，就要写错"的说法，嘲讽性地称为"保守文言的第三道策"①。鲁迅也对乃师之"把他所专长的小学，用得范围太广大了"表示不以为然，称："然而自从提倡白话以来，主张者却没有一个以为写白话的主旨，是在从'小学'里寻出本字来的，我们就用约定俗成的借字。……所以太炎先生的第三道策，其实是文不对题的。"②如此急迫地捍卫白话文运动的胜利成果，除了思想史意义上的反复古外，还有文体学方面的探索。相对于警惕"'迎合大众'的新帮闲"，鲁迅更倾向于打击所谓的"文言余孽"。1926年之提倡"将活人的唇舌作为源泉，使文章更加接近语言，更加有生气"，与1934年之主张"倘要中国的文化一同向上，就必须提倡大众语，大众文，而且书法更必须拉丁化"③，二者之间，论题略有转换，精神脉络的一贯却非常清晰。

但如果只是将鲁迅描述成为"围剿"古文的斗士，则有失偏颇。因为，就在发表《写在〈坟〉后面》等文的前两年，鲁迅出版了用文言撰写的《中国小说史略》，而且，后记不只使用文言，还不加标点。1931年北新书局出版修订本，虽说是"稍施改订"，《题记》中也有若干谦辞，唯独对其述学文体，未做任何反省④。不单如此，就在发表《写在〈坟〉后面》等文的1926年，鲁迅为厦门

---

① 南山（陈望道）：《保守文言的第三道策》，《太白》2卷7期，1935年6月。
② 《名人和名言》，初刊《太白》2卷9期，1935年7月，见《鲁迅全集》第六卷361—364页。
③ 参见《写在〈坟〉后面》，《鲁迅全集》第一卷286页；《门外文谈》，《鲁迅全集》第六卷100页。
④ 《〈中国小说史略〉题记》，《鲁迅全集》第九卷3页。

大学编写中国文学史讲义，使用的依旧是文言。这部 1938 年编入《鲁迅全集》时定名为《汉文学史纲要》的讲义，无疑也是鲁迅的重要著述。我们今天见到的鲁迅的学术著述，数这两部讲义最完整。而偏偏这两部著述，都是以文言撰写的；而且写于坚决主张青少年"要少——或者竟不——看中国书，多看外国书"[①]、反对青年作者从古文或诗词中吸取养分的 1920 年代中期。在我看来，并非鲁迅言行不一，或故作惊人语，而是基于其"体式"与"文体"相勾连的独特思路——对应现实人生的"小说"或"杂文"，毫无疑问应该使用白话；至于谈论传统中国的"论文"或"专著"，以文言表述，或许更恰当些。

四 直译的主张与以文言述学

从政治史、思想史角度，或从文学史、教育史角度谈论"读古书"，因其思考的层次不同，完全可能发展出同样合理但大相径庭的工作目标及论述策略。我要追问的是，为何在白话文运动已经取得决定性胜利、在思想战线时刻防止复古思潮得逞的 1920 年代中期，鲁迅非要用文言著述不可？先看看鲁迅本人的解释：

>　　此稿虽专史，亦粗略也。然而有作者，三年前，偶当讲述此史，自虑不善言谈，听者或多不惊，则疏其大要，写印

[①]　《青年必读书》，《鲁迅全集》第三卷 12 页。

> 以贶同人;又虑钞者之劳也,乃复缩为文言,省其举例以成要略,至今用之。①

老北大要求教师课前陆续提交讲义,由校方写印以供修课学生参考。查阅《鲁迅日记》,多有往北京大学或高等师范学校寄讲稿的记载;对照油印本讲义与正式刊行本,鲁迅小说史著的具体论述确有变异②,但述学文体却始终如一。油印本的论述固然简要,且多有疏漏,却依旧是"文章"而非"大要"。至于所谓"虑钞者之劳也,乃复缩为文言"的提法,容易让人误解存在着更为繁复的白话底稿或讲义。无论如何,单从减轻钞者工作量这一"平民立场",无法解释鲁迅之以文言述学。

1927年,针对时人对于"非驴非马的白话文"的批评,胡适曾做了如下辩解:这一弊病确实存在,原因有三:"第一是做惯古文的人,改做白话,往往不能脱胎换骨,所以弄成半古半今的文体。"比如梁启超以及胡适自己,便都有这种毛病。"第二是有意夹点古文调子,添点风趣,加点滑稽意味。"比如吴稚晖、鲁迅以及钱玄同,便有这种雅好。至于第三,说的是那些"学时髦的不长进的少年"。关于鲁迅的文言著述,胡适是这么解释的:

> 鲁迅先生的文章,有时是故意学日本人做汉文的文体,

---

① 《〈中国小说史略〉序言》,《鲁迅全集》第九卷4页。
② 参见拙文《鲁迅的小说类型研究》,《小说史:理论与实践》202—219页,北京:北京大学出版社,1993年。

第七章　分裂的趣味与抵抗的立场

大概是打趣"《顺天时报》派"的；如他的《小说史》自序。①

此说明显不妥，杂文可能"打趣"，但哪有拿专门著述当儿戏的。《中国小说史略》的序言与正文二十八篇，笔调一致，属于正经、严谨的学术文章，看不出有什么"添点风趣，加点滑稽意味"的努力。

于是有了增田涉《鲁迅的印象》中的新解。据说，增田涉曾就此问题请教鲁迅，得到的答复是：

> 因为有人讲坏话说，现在的作家因为不会写古文，所以才写白话。为了要使他们知道也能写古文，便那样写了；加以古文还能写得简洁些。②

学者们引申发挥，立足于鲁迅针锋相对的思维特征以及韧性的战斗精神，将此举解读为"以其人之道还治其人之身"，以自家的古文修养来反衬《学衡》派等"假古董"的苍白③。

此说有点勉强，但不是毫无道理。1919年3月18日，在《致〈公言报〉函并答林琴南函》中，针对北京大学尽废古文而专用白话的批评，蔡元培校长如此答辩：

---

① 参见胡适《整理国故与"打鬼"》，《胡适文存三集》卷二208页，上海：亚东图书馆，1930年。
② 增田涉著、钟敬文译：《鲁迅的印象》，见《寻找鲁迅　鲁迅的印象》337页，北京：北京出版社，2002年。
③ 参见单演义《关于最早油印本〈小说史大略〉讲义的说明》，《鲁迅小说史大略》125页，西安：陕西人民出版社，1981年。

> 北京大学教员中，善作白话文者，为胡适之、钱玄同、周启孟诸君。公何以证知为非博极群书，非能作古文，而仅以白话文藏拙者？胡君家世汉学，其旧作古文，虽不多见，然即其所作《中国哲学史大纲》言之，其了解古书之眼光，不让于清代乾嘉学者。钱君所作之文字学讲义、学术文通论，皆大雅之文言。周君所译之《域外小说》，则文笔之古奥，非浅学者所能解。然则公何宽于《水浒》、《红楼》之作者，而苛于同时之胡、钱、周诸君耶？①

《域外小说集》乃周氏兄弟合译，要说"文笔之古奥"，乃兄明显在乃弟之上。其实，对于那个时代的读书人来说，撰写古文不算什么难事，反而是以通畅的白话述学，需要煞费苦心。这一点，胡适曾再三提及。古文可以套用旧调，白话则必须自有主张，正如周作人在《中国新文学的源流》第五讲中所说的："向来还有一种误解，以为写古文难，写白话容易。据我的经验说却不如是：写古文较之写白话容易得多，而写白话则有时实是自讨苦吃。"②

鲁迅的古文写作能力，从来没有受到质疑；反而是在谈论"写白话必须有古文修养"时，才会举鲁迅为例。即便需要证明自家的古文能力，有一《中国小说史略》足矣，何必一而再，再而三？除了《汉文学史纲要》，《唐宋传奇集》的《稗边小缀》也是使用文言文。一直到去世前一年撰写《〈小说旧闻钞〉再版序言》，鲁

---

① 《蔡元培全集》第三卷271页，北京：中华书局，1984年。
② 周作人：《中国新文学的源流》111页，北平：人文书店，1934年订正三版。

第七章　分裂的趣味与抵抗的立场

迅还是采用文言。这时的鲁迅，一代文豪的地位早已确立，更无必要向世人证明"也能写古文"。因此，我猜测，鲁迅说这段话时，带有戏谑的成分。

阅读人民文学出版社1981年版《鲁迅全集》第十卷所收的古籍序跋，以及上海古籍出版社1991年版《鲁迅辑校古籍手稿》，你会发现一个简单的事实：当从学问的角度进入传统中国的论述时，鲁迅一般都用文言写作。"古文还能写得简洁些"，这固然是事实，但似乎还有更深一层的思虑。

1920年代的中国，文言与白话之争，在日常生活以及文学创作领域，已经尘埃落定：经由新文化人的不懈努力，胡适的预言——"白话文学之为中国文学之正宗，又为将来文学必用之利器"[①]，已基本成为事实。虽然文学家——尤其是新进的文学家，大都转为以白话写作，学术家——即便是受过严格学术训练的留学生，也颇有继续采用文言述学的。至于像鲁迅那样，干脆用白话写小说、杂文，而用文言撰学术著作，并非绝无仅有——起码几年前（1998年12月）去世的钱锺书，也是采用这一策略。只是随着教育体制的变化，1950年代以后接受高等教育或进入学界者，很少再以文言述学。除了个人修养不够，还有发表园地的问题。1980年代的《读书》杂志，以及1990年代的《中国文化》和《学术集林》，偶尔发表一两则古文或骈文，但不是先贤遗作，就是作者年已耄耋，且多为序跋之类。

[①] 胡适：《文学改良刍议》，《新青年》2卷5号，1917年1月。

以文言述学，很快将成为历史。当代中国学者中，有此训练和雅趣的，绝无仅有。即便有人决心继绝学，也很难进入现行的学术评价体系，因而无法长久生存。对于这么一种几乎注定要消失的述学文体，与其刻意追摹其外表，不如体贴其内在精神。

谈论鲁迅之以文言述学，不妨放开眼界，引入鲁迅对于"直译"的提倡。就像梁启超说的，"翻译文体之问题，则直译意译之得失，实为焦点"①。因为，这是不同时代所有翻译家都必须直面的难题。至于到底何者为重，其实没有标准答案，取决于你的工作目的。

研究中国现代文学的，大都记得1929年底1930年初鲁迅与梁实秋关于翻译策略的论争。先是梁实秋撰文批评"文笔矫健如鲁迅先生"，因主张"硬译"而近于"死译"，其译文"简直是晦涩，简直是难解"，"专就文字而论，有谁能看得懂这样希奇古怪的句法呢？"结论是："我们人人知道鲁迅先生的小说和杂感的文笔是何等的简炼流利，没有人能说鲁迅先生的文笔不济，但是他的译却离'死译'不远了。"②对于如此严重的指责，鲁迅的反驳，当然不会假以辞色。在《"硬译"与"文学的阶级性"》一文中，鲁迅继续为直译辩解：

> 自然，世间总会有较好的翻译者，能够译成既不曲，也

---

① 梁启超：《翻译文学与佛典》，《梁任公近著第一辑》中卷104页，上海：商务印书馆，1923年。

② 参见梁实秋《论鲁迅先生的"硬译"》，《新月》2卷6、7号合刊，1929年9月；实秋《答鲁迅先生》，《新月》2卷9号，1929年11月。

不"硬"或"死"的文章的,那时我的译本当然就被淘汰,我就只要来填这从"无有"到"较好"的空间罢了。①

这里的低姿态,乃是以退为进;接下来,便是将战火引到关于无产阶级文学理论的评价。照理说,严复"信达雅"的翻译标准很容易被大多数翻译家所接受。译作既不曲,也不死,当然是大好事。问题在于,假如这"理想的翻译"一时无法实现,该选择什么样的权宜之计:鲁迅主张直译(或曰"硬译"),而梁实秋则希望能有更通顺的翻译。翻译标准大同小异,分歧在于具体策略,为何演变成如此激烈的论战?原因是,这里的"翻译"连着"文学的阶级性"——作为导火索的,正是鲁迅所译苏俄理论家卢那察尔斯基的《艺术论》和《文艺与批评》。②

值得注意的是,选择"直译"而不是"意译",乃鲁迅的长期战略,而非一时之计。这方面,鲁迅有很多精彩的论述,值得认真钩稽。

从译介《域外小说集》开始,鲁迅始终反对为投合国人口味而"任情删易",主张"迻译亦期弗失文情"③。之所以提倡不无流弊的"直译",有时甚至不太顾及国人的阅读习惯,就因为在鲁迅那里,翻译不仅仅是为了有趣的故事、进步的思想,还有新颖的文学样式与技巧。这一选择,包含着对于域外文学的体贴与敬

---

① 《"硬译"与"文学的阶级性"》,《鲁迅全集》第四卷210页。
② 参见王宏志《重释"信达雅":二十世纪中国翻译研究》240—265页,上海:东方出版中心,1999年。
③ 参见《域外小说集》一书的"略例"与"序言",《鲁迅全集》第十卷157页、155页。

重。晚清小说界之贬斥直译，推崇意译，其实隐含着某种根深蒂固的偏见，即对域外小说艺术价值的怀疑："那种漫不经心的'意译'，除译者的理解能力外，很大原因是译者并不尊重原作的表现技巧，甚至颇有声称窜改处优于原作者。这就难怪随着理论界对域外小说的评价日渐提高，翻译家的工作态度才逐渐严肃起来，并出现鲁迅等人直译的主张和实践。"①

鲁迅之所以主张直译，关键在于其认定翻译的功能，"不但在输入新的内容，也在输入新的表现法"②。这样一来，你从不符合中国的国情以及国人的阅读习惯来横加指责，就显得有点牛头不对马嘴。因为，那个"阅读习惯"，在鲁迅看来，正是需要通过域外文学的"阅读"来加以改造的。故此，尽管有各种指责，鲁迅始终坚持其直译的主张。如《〈苦闷的象征〉引言》称："文句大概是直译的，也极愿意一并保存原文的口吻。"③《〈出了象牙之塔〉后记》说："文句仍然是直译，和我历来所取的方法一样；也竭力想保存原书的口吻，大抵连语句的前后次序也不甚颠倒。"④而在《关于翻译的通信》和《"题未定"草（二）》中，鲁迅再次强调：一面尽量的输入，一面尽量的消化、吸收，不但在输入新的内容，也在输入新的表现方式；故凡是翻译，必须兼顾两面，一则力求其易解，一则保存原作的丰姿；译文当"尽量保存洋气"，

---

① 参见拙著《二十世纪中国小说史》第一卷39页，北京：北京大学出版社，1989年。
② 《关于翻译的通信》，《鲁迅全集》第四卷382页。
③ 《〈苦闷的象征〉引言》，《鲁迅全集》第十卷232页。
④ 《〈出了象牙之塔〉后记》，《鲁迅全集》第十卷245页。

第七章　分裂的趣味与抵抗的立场

"保存异国的情调"①。

宁可译得不太顺口,也要努力保存原作精悍的语气②,这一翻译策略的选定,包含着对于洋人洋书的尊重;同理,对于古人古书的尊重,也体现在述学文体的选择。1981年版《鲁迅全集》第十卷,包括"古籍序跋集"和"译文序跋集"两部分。讨论译文,新文化运动以前循例采用文言,以后则全都采用白话,这很好理解。有趣的是,讨论古籍时,鲁迅竟然全部采用文言,甚至撰于1935年的《〈小说旧闻钞〉再版序言》也不例外。辨析传统中国学术时,弃白话而取文言,这与翻译域外文章时,尽量保存原有的语气,异曲同工。或许,在鲁迅看来,一个民族、一个时代的文学或学术精神,与其所使用的文体血肉相连。换句话说,文学乃至学术的精微之处,不是借助而是内在于文体。

剥离了特定文体的文学或学术,其精彩程度,必定大打折扣。关键不在直白的口语能否胜任古典学问的讲述(起码《朱子语类》的魅力无法抹杀),而在于阅读、研究、写作时的心态。假如研究传统中国,毫无疑问,必须"尚友古人";若文体过于悬殊,很难做到陈寅恪所说的"神游冥想,与立说之古人,处于同一境界"。现代人做学问,容易做到的是"隔岸观火"或"居高临

---

① 参见《关于翻译的通信》,《鲁迅全集》第四卷383页;《"题未定"草(二)》,《鲁迅全集》第六卷352页。

② 这一点,周作人很有同感。在其译述的《点滴》(北京:北京大学出版部,1920年)一书的序言中,周作人同样强调"直译的文体",称译文应该"不象汉文","因为原是外国著作,如果同汉文一般样式,那就是随意乱改的糊涂文,算不了真翻译"。"应当竭力保持原作的风气习惯语言条理,最好是逐字译,不得已也应逐句译,宁可'中不象中,西不象西',不必改头换面。"

下",反而难得真正地"体贴"与"同情"。正是有感于此,陈寅恪方才借评说冯友兰的《中国哲学史》,要求论者对于古人"持论所以不得不如是之苦心孤诣,表一种之同情,始能批评其学说之是非得失,而无隔阂肤廓之论"①。许多研究中国文史的老学者之所以喜欢使用浅白文言或半文半白的语调述学,乃在于贴近研究对象,以便更好地实现精神上的沟通与对话——当你用文言思考或述学时,比较容易滤去尘世的浮躁,沉入历史深处,"与立说之古人,处于同一境界"。

对于研究传统中国文史的学者来说,沉浸于古老且幽雅的文言世界,以至在某种程度上脱离与现实人生的血肉联系,或许是一种"必要的丧失"。正因为鲁迅徘徊于学界的边缘②,对现实人生与学问世界均有相当透彻的了解,明白这种"沉进去"的魅力与陷阱,才会采取双重策略:在主要面向大众的"杂文"中,极力提倡白话而诅咒文言;而在讨论传统中国的著述里,却依旧倘徉于文言的世界。

世人之谈论"文体家"的鲁迅,主要指向其小说创作;而探究"鲁迅风"者,又大都局限于杂文③。至于鲁迅的"述学之文",一般只从知识增长角度论述,而不将其作为"文章"来辨析。而

---

① 陈寅恪:《冯友兰〈中国哲学史〉上册审查报告》,《金明馆丛稿二编》247页,上海:上海古籍出版社,1980年。

② 参阅拙文《作为文学史家的鲁迅》,《学人》第四辑,南京:江苏文艺出版社,1993年7月。此文由中岛长文先生译成日文,刊《飙风》32号,1997年1月。

③ 郜元宝《"胡适之体"和"鲁迅风"》(《学人》第十三辑,南京:江苏文艺出版社,1998年3月)在语言表述层面抑胡扬鲁,颇有声色;但仅限于鲁迅杂文与胡适政论,未及其各自的述学之文,殊为可惜。

第七章　分裂的趣味与抵抗的立场

我除了赞赏《中国小说史略》在现代中国学术史上的贡献，还喜欢其述学文体。在我看来，20世纪中国学术史上，章太炎的《国故论衡》、梁启超的《清代学术概论》以及鲁迅的《中国小说史略》，都是经得起再三阅读与品味的"好文章"。

不承认其白话文写作得益于古文修养的鲁迅先生，肯定无法预料到，在"鲁迅走在《金光大道》上"的十年"文革"期间，很多年轻人正是借助于鲁迅著作（主要是杂文）的阅读，学会曲折幽深、半文半白的表达方式，并借以颠覆空话连篇的"新华文体"。提倡少读乃至不读中国书的鲁迅，竟成了引导青年进入古典世界（从历史知识到文章趣味）的绝好向导，如此颇具反讽意味的"误读"，其实不无道理——现代中国作家中，确实难得像鲁迅那样兼及强烈的现代意识与深厚的古典修养的。事过境迁，鲁迅当年大声疾呼的如何"将活人的唇舌作为源泉"，早已不是问题；当代中国文章之吸纳口语，俨然已成时尚。而且，在我看来，正日益显示其弊端。与此相反，鲁迅所急于摆脱的那个古典世界的阴影，对于年轻人来说，基本上不存在——不要说纠缠，连感知或想象都十分困难。正是基于此，读者之欣赏鲁迅文章，真的回到了朱光潜的思路。

不只如此，最近几年，愈演愈烈的兼及文化与商业的怀旧时尚，年轻人必不可少的逆反心理，学界对于当代中国作家语言能力的质疑，还有关于五十年来教育体制以及课程建设的反省等，不知不觉地，竟汇成了一种思潮——重新召唤并审视那本已消失在历史深处的文言世界。学界的争论不说，大众的反应更值得关注。1999年由中国青少年基金会发起的"青少年古诗文诵读工程"进展十分顺利，至今仍广受社会各界好评；2001年高考，一篇用浅白文言撰写的作文《赤兔之死》获得满分，引起教育文化界的哗然；与此相映成趣的，是清代词人纳兰性德成为少男少女追捧的对象。在我看来，这三件小事，预示着世人对于本来早已谢幕的文白之争，会有新的理解与诠释。①

对于生活在另一个时空、文化素质与鲁迅截然不同的21世纪的中国人来说，如何看待百年来的文言与白话之争，是个新出现的难题。但愿不致陷入"拨乱反正"与"拨正反乱"的怪圈，而是能理智地看待五四新文化人——尤其是鲁迅的精神遗产。在没有找到"万全之计"并因而"一语中的"之前，我希望考虑鲁迅的策略：将文章的"体式"与"文体"扭结起来，综合考察；而且兼及文学史与思想史的立场。

五 文体的"抵抗"

有"大体"而无"定体"的文章体式，既需要尊重，更需要超越。在晚清以降日益汹涌的西学大潮中，基于对西方"文学概论"的迷信，不少批评家习惯套用教科书上关于小说、诗歌、戏剧等文类的定义，并以此来规范中国作家的创作。鲁迅对此倾向非常不满，在很多场合里表示不屑，除了拒绝进入神圣的"文学

---

① 参见拙文《当代中国的文言与白话》，《中山大学学报》2002年3期。

殿堂",更有所谓"伟大也要有人懂"之类的责难,而且直接指向"留学生漫天塞地以来"这一外部环境。①

同属留学生的鲁迅,基于其一贯的怀疑精神以及自家的文学经验,对教科书中凝定不变的文类界说很不以为然。在《徐懋庸作〈打杂集〉序》中,有这么一段话:

> 我们试去查一通美国的"文学概论"或中国什么大学的讲义,的确,总不能发见一种叫作Tsa—Wen的东西。这真要使有志于成为伟大的文学家的青年,见杂文而心灰意懒:原来这并不是爬进高尚的文学楼台去的梯子。托尔斯泰将要动笔时,是否查了美国的"文学概论"或中国什么大学的讲义之后,明白了小说是文学的正宗,这才决心来做《战争与和平》似的伟大的创作的呢?我不知道。但我知道中国的这几年的杂文作者,他的作文,却没有一个想到"文学概论"的规定,或者希图文学史上的位置的,他以为非这样写不可,他就这样写,因为他只知道这样的写起来,于大家有益。②

表面上是在为"杂文"这一文章体式争地位,可体现的是鲁迅的思维特征:质疑所有世人以为"理所当然"的大道理。"从来如此,就对吗?""狂人"固执的追问,久久盘桓在鲁迅等五四新文化人心头。这一追问,既指向思想,也指向文体。前者的意义,已经

---

① 《叶紫作〈丰收〉序》,《鲁迅全集》第六卷220页。
② 《徐懋庸作〈打杂集〉序》,《鲁迅全集》第六卷291页。

得到许多研究者的再三掘发;反而是后者,不太为人关注。而在我看来,作为一个时刻咀嚼、品味、琢磨"文字"的思想家、文学家,鲁迅的怀疑立场以及抵抗精神,不能不牵涉"文体"。换句话说,像鲁迅这样以"抵抗"著称于世者,其挑战主流意识形态与抛弃社会普遍认可的文类观念,二者完全可能互相勾连。

对于传统中国文化,鲁迅有过十分激烈的抨击,但也不无缠绵与留恋,比如1930年代的谈版画、说笺纸,便与十年前的"肆意践踏"线装书大不一样。这里有关注思想潮流与侧重艺术趣味的分野,但更重要的,还是其"对症下药"的论述策略。刻意阻断流行思路,不为时尚所蛊惑,这种每时每刻的抵抗,针对的是世人各种各样的"迷思"。这一点,倒是与乃师章太炎的思路十分接近,在《致国粹学报社书》中,章太炎称:"虽然,学术本以救偏,而迹之所寄,偏亦由生。"① 正视救偏之"偏"、除弊之"弊",这一思路延伸下来,便是对于日渐成为主流的"白话文"以及西方文学尺度,既坚持,又反省。

相对于"说什么"的政治立场,"怎么说"的文体选择,更能显示个人趣味。因而,表面上不太起眼的后者,在我看来,更为曲折幽深。1921年,叶圣陶曾撰文批评当时一些提倡白话文学的人,偶尔还做文言文和旧诗词,讥此举为"骸骨之迷恋"②。此后,"骸骨之迷恋"便常被引用来形容守旧者之不能忘情过去。

---

① 章太炎:《致国粹学报社书》,《章太炎政论选集》498页,北京:中华书局,1977年。
② 参见斯提(叶圣陶)《骸骨之迷恋》,《时事新报·文学旬刊》19期,1921年11月12日。

第七章　分裂的趣味与抵抗的立场

可实际上，不少五四新文化人，对旧的文学样式"不思量，自难忘"。不妨以朱自清对于旧诗的态度为例。生前亲自编定《敝帚集》和《犹贤博弈斋诗钞》，只是为了坚持新文化方向，朱自清从不公开发表旧体诗作。在"诗钞"的《自序》里，他作了这样的表白：

> 惟是中年忧患，不无危苦之词；偏意幽玄，遂多戏论之粪，未堪相赠，只可自娱，画蚓涂鸦，题签入笥，敢云敝帚之珍，犹贤博弈之玩云尔。①

作为入室弟子，王瑶在《念朱自清先生》中，对朱先生的这一举措做了如下解释："他作为一个新诗人和古典诗歌的研究学者，深知'诗的传统力量比文的传统大得多，特别在形式上'；因此，新诗人在挣脱'旧镣铐'、'寻找新世界'的过程中的每一个新的创造，都引起他近乎狂喜般的强烈反应"；也正因此，他拒绝发表或出版自家的旧体诗集。② 有趣的是，朱自清的《犹贤博弈斋诗钞》中，多有与叶圣陶的唱和之作——可见叶日后也无法摆脱此"骸骨之迷恋"。其实，这种心态在五四新文化人中相当普遍。鲁迅之撰旧体诗，仅限于题赠友人；郁达夫、郭沫若等则不只大写特写，而且公开刊行。可以说，或迟或早，那代文人极少能完全

---

① 朱自清：《〈犹贤博弈斋诗钞〉自序》，《朱自清全集》第五卷242页，南京：江苏教育出版社，1990年。

② 王瑶：《念朱自清先生》，《王瑶全集》第五卷582—585页，石家庄：河北教育出版社，2000年。

摆脱此诱惑的。

不仅仅是写旧体诗，中国现代史上的"激进文人"，仍然保持优雅的文人趣味的，大有人在。所谓的"新中有旧"，有时是跟不上急剧变化的时代，有时则是刻意反叛时尚，二者不可同日而语。生活在纷繁复杂的现实世界，略显矛盾与凌乱的人物，或许比过分整齐划一者更为真实可信，也更可爱。比起思想家普遍存在的理性与情感的分裂、口号与趣味的歧异、外在形象与内心世界的矛盾来，文学家因其感受细腻，再加上表达时淋漓尽致，更容易呈现"自我分裂"的倾向。像鲁迅这样既是思想家又是文学家的伟人，其政治立场与文学趣味之间存在某种缝隙，实在是再正常不过的了。直面其性格中的多疑、幽暗、自省，以及表达时的隐喻、讽刺、象征，对于我们走出符号化的"鲁迅形象"，大有裨益。

在我看来，不愿公开发表旧体诗词的鲁迅，其选择"以文言述学"，同样蕴涵着传统文人趣味①。讨论的是"传统中国"，为追求与研究对象相吻合，故意采用文言，这是一方面；另一方面，如此选择，还有文章美感方面的考虑。同是讨论《红楼梦》，对比演讲体的《中国小说的历史的变迁》和著述体的《中国小说史略》，不难明白二者的差异。前者的说法是："至于说到《红楼梦》的价值，可是在中国底小说中实在是不可多得的。其要点在敢于如实描写，并无讳饰，和从前的小说叙好人完全是好，坏人完全

---

① 在荒井健主编的《中華文人の生活》（东京：平凡社，1994年）最后一章，中岛长文专门讨论鲁迅的"文人性"（参见该书587—625页）。这里的文人性，不是指"风流韵事"，而是传统文人对于花木、图书、版画、画像石、笺谱、古诗文等的欣赏乃至沉溺。

是坏的,大不相同,所以其中所叙的人物,都是真的人物。总之自有《红楼梦》出来以后,传统的思想和写法都打破了。"后者则如此表述:"悲凉之雾,遍被华林,然呼吸而领会之者,独宝玉而已。""全书所写,虽不外悲喜之情,聚散之迹,而人物事故,则摆脱旧套,与在先之人情小说甚不同。""盖叙述皆存本真,闻见悉所亲历,正因写实,转成新鲜。"① 大意差不多,可文气相去甚远,后者明显有"经营"文章的意味。

对于传统中国学术精神的领悟,对于尼采等现代主义思想家及其著述的兴趣②,对于自家生命体验和艺术趣味的尊重,使得鲁迅撰写学术著作时,尊崇朴学,强调品味,轻视概论,怀疑体系。而所有这些,不能不影响其述学文体。是否采用文言述学,这是鲁迅的个人选择;《中国小说史略》的成功,不能归结为"古文的魅力"。只是鲁迅的选择,让我们明白问题的复杂性:在学术表达领域,不能简单地以文白断死活。

修习中国现代文学的都知道,不只文言被判死刑,就连文言、白话"分而治之"的设计,也因被周作人、胡适讥为带有明显阶级偏见而声名狼藉,一蹶不振。所谓强分"我们"士大夫和"他们"齐氓细民,"古文是为'老爷'用的,白话是为'听差'用的","上等人认汉字,念八股,做古文;下等人认字母,读拼音文字的

---

① 参见《鲁迅全集》第九卷338页,231—234页。
② 尼采的著述方式,同样不符合那个时代的"文学概论"或"哲学概论"。另外,鲁迅对佛学的修养,也让我们产生丰富的联想——那种遵循"写作手册"而非自家生命体验的著述,不是鲁迅认可的学问境界。

书报"①，凡此等等，说得过于干脆利落，黑白分明，回避了问题的复杂性。

其实，制约着"文体"的，除了阶级与政治，还有文类与学科。当初辨析文言、白话各自利弊得失时，除了积极提倡白话与坚决捍卫文言的，还有第三种声音，那就是既积极推行白话，又不完全排斥文言。若刘师培1905年分载于《国粹学报》的《论文杂记》，便称俗语入文势不可挡，最佳方案是"以通俗之文推行书报，凡世之稍识字者，皆可家置一编，以助觉民之用"，同时不废"古代文词"："一修俗语，以启瀹齐民；一用古文，以保存国学。"②刘师培之谈论文白，视野相当开阔，既提到"英儒斯宾塞耳"，也说及"昔欧洲十六世纪教育家达泰氏"，再加上梳理了自古以来中国文学的发展趋势，可谓言之有据。

身为新文化运动策源地北京大学的校长，蔡元培"新派人物"的身份毋庸置疑。1919年11月17日，蔡先生应邀在北京女子高等师范学校发表演讲，谈论"国文之将来"：

> 所以我敢断定白话派一定占优胜。但文言是否绝对的被排斥，尚是一个问题。照我的观察，将来应用文，一定全用白话。但美术文，或者有一部分仍用文言。③

---

① 参见周作人《中国新文学的源流》100页；胡适《〈中国新文学大系·建设理论集〉导言》，《胡适全集》第十二卷274页，合肥：安徽教育出版社，2003年。

② 刘师培：《论文杂记》，《中国中古文学史 论文杂记》110页，北京：人民文学出版社，1962年。

③ 蔡元培：《国文之将来》，《蔡元培全集》第三卷358页。

刘、蔡二家，都是预感到日常语言、文学语言、学术语言之间的缝隙，在提倡俗语/白话的同时，在某一层面上为古文/文言留一席之地。现在看来，这种"提倡白话、不废文言"的主张，在当时的情况下，虽策略性不强，却并非无理取闹。

讨论鲁迅的述学文体，顺带重提刘师培、蔡元培文白分途发展的主张，既是历史研究，也是现实关怀——在"传统中国"研究领域，我们该如何思考，怎样表达。在我看来，经历了百年风雨，"文白之争"可以消歇；今日中国，基于多元文化趣味，应该允许甚至鼓励文白之间互相制约，互相补充。落实到具体作者，生存于学界的中心或边缘，注重破坏或建设，推崇信仰或怀疑，采取正面突进或迂回包抄，所有这些，都不能不影响其拟想读者与论述策略。在这个意义上，关于述学文体的选择，完全可能"百花齐放"。

第八章 "精心结构"与"明白清楚"
——胡适述学文体研究

谈论20世纪的中国，胡适绝对是个绕不过去的大题目。1950年代中国大陆组织胡适思想批判时，分成九大主题；如今这九大批判，几乎全都倒过来做了。如此大张旗鼓，不管是批是捧，都等于承认胡适的影响遍及社会各领域，这就难怪胡适当初不但没有诚惶诚恐，甚至还有点自鸣得意①。在众多正面表彰胡适功绩的言论中，我欣赏余英时和唐德刚的两段话：一是"适之先生是二十世纪中国学术思想史上的一位中心人物"；一是"胡适之先生在中国文化史上最卓越的贡献应该还是在文学方面"。②本章的基本构想，正是将这两句话勾连起来，论证胡适影响深远的"述学文体"在学术史和文学史上的双重意义。

1920年代，陈西滢评选新文学运动以来的十部著作，不选《尝试集》，也不选《中国哲学史大纲》，而选相对庞杂的《胡适文存》。在陈氏看来，并非"天生的诗人"的适之先生，具有"说

---

① 参见唐德刚译《胡适口述自传》234—235页，北京：华文出版社，1992年。
② 参见余英时《中国近代思想史上的胡适》6页，台北：联经出版公司，1984年；唐德刚《胡适杂忆》90页，北京：华文出版社，1990年。

第八章　"精心结构"与"明白清楚"

理考据文字的特长",故《胡适文存》不但提倡新思想、新文学有功,而且,"将来在中国文学史里永远有一个地位"。①1940年代,朱自清撰文指导《胡适文选》的阅读,如此称颂胡适的文章:"他的散文,特别是长篇议论文,自成一种风格,成就远在他的白话诗之上。他的长篇议论文尤其是白话文的一个大成功。"②1960年代,论学宗旨基本与胡适相左的钱穆,在强调"鄙意论学文字极宜着意修饰"时,挑剔王国维、陈寅恪的述学文体,相反却肯定胡适的文章"清朗""精劲"且"无芜词"③。进入新世纪,曾"想正而八经拜师学古文"、时至今日仍对现代中国散文情有独钟的小说家叶兆言,在访谈录中也赞扬"胡适的文字非常好,包括学术论文"④。

值得注意的是,无论是作家陈西滢、朱自清、叶兆言,还是学者钱穆,其欣赏胡适文章,都不是当初红极一时的小品《差不多先生传》,或进入国文教科书的译文《最后一课》⑤,而是论学文章。区别仅仅在于,到底是将胡适的这些"述学之文"放在学术史还是文学史上来考察。谈论这个问题,不妨就从解说胡适的

---

① 参见陈西滢《新文学运动以来的十部著作(上)》,《西滢闲话》335—336页,上海:新月书店,1928年。
② 《〈胡适文选〉指导大概》,《朱自清全集》第二卷299页,南京:江苏教育出版社,1988年。
③ 参阅《钱宾四先生论学书简》,见余英时《犹记风吹水上鳞——钱穆与现代中国学术》254页,台北:三民书局,1991年。
④ 参见叶兆言、余斌《午后的岁月(五)》,《长城》2001年6期。
⑤ 朱自清在《〈胡适文选〉指导大概》中提到,差不多每种国文教科书都选了胡适翻译的《最后一课》和《二渔夫》,见《朱自清全集》第二卷273页。

"论学"与"述学"入手。

一　"论学"与"述学"

同样对清代学术很有兴趣，胡适与其格外推崇的章太炎不一样，似乎从不关心那位出身低微、苦学成家的汪中[①]。故胡适的谈论"述学"，很难说是有意追摹汪中"博考三代典礼，至于文字训诂名物象数，益以论撰之文为《述学》内外篇"[②]。比起"述作""述圣"或"论学""讲学"来，"述学"明显不是一个使用率很高的词组，为何得到胡适的格外青睐，以至在《中国哲学史大纲》第一章"导言"里，被作为一个重要概念加以分疏？

在现代中国学者中，就对于文章体式的讲求而言，胡适起码是最为自觉者之一。留学美国时期，胡适"常用札记做自己思想的草稿"[③]，其中不只体现其思想观念的变迁，还包括了对于文章体式的想象。日记不收其时正在专攻的中国哲学方面的专门论文，体现的是兴趣广泛的适之先生其他方面的阅读与思考。即便是本该随意性很强的"札记"，胡适也都非弄出个子丑寅卯来不可。在1912年12月16日的札记中，胡适于规定日记内容的同时，

[①] 章太炎在《与王鹤鸣书》中专门表彰"汪中佣书"而"学术有造"（参见《章太炎全集》第四卷153页，上海：上海人民出版社，1985年），而在《国故论衡·论式》中则称赞"汪中说《周官》、《明堂》诸篇，类似礼家"（见陈平原编校《中国现代学术经典·章太炎卷》79页，石家庄：河北教育出版社，1996）。

[②] 参见王引之《（汪容甫）行状》，见上海商务印书馆缩印无锡孙氏藏汪氏刻本《述学》58页。

[③] 《胡适留学日记·自序》，《胡适留学日记》，上海：商务印书馆，1947年。

第八章 "精心结构"与"明白清楚"

亦隐含着其文章分类意识：

> 自此以后，有事值得一记则记之，否则略之。自今日为始，凡日记中所载须具下列各种性质之一：（一）凡关于吾一生行实者。（二）论事之文。（三）记事之有重要关系者。（四）记游览所见。（五）论学之文。①

既区别叙事性质的"记"与说理性质的"论"，也分疏"记事"与"记游"、"论事"与"论学"。因胡适一生文章精要在"论"而不在"记"，我们可以将注意力集中在"论事之文"与"论学之文"的分别上。

五四新文化人出于破旧立新的需要，大都蔑视固有的文类边界，所谓散文诗、抒情小说、随感录等，都是对于已有文学观念的挑战。等到新旧、文白之争告一段落，新文化人开始出版自家著作，这时便碰到一个难题：小说、诗歌、戏剧好办，文章可就说不清了。到底是像前人那样先来一番辨体，然后分类出版呢，还是不讲文章体式，只是简单的结集？上海亚东图书馆推出的《胡适文存》，采取的是后一种策略——不讲体式，只求文章并非"潦草不用气力"②。在现代中国出版史上，此举颇有开创意义。年仅三十，便以"文存"形式出书，可见胡适当年的气势与声誉。相对来说，周氏兄弟则低调得多，比如周作人将"略略关涉文艺的"

---

① 参见《胡适留学日记》133页。
② 在《胡适文存·序例》和《胡适文存二集·序》中，胡适以此作为文章结集的理由。

编成《谈龙集》，而将"关于一切人事的评论"归入《谈虎集》①。鲁迅则在《坟》的"题记"中，对"将这些体式上截然不同的东西，集合了做成一本书样子"，表示歉意②。有趣的是，周氏兄弟很快适应这种将不同体式的文章混编的出版形式，反而是胡适越来越惴惴不安起来。

在《二心集·序言》中，鲁迅说明因"揭载的刊物有些不同，文字必得和它们相称"，很难再按文类结集；既然决定"此后也不想再编《坟》那样的论文集，和《壁下译丛》那样的译文集"，鲁迅于是百无禁忌，连朋友间的通信"也擅自一并编进去了"。③

而在"文存"创始人胡适那里，从一开始就留下一道随时可以转圜的门缝，即在混编的文集中，按文类或题材分卷。在《胡适文存》的"序例"中，我们发现作者将"讲学的文章"或"带点讲学性质的文章"编成二、三两卷，将其与"论文学的文""杂文"等相区分；在《胡适论学近著》第一集的"自序"里，我们又发现作者将"讨论政治的文字"与"关于学术思想的一部分"区别开来，并将后者单独刊行。④ 讨论现实政治以及褒贬社会人生，属于"论事之文"；至于讲学性质或关于学术思想的，自是"论学之文"。如此"文章辨体"，近乎常识，似不值一提。可如果

---

① 参见周作人《谈龙集·序》，《谈龙集》，上海：开明书店，1927年。
② 《坟·题记》，《鲁迅全集》第一卷3页，北京：人民文学出版社，1981年。
③ 参见《二心集·序言》，《鲁迅全集》第四卷191—192页。
④ 参见《胡适文存·序例》，《胡适文存》卷一，上海：亚东图书馆，1921年；《胡适论学近著·自序》，《胡适论学近著》第一集，上海：商务印书馆，1935年。

第八章 "精心结构"与"明白清楚"

考虑到其时胡适在学术思想上深受章太炎影响①，那么，这种"论学""论事"之文的区分，还隐含着某种价值判断。由此而形成的文章趣味，让适之先生终生"受益"——反过来，也可以说是"受累"。

对于注重思想文化建设、希望议政而非参政的胡适来说，终其一生，徘徊于政治与学术之间。其心目中的"立言"，明显偏于"论学"而非"论事"。这从其"口述自传"之突出学术著述，而淡化政治活动，可以看得很明显。如此思路，从早年到晚年，可说是一以贯之。1921年《胡适文存》出版，卷四收入若干讨论社会问题的杂文，作者还专门做了辩解："至于这种随时做的文章，是否有出版的价值，这个疑问，我只好让国内的读者与批评家代我回答了。"② 1924年《胡适文存二集》出版，卷三收入若干讨论政治的文章，"自序"于是做了如下说明：

> 卷三的政治文字，大都是迁就朋友的主张，勉强编入的。《这一周》的短评，本无保存的价值。因为有朋友说，这种体裁在今日或以后的舆论界也许有推行的必要，所以我暂

---

① 唐德刚撰《胡适杂忆》时，过于追求涉笔成趣，结果是活泼有余，而严谨明显不足。即以章、胡关系而言，关于胡适如何瞧不起章炳麟的一大段发挥（184页），肯定与事实不符。在《中国哲学史大纲·再版自序》中，胡适称"对于近人，我最感谢章太炎先生"。这并非客套话，胡适全书引用中国学者研究成果的本就不多，其中超越考据而牵涉义理的，仅章太炎一家。至于《五十年来中国之文学》之称颂章太炎为"清代学术史的押阵大将"，其古文乃"五十年来的第一作家"，更是众所周知。就说唐君所涉及的语言问题吧，除了在《五十年来中国之文学》中表扬章太炎的《语言缘起说》，还在1922年4月23日的日记中，将《文始》列为两千年来中国少有的"精心结构而有系统的著作"之一。

② 《胡适文存·序例》，《胡适文存》卷一。

时留在这里。①

1930年《胡适文存三集》出版，政论文章只收入一篇《名教》。到1935年，编《胡适文存四集》时，干脆将关于学术思想部分抽出来，以《胡适论学近著》第一集名义行世。这里有政治形势转移的因素，但也与胡适本人的趣味有关。1953年《胡适文存》四部出版合印本，胡适将《胡适文存二集》卷三的论政文字全部删去，理由是"稍稍节省排印费"②。由作者本人删去《我们的政治主张》《我的歧路》《人权论集序》等在中国现代史上产生过很大影响的名文，而保留一些相对零碎的论学文字，此举可见胡适本人对于"论事之文"的歧视。鲁迅在为"杂文"争地位时，针对的假想敌是世人心目中"高尚的文学楼台"；而落实在胡适这里，对杂文造成压抑的，却是"神圣的学术殿堂"。我曾从徘徊于政治与学术之间，来诠释胡适对于自家论学文字的过分珍惜。③其实，从"论学之文"与"论事之文"的对举，以及胡适上下其手的取舍中，我们隐约可见章太炎的影子。

照章氏的说法，自家所撰"文实闳雅"的，除了《訄书》，还有箧中所藏的数十首。④这数十首，应该就是第二年结集出版的《国故论衡》。胡适称"这两千年中只有七八部精心结构，可以称做'著作'的书"，而《国故论衡》即是其一。如此皇皇大著，其

---

① 《胡适文存二集·自序》，《胡适文存二集》卷一，上海：亚东图书馆，1924年。
② 《〈胡适文存〉四部合印本自序》，《胡适文存》第一集，台北：远东图书公司，1953年。
③ 参见拙著《中国现代学术之建立》第三章，北京：北京大学出版社，1998年。
④ 参见《与邓实书》，《章太炎全集》第四卷169页。

中各章,依胡适的评价,"皆有文学的意味,是古文学里上品的文章"①。我很欣赏适之先生的这一看法,不过,作为文章,我更看好《论式》《原学》,而不是适之先生推荐的《明解故上》和《语言缘起说》等。

同样注重"讲学",珍惜自家的"论学之文"的胡适,在谈论学术研究时,还有一个独特的概念——"述学"。需要追究的是,胡适心目中的"述学",与其经常提及的"讲学""论学"等,有无差别。

在《中国哲学史大纲》第一篇"导言"中,胡适提出"明变、求因、评判"这哲学史研究的三大目的。要实现这三大目的,必须做根本工夫,"这个根本工夫叫做述学":

> 述学是用正确的手段、科学的方法、精密的心思,从所有的史料里面,求出各位哲学家的一生行事、思想渊源沿革、和学说的真面目。②

述学之难,在于史料之不完备和不可靠,胡适接下来着重讨论史料的审定,包括校勘、训诂、贯通等。经由一番去伪存真,掌握了足够的可靠史料,史家于是进入整理与贯通阶段:

---

① 《五十年来中国之文学》,《胡适古典文学研究论集》123—126 页,上海:上海古籍出版社,1988 年。

② 胡适:《中国哲学史大纲》10 页,上海:商务印书馆,1919 年。

先把本子校勘完好，次把字句解释明白，最后又把各家的书贯串领会，使一家一家的学说，都成有条理有统系的哲学。做到这个地位，方才做到"述学"两个字。然后还须把各家的学说，拢统研究一番，依时代的先后，看他们传授的渊源、交互的影响、变迁的次序：这便叫做"明变"。然后研究各家学派兴废沿革变迁的原故：这便叫做"求因"。然后用完全中立的眼光、历史的观念，一一寻求各家学说的效果影响，再用这种种影响效果来批评各家学说的价值：这便叫做"评判"。①

这两段话之间，存在着某种抵牾。读后者，你会觉得"述学"只是资料整理，是在给史家的"明变、求因、评判"做准备；读前者，你又会觉得，"述学"这一"根本工夫"，本身就是在"明变、求因、评判"。胡适大概希望将单个哲学家"一生行事、思想渊源沿革、和学说的真面目"的考察，与"各家学派兴废沿革变迁"的综合分析相区别，前者重在发掘与阐发，后者重在解释与评价。可在我看来，所有这些假设，在实际操作中，都很难真正落实。以对象、范围之大小确定思路与方法（接近于日后的"个案"与"综合"、"微观"与"宏观"），本是明智之举；可如果导致研究中具体史料与理论预设的互相割裂，则得不偿失。除纯粹的哲学体系建构或历史资料汇编，绝大部分"述学"，都是兼及史

---

① 胡适：《中国哲学史大纲》32—33页。

第八章 "精心结构"与"明白清楚"

料考辨与义理阐发。在这个意义上,我更倾向于胡适的前一种表述,即将关于中国哲学史的研究——乃至整个传统中国研究,概称之为"述学"。

我欣赏胡适的思路,哲学史研究中,"最重要而又最困难的任务,当然就是关于哲学体系的解释、建立或重建"①。可说到"重建",其实已经离开各家学说的钩稽与阐发,用冯友兰的话来说,由"照着讲"改为"接着讲","由研究哲学史转移到哲学创作"②。作为一个哲学家,胡适用力之处不在借鉴传统资源,而是引入杜威的实验主义;作为哲学史家,胡适也主要是依赖欧美的哲学史研究框架。后面这一点,胡适在《中国哲学史大纲》第一篇"导言"以及《先秦名学史》的"前言"中,都有明确的交代;蔡元培为《中国哲学史大纲》作序时,也专门表彰这一点。这一"以西学剪裁中学"的思路,虽然日后留下许多遗憾,但其开创新时代的意义,依然不可低估。

随着时势迁移与学术发展,当初为胡适赢得巨大声誉的关于中国文明的整体解释框架,大都已经坍塌;倒是其精心结撰的若干精彩个案——或曰"述学",今天仍有很大的参考价值,比如《说儒》以及关于清代学者程廷祚、戴震、章学诚、崔述等的考察。在此类"发潜德之幽光"的研究中,胡适的"历史癖"与"考据癖",有效地抵御着西方话语霸权的"宰割"。也正是在此类论

---

① 《先秦名学史·前言》,《胡适学术文集·中国哲学史》767 页,北京:中华书局,1991 年。

② 参见冯友兰《三松堂自序》245—246 页,北京:三联书店,1984 年。

著中，胡适方才使用"述学"这个概念。在《整理国故与"打鬼"》中，胡适称自家的《章实斋年谱》为"'述学'的文字"[①]；而1928年2月28日致吴稚晖信中，也提到自家的"述学之文"。这篇题为《几个反理学的思想家》的长文[②]，涉及顾炎武、颜元、戴震和吴敬恒等四位近三百年来最重要的"反理学的思想家"，主要着力处乃其时已成"党国要人"的吴敬恒，难怪胡适担心"不免被人认作有意拍马屁"。在这封既讨好又辩解的私人信件中，胡适将自家的"作文'述吴稚晖'"，定义为"述学之文"[③]，再次证实其心目中的"文章辨体"。

有趣的是，"述章学诚"或"述吴稚晖"，可以命之曰"述学之文"；文章结构及研究思路十分接近的"述杜威"，却另有说法。《胡适文存》卷二收录了长文《实验主义》和《杜威先生与中国》，"序例"中将其归入"讲学的文章"。或许，在胡适心目中，"讲学的文章"不妨涵盖东西；至于"述学之文"这样古雅的概念，则只适合于研究中国。

在我看来，学者胡适之提倡"整理国故"，以及身体力行地研究传统中国，其成绩至今仍值得称道。至于其著述，不妨仿照《中国哲学史大纲》的思路，统统称之为"述学"，而不必强分什么"综合"还是"个案"、"微观"抑或"宏观"。

---

① 《整理国故与"打鬼"》，《胡适文存三集》卷二208页，上海：亚东图书馆，1930年。
② 本文原是在上海东亚同文书院的讲稿，后经本人修改，收入《胡适文存三集》卷二。
③ 参见《胡适来往书信选》上册465页，北京：中华书局，1979年。

二 述学文体之选择

1918年5、6月出版的《东方杂志》15卷5、6期上,刊有胡适的论文《惠施公孙龙之哲学》,其中有关于本文文体的说明:

> 此篇为讲学说理之作,以明白为贵,故用白话体。此本昔人讲学旧体,读者或不以为有意立异也。[1]

在为白话文学溯源时,胡适确实在小说、戏曲、白话诗之外,找到了宋明语录:"及宋人讲学以白话为语录,此体遂成讲学正体(明人因之)";"朱熹与陆九渊都是古文的好手,但他们讲学的语录很有许多很好的白话文"。[2] 这一很有诱惑力的说法,其实似是而非。胡适大概忘了,讲学不是著述,语录也不是文章。用白话讲学的宋儒,照样用文言著述;至于从语录入手写做文章,也绝非好主意。顾炎武甚至专门提醒:"尝见今讲学先生,从语录入门者,多不善于修辞。"[3] 传世的大儒讲学语录,大都吉光片羽,精美绝伦,但并非好文章。一直到康有为的《万木草堂口说》,都是满天星斗,点到即止。文字如此简略,思路如此跳跃,必须将其还原到朝夕相处的师徒讲学这一特定环境,才能明白其佳妙处。这里有口述者的随意发挥,也有记录者的刻意选

---

[1] 胡适:《惠施公孙龙之哲学》,《东方杂志》15卷5、6期,1918年5、6月。
[2] 参见胡适《文学改良刍议》及《国语文学史》,《胡适文集》第二卷14页、第八卷119页,北京:北京大学出版社,1998年。
[3] 参见顾炎武《日知录》卷十九"修辞"则。

择，传给后世的，是结论，而不是具体的论证过程。这与在现代学科背景下，围绕某一专题（比如《惠施公孙龙之哲学》）撰写论文，不是一回事。

其实，以白话述学，即便在1910年代，也还是个相当新奇的事物。新文化运动的提倡者们，经过一番激烈的争论，方才决定《新青年》杂志先行一步，将诗歌、小说以外的说理文章，也都采用白话。这个决定性的时刻，一般史书都定在1918年1月。可所谓自1918年1月出版的4卷1号起，《新青年》全部改用白话与新式标点的说法，并非无懈可击。4、5卷的《新青年》上，还经常出现文言文章，尤其是作为杂志开篇的"论说"。"尝试"白话诗歌，撰写白话小说，这些都没问题；唯独说理述学，依然出于文言。这很大程度上是照顾杂志读者的趣味。述学之文不比文学创作，乃是以同样学识渊博的文人学士为拟想读者，白话能否入高人眼，实在没把握。1939年，黎锦熙撰《钱玄同先生传》，称胡适发表白话诗"算是创体，但属文艺"；"唯有规规矩矩作论文而大胆用白话"，对于当时的读书人，"还感到有点儿扭扭捏捏"。正是在此背景下，才能理解新文化运动兴起前七八年，章太炎、钱玄同等人之创办《教育今语杂志》并尝试以白话述学的意义。[①] 此前几年，蔡元培为《中国新文学大系》撰写"总序"，专门引录了钱玄同给陈独秀信中的一段话，并称"可以看见玄同提倡白话文

[①] 参阅黎锦熙《钱玄同先生传》，此传现作为附录，刊载于曹述敬《钱玄同年谱》147—202页，济南：齐鲁书社，1986年。

的努力"①。钱氏这段话，其实是接着刘半农的意见往下发挥。因此，必须将刘、钱二说合观，方能明白其时新文化人以白话述学之决心。

在《逼上梁山》中，胡适再三引述1916年与朋友论争时的书信，信中除表白"用全力去抢夺"白话诗这最后的堡垒外，更声称"我在几年前曾作过许多白话的议论文""我自信颇能用白话作散文"。②其实，同是作文，叙事、抒情、议论不一样；同是议论，论事与论学也不一样。胡适所说的早年所作"白话的议论文"，基本上属于面向大众的"论事之文"。至于"论学之文"，还是郑重其事为好。这也是其刊于2卷5号《新青年》上的成名作《文学改良刍议》，非要采用文言不可的缘故。四个月后，刘半农将胡适的主张向前推进一步：

> 《新青年》杂志，既抱鼓吹文学改良之宗旨，则此后本志所登文字，即当就新文学之范围做去。白话诗与白话小说固可登，即白话论文亦当采用。③

又过了三个月，同样在作为"思想草稿"的"通信"栏目里，钱玄同建议《新青年》杂志干脆全部改用白话：

---

① 《蔡元培全集》第六卷574—575页，北京：中华书局，1988年。
② 胡适：《逼上梁山》，《中国新文学大系·建设理论集》19页、22页，上海：良友图书公司，1935年。
③ 刘半农、独秀：《通信》，《新青年》3卷3号，1917年5月。

> 我们既然绝对主张用白话体做文章，则自己在《新青年》里面做的，便应该渐渐的改用白话。我从这书通信起，以后或撰文，或通信，一概用白话，就和适之先生做《尝试集》一样的意思。并且还要请先生、胡适之先生和刘半农先生，都来尝试尝试。此外别位在《新青年》里面撰文的先生，和国中赞成做白话文章的先生们，若是大家都肯"尝试"，那么必定"成功"。"自古无"的，"自今"以后，一定会"有"。不知道先生们的高见赞成不赞成。①

曾创办《安徽俗话报》的陈独秀，对此信的答复，很耐人寻味："改用白话一层，似不必勉强一致。社友中倘有绝对不能做白话文章的人，即偶用文言，也可登载，尊见以为如何？"②钱玄同表达的是理念，陈独秀考虑的是策略——考虑到《新青年》同人文章趣味及学术训练不同，确实很难一刀切。但大方向已经确定，此后《新青年》上的议论文，确实是白话的比例越来越大，直至彻底取文言而代之。

严格说来，晚清已经开始出现以白话"述学"的萌芽——至于以白话"论事"，更是比比皆是。只不过晚清文人以白话撰写的"论学之文"，大都基于普及知识，而不是探究学问，因而难得持续且深入地展开。在章太炎、钱玄同等人创办《教育今语杂志》并尝试以白话述学前五年，刘师培也有过类似尝试。在 1904 年的

---

① 钱玄同、独秀：《通信》，《新青年》3 卷 6 号，1917 年 8 月。
② 钱玄同、独秀：《通信》，《新青年》3 卷 6 号，1917 年 8 月。

第八章 "精心结构"与"明白清楚"

《中国白话报》上,年仅二十一岁的刘师培,连续发表了《中国理学大家颜习斋先生的学说》《黄黎洲先生的学说》《王船山先生的学说》等文,这与《论激烈的好处》等"论事之文"不同,属于典型的"论学之文"。①可仅仅隔了一年,刘君就改弦易辙,在《国粹学报》发表《南北学派不同论》《汉宋学术异同论》等功力深厚的文言著述。在同时刊出的《论文杂记》中,刘师培还专门讨论了如何以白话论事、以文言述学:

> 以通俗之文,推行书报,凡世之稍识字者,皆可家置一编,以助觉民之用。此诚近今中国之急务也。然古代文词,岂宜骤废?故近日文词,宜区两派:一修俗语,以启瀹齐民;一用古文,以保存国学,庶前贤矩范,赖以仅存。②

涉及晚清与五四两代人对"白话文"的不同想象,一般从"普及"与"提高"、"他们"与"我们"这两个角度来论述,自然在理。除此之外,我还想补充一点,那便是"论事之文"与"论学之文"的区别。这里的"论学"——或许用胡适的"述学"概念更合适——尤其集中在对于传统中国的描述与阐释。其中隐含着一个基本假设:既然"古文"与"国学"互相依存,用"白话"来谈论"国学",能有效吗?

在当时一般人的眼中,白话的小说与文言的国学,二者虽并

---

① 上述四文,分别见 1904 年 2、3 月间刊行的《中国白话报》5—7 期。
② 刘师培:《中国中古文学史 论文杂记》110 页,北京:人民文学出版社,1959 年。

行不悖，可明显有高低之分。提倡白话小说，甚至尝试用白话写诗，虽也大有新意，却是"古已有之"。反而是用白话作文，尤其是用白话来讨论"国学"这样高深的学问，打乱了上层文化与下层文化之间约定俗成的边界，显得有些惊世骇俗。这也是当留学生胡适提倡白话文学，得到公认学问专深的钱玄同的支持，会大喜过望的缘故。黎锦熙在论及钱玄同《新青年》时期的贡献时，有一段很精彩的总结："编辑人中，只有他是旧文学大师章太炎先生的高足，学有本源，语多'行话'，振臂一呼，影响更大。"①这话并不夸张，当年陈独秀曾因此而大发感慨：

> 以先生之声韵训诂学大家，而提倡通俗的新文学，何忧全国之不景从也！可为文学界浮一大白。②

胡适晚年口述自传，在第七章"文学革命的结胎时期"中，也有类似的说法："钱氏原为国学大师章太炎（炳麟）的门人。他对这篇由一位留学生执笔讨论中国文学改良问题的文章，大为赏识，倒使我受宠若惊。""钱教授是位古文大家。他居然也对我们有如此同情的反应，实在使我们声势一振。"③这里的关键词是"国学大师"和"古文大家"，有这两个头衔作保，刚刚崛起的"白话文"，其文化品位因而较多得到公众的认可。

---

① 黎锦熙：《钱玄同先生传》，见《钱玄同年谱》170页。
② 钱玄同、独秀：《通信》，《新青年》2卷6号，1917年2月。
③ 参见唐德刚译《胡适口述自传》169—170页。

第八章　"精心结构"与"明白清楚"

余英时曾用上层文化与通俗文化的对举与协调，来说明胡适的贡献，以及其被广泛接受——或曰"暴得大名"。胡适所提倡的"白话"与"小说"，乃守旧派眼中趣味低下的通俗文化。用林纾的话来说，属于"都下引车卖浆之徒"的所作所为。"如果胡适的成绩仅限于提倡白话文学，那么他的影响力终究是有限度的。""一九一九年二月《中国哲学史大纲》卷上出版，胡适在上层文化的影响很快地从北大传布到全国。"① 此书甚至成为蔡元培反击林纾对新文化攻击的绝好武器——从未认真治经、也不以学问见长的林琴南，当然明白"其了解古书之眼光，不让于清代乾嘉学者"这句话的分量。不管是当初的蔡元培，还是日后的余英时，都注意到"于西洋哲学史是很有心得的"，而又"能兼治'汉学'"，如此学贯东西，正是那个时代所能想象的最为高雅的知识结构。② 我想强调的是，这部用东西哲学观念构建的大书，体现的是上层文化的趣味，可用的又是通俗的文体。用"白话"来"述学"，在横跨东西文化之外，又加上一层沟通雅俗趣味，这就难怪其一问世便博得满堂彩。

比起褒贬现实政治的"论事之文"，讨论传统学问的"述学之文"，无疑更能体现 1910 年代中国读书人的趣味。以白话为文学创作的工具，这还不够，还必须深入到以白话为述学工具，白话文运动的成功，才有充分的保证。所谓"我们"与"他们"的区

---

① 参见余英时《中国近代思想史上的胡适》35 页、40 页。
② 参见蔡元培的《致〈公言报〉函并答林琴南函》(见《蔡元培全集》第三卷 271 页，北京：中华书局，1984 年) 和《中国古代哲学史大纲序》(见胡适《中国哲学史大纲》)。

别，单从政治立场解读，容易简单化。除所谓的"贵族"与"平民"的对峙外，其实还有另一层隐蔽的含义：事关大众的"论事之文"，比较容易使用白话；事关学者的"述学之文"，则相对困难得多。有高低雅俗的文体偏见，但也不能排除"述学"中处理古今对话的艰难。

同是"论学之文"，用白话讨论杜威的实验主义，完全没有问题；可一旦转为研究墨子的"三表"法，或者庄子的"齐物"论，则不无困难。在《庄子哲学浅释》中，胡适踌躇满志地声称："不但要用浅近的文字去讲庄子的哲学，并且要使人知道庄子的哲学只是粗浅的寻常道理。"① 结果如何呢？本该风光无限的庄子哲学，确实只剩下"粗浅的寻常道理"。这里有胡适个人哲学修养与思维方式的问题（相对来说，对付讲求逻辑的墨学，胡适便显得游刃有余），但也与其过分追求浅近的表述、忘记"言不尽意"的古训有关。

虽然有诸多不尽如人意之处，但胡适的《中国哲学史大纲》毕竟开启了以白话述学的新时代。此书《凡例》关于述学文体的表白，实际上被日后无数专家学者所接受：

> 本书全用白话，但引用古书，还用原文；原文若不容易懂得，便用白话作解说。

---

① 胡适：《庄子哲学浅释》，《东方杂志》15卷11、12期，1918年11、12月。

第八章 "精心结构"与"明白清楚"

既须可信,又要能懂,而且正文与引文之间,还必须有适当的过渡,于是"原文"与"解说"并存,起码表面上填平了古今之间的巨大鸿沟。但如果每句原文都做解说,浅显是做到了,文章则未免过于啰唆。比如关于"学而不思则罔,思而不学则殆"的解说①,我以为就是多余的。由于使用新式标点,加上以白话述学,对于古人学说,有撮述,有节录,有引证,也有解说,如何协调,成了学者必须掌握的一门新技艺。正因此,《中国哲学史大纲》的典范意义,不仅仅是学术思想,更包括著述体例与述学文体。

《中国哲学史大纲》《〈水浒传〉考证》《〈红楼梦〉考证》《五十年来中国之文学》以及《白话文学史》等著述的相继问世,除了像胡适所说的,在解决具体问题的同时,为中国读者介绍某种研究方法,其实也还提供了以白话述学的典范。后者的意义,因其深藏不露,不大为人所关注。但在我看来,关于怎么写论文——如何用浅近的白话讲述深奥的古典学问,胡适的影响一直延续到今天。

当然,胡适的选择并非唯一的出路。比如,鲁迅便认定文体内在于文化与思想,宁愿用直译的方式来对付域外小说,而用文言来解说古典中国,其所撰《中国小说史略》《汉文学史纲要》,至今仍是该研究领域不可忽视的名著。一直到1980年代,钱锺书撰《管锥编》,也依旧采用文言,而且并不降低其述学的声誉。在

---

① 胡适引录《论语》的这两句话后,加了如下解说:"学与思两者缺一不可。有学无思,只可记得许多没有头绪条理的物事,算不得知识。有思无学,便没有思的材料,只可胡思乱想,也算不得知识。"见《中国哲学史大纲》109页。

白话文已经取得决定性胜利的八十年后，所谓"文言述学"与"复古思潮"的勾连，基本上可以解除；这个时候来讨论文言在解说传统中国时的功用，可以得到比较通达的见解。

1920年代中期，针对社会上对于"'文言为体白话为用'的非驴非马的白话文"的批评，胡适做了辩解，其中第一点是"做惯古文的人，改做白话，往往不能脱胎换骨，所以弄成半古半今的文体"，这包括梁启超以及胡适自己。接下来的话很有意思：

> 平心说来，我们这一辈人都是从古文里滚出来的，一二十年的死工夫或二三十年的死工夫究竟还留下一点子鬼影，不容易完全脱胎换骨。即如我自己，必须全副精神贯注在修词造句上，方才可以做纯粹的白话文；偶一松懈（例如做"述学"的文字，如《章实斋年谱》之类），便成了"非驴非马"的文章了。①

胡适的本意是想说明"纯粹的白话文"只能寄希望于儿女辈，而我却对他的"偶一松懈"感兴趣。为什么"述学"的文章容易半文半白，以及胡适希望能"替年谱开一个创例"的《章实斋年谱》是否真的"非驴非马"②？假如不是迷信文/白、死/活二元对立，

---

① 参见《整理国故与"打鬼"》，《胡适文存三集》卷二207—208页。
② 参见胡适为《章实斋年谱》撰写的"序"（见北京大学出版社1998年版《胡适文集》第七卷26页）。此序出于白话，与正文之采用文言，形成有趣的对照。

第八章 "精心结构"与"明白清楚"

这个问题其实不难解答。讨论古人学说，必定多有引证，文章不可能、也不应该做成"纯粹的白话文"。至于"年谱"这一传统的著述形式，其对于文字简洁的要求，以及若干称谓和句式的约定俗成，使得写作者必定倾向于采用文言或半文言。胡适有心摆脱这一传统趣味，读《叶天寥年谱》时批评"此谱的最早部分很不佳，浮辞甚多，骈体尤可厌"；读《罗壮勇公年谱》则赞扬"书中大体用白话，文字甚朴素，在自传中为第一流作品"。① 可轮到自家著述，依旧无法完全采用白话。1930年代的《崔述的年谱》（《科学的古史家崔述》第二、三部分）、1940年代的《齐白石年谱》，同样半文半白。实际上，直到今天，中国学界之为古人编纂年谱，也都不脱这一窠臼。

关于《中国哲学史大纲》，还有一件逸事值得一提：此书出版后大受欢迎，著名藏书家、曾出任教育总长的傅增湘因而提议将其刻成木版；如此异想天开的壮举，理所当然地被胡适婉谢了。② 倘若当初选择的不是新式的《中国哲学史大纲》，而是较为传统的《章实斋年谱》，不知胡适作何感想——单就体例与篇幅而言，后者更适合于成就此雅趣。在1920年代的中国，以木版刊行书籍，基本上限于经典；因相对于石印或铅排，版刻成本要高得多。这还不是最要紧的，胡适之以白话述学，再加上新式的标点符号，

---

① 参见《〈叶天寥年谱〉研究》，《人间世》2期，1934年4月；《罗壮勇公年谱》，《人间世》3期，1934年5月。

② 参见胡颂平《胡适之先生年谱长编初稿》第二册337页，台北：联经出版事业公司，1984年。

如此西化的姿态与立场,与版刻之典雅与古朴,以及其所代表的传统中国文化趣味,岂不形成明显的反讽?

三 文章结构与名学根基

在《五十年来中国之文学》第十节,胡适提到"长篇议论文的进步,那是显而易见的";朱自清于是接着发挥:"他自己的文字便是很显著的例子。"说胡适长篇议论文的成就远在他的白话诗之上,除了朱自清本身也是诗人和诗论家,对《尝试集》不是很恭维,更因其确实读出了胡适述学文章的优点:"他那些长篇议论文在发展和组织方面,受梁启超先生等的'新文体'影响极大,而'笔锋常带情感',更和梁先生有异曲同工之妙。"① 接下来,朱自清从排语、对称、严词、比喻、条理等角度,分析了胡适长篇议论文的好处。前四者属于常见的修辞手法,会写文章的人,大都离不开;值得注意的是第五点"条理",这确实说出了胡适文章的特点:

> 长篇议论文更得首尾一贯,最忌的是"朽索驭六马,游骑无归期"。胡先生的文字大都分项或分段;间架定了,自然不致大走样子。但各项各段得有机的联系着,逻辑的联系着,不然还是难免散漫支离的毛病。胡先生的文字一方面纲

---

① 《〈胡适文选〉指导大概》,《朱自清全集》第二卷 299—300 页。

第八章 "精心结构"与"明白清楚"

举目张,一方面又首尾联贯,确可以作长篇议论文的范本。①

朱自清此文,是为中学国文教师而撰,因而力求"明白清楚",就像胡适"述学"时所标榜的那样。正因为说得太清楚了,容易招致胡适文章同样的批评,精细有余,而深邃明显不足。可我以为,将胡适述学之文的好处,从相对玄虚的思想、方法、修辞层面,转移到容易"眼见为实"的结构,是恰如其分的。

胡适提倡白话文的名气实在太大,以至一谈胡适文章,很容易纠缠在什么叫"白话",能否同意胡适意见,将"白话文学"范围扩大到说得出听得懂、不加粉饰、明白晓畅三个不同的层面②,以及胡适本人文章是否符合这一要求。其实,胡适文章——尤其是述学之文的"明白清楚",与其说得力于白话之白,还不如说受益于注重名学以及讲究结构。

作为文学家的胡适,最受人疵议处,在于其文学观的浅薄:诗词只问"通"与"不通",小说则专管"结构"。研究了一辈子《红楼梦》,竟得出《红楼梦》在文学技术上不及《海上花列传》和《老残游记》③,实在无法让人佩服。至于原因,据说是"因为《红楼梦》里面没有一 plot(有头有尾的故事)"④。这里所说

---

① 《〈胡适文选〉指导大概》,《朱自清全集》第二卷307页。
② 如素痴(张荫麟)《评胡适〈白话文学史〉上卷》(见1928年12月3日天津《大公报·文学》副刊48期),便专门敲打胡适的"白话之定义"。
③ 参见《答苏雪林书》和《与高阳书》,《胡适红楼梦研究论述全编》280页、290页,上海:上海古籍出版社,1988年。
④ 参见唐德刚《胡适杂忆》99页。

的plot，牵涉到的，其实是小说的结构。为什么说《海上花列传》好，关键在于有"结构"：

> 作者大概先有一个全局在脑中，所以能从容布置，把几个小故事都折叠在一块，东穿一段，西插一段，或藏或露，指挥自如。①

相对于《儒林外史》的"只是一串短篇故事"，胡适尤其欣赏《海上花列传》的"有一个综合的组织"。

文学作品必须有"结构"（胡适的小说结构意识，带有明显的19世纪现实主义小说的印记），这一主张，贯穿胡适的一生，可以说是其文学技术观的基石之一。在早年的《建设的文学革命论》中，胡适提到"如今的章回小说，大都犯这个没有结构，没有布局的懒病"。接下来讨论文学的方法，包括收集材料、结构和描写三种。至于文学家该如何讲究结构，胡适说得很清楚："结构是个总名词，内中所包甚广，简单说来，可分剪裁和布局两步。"②以此单打一的结构观分析中国古典小说，其无法欣赏《红楼梦》和《儒林外史》，一点也不奇怪。我关注的是，这一使胡适备受非议的结构意识，对于其述学之文的影响。

述学之文没有plot的问题，可同样需要讲求结构。这方面，

---

① 参见《〈海上花列传〉序》，《胡适古典文学研究论集》1219页。
② 参见《建设的文学革命论》，《胡适古典文学研究论集》61—64页。

第八章 "精心结构"与"明白清楚"

胡适最为推崇的，当属章太炎。①

强调"著作"必须是"精心结构"，而不应该只是语录、札记或文章结集，从这个角度，不难理解他为何不满陈源谈论"新文学运动以来的十部著作"时，不挑专著性质的《中国哲学史大纲》，而选文章结集的《胡适文存》：

> 西滢先生批评我的作品，单取我的《文存》，不取我的《哲学史》。西滢究竟是一个文人；以文章论，《文存》自然远胜《哲学史》。但我自信，中国治哲学史，我是开山的人，这一件事要算是中国一件大幸事。这一部书的功用能使中国哲学史变色。以后无论国内国外研究这一门学问的人都躲不了这一部书的影响。凡不能用这种方法和态度的，我可以断言，休想站得住。②

这里谈论的是研究的思路与方法，可我相信隐藏在背后的，是胡适对于"著作"的迷信——晚年之再三发誓，非写出《中国古代哲学史》和《白话文学史》的下卷不可，也是基于此心理。虽然在局外人看来，这两部书作为"开山斧"的功能，其实早已完成，没必要刻意追求"全璧"。

也正是从"著作"必须有组织、有结构这个角度，在日记中，胡适对当世学人加以褒贬。比如表彰王国维的著作"是近人著作

---

① 《五十年来中国之文学》，《胡适古典文学研究论集》123页。
② 《整理国故与"打鬼"》，《胡适文存三集》卷二 213 页。

中不可多得的产品";批评罗振玉与叶德辉的书"没有条理系统";称汤用彤"训练极精,工具也好,方法又细密";又说"锡予与陈寅恪两君为今日治此学最勤的,又最有成绩的"。① 可最容易引起争议的,还是其对于陈寅恪文章的批评:

> 读陈寅恪先生的论文若干篇。寅恪治史学,当然是今日最渊博、最有识见、最能用材料的人。但他的文章实在写的不高明,标点尤懒,不足为法。②

批评陈寅恪文章"实在写的不高明",大概是指其论述不够"明白清楚"——包括文章的结构意识薄弱,以及"标点尤懒"。二十多年后,史学家钱穆在与弟子书中,提出类似的指责,即陈氏行文"冗沓而多枝节",其"临深为高,故作摇曳,此大非论学文字所宜";不否认陈氏文章很有情味,只是认为与"严正之学术论文"体式有异。③ 后学中,不无为陈寅恪辩护,努力发掘其"不得不如是之苦心孤诣"的④,但陈氏撰述,确实不像胡适那样讲求"组织"与"结构"。

文章讲求"组织"与"结构",容易做到条理清晰,布局匀称,便于读者阅读与接受。可也可能留下不少遗憾——比如,平

---

① 参见《胡适的日记》212页、440页、526页。
② 参见《胡适的日记》539页。
③ 参阅《钱宾四先生论学书简》,见余英时《犹记风吹水上鳞——钱穆与现代中国学术》253页。
④ 参见罗志田《陈寅恪学术表述臆解》,《文史知识》2001年6期。

第八章 "精心结构"与"明白清楚"

正有余而奇崛不足。就像胡适所说的,"做历史有两方面,一方面是科学——严格的评判史料,——一方面是艺术——大胆的想象力"①。史料不全,得靠史家的想象力来填补;史料的意义含而不露,得靠史家的理论意识来阐发。一旦引入想象力与理论意识,所谓"结构的匀称"很可能就会被打破——因其并非著述的第一要素。其实,胡适并非对此毫无了解,只不过趣味使然,更愿意强调述学文章的"严正"而已。1926年7月,在欧游道中,胡适写了《介绍几部新出的史学书》,表彰陈垣的《二十史朔闰表》、顾颉刚的《古史辨》第一册以及陈衡哲的《西洋史》下册。不管是否出于私心(为朋友鼓且呼),我关注的是其评价标准。三书的推荐意见分别是:"给世界治史学的人作一种极有用的工具""一部讨论史学方法的书""一部带有创作的野心的著作"。尤其表扬后者"做了一番精心结构的工夫","这样综合的,有断制的叙述,可以见作者的见解与天才。历史要这样做,方才有趣味,方才有精彩"。②工具、方法、结构——这确实是胡适评价"著作"时常用的尺度,可仔细品味,你会发现,这回的"精心结构",添进了"创作""见解与天才",以及"趣味",不再只是硬邦邦的"剪裁与布局"了。

在我看来,"结构"并非撰述的第一要素,胡适之所以将其作为旗帜来挥舞,很大程度上与其注重名学的思路有关。从《胡适

---

① 参见《胡适的日记》185页。
② 参见胡适《介绍几部新出的史学书》,《现代评论》4卷91、92期,1926年9月。

留学日记》到《胡适之先生晚年谈话录》[①],最容易找到的,便是关于"明白清楚"与"逻辑"的强调。而且,这两者之间,存在着某种内在联系。以古代中国逻辑方法的发展作为博士论文的题目,固然显示了作者这方面的兴趣,日后撰写一代名著《中国哲学史大纲》,其"特别立场"也是"抓住每一位哲人或每一个学派的'名学方法'(逻辑方法,即是知识思考的方法),认为这是哲学史的中心问题"[②]。对于名学方法或曰逻辑方法的重视,甚至使得胡适在《五十年来中国之文学》中,摒弃宿怨,高度评价章士钊"文法谨严,论理完足"的"逻辑文学"[③]。而在此前两年撰写的《中学国文的教授》中,胡适甚至说:

> 平心而论,章行严一派的古文,——李守常,李剑农,高一涵等在内——最没有流弊,文法很精密,论理也好,最适宜于中学模范近古文之用。[④]

了解胡适排斥古文立场的,当能明白这一夸奖来之不易;由此也可见,胡适对于文章中"文法"与"逻辑"的重视。这一点,或许同样是受到章太炎的启发。在那篇备受推崇的《论式》中,章

[①] 参见《胡适留学日记》,上海:商务印书馆,1947年;胡颂平编著《胡适之先生晚年谈话录》,台北:联经出版事业公司,1984年。
[②] 参见《〈中国古代哲学史〉台北版自记》,《中国哲学史大纲》附录,北京:商务印书馆,1987年。
[③] 参见《五十年来中国之文学》第八节,《胡适古典文学研究论集》131—133页。
[④] 《中学国文的教授》,《胡适文存》卷一313—314页。

第八章　"精心结构"与"明白清楚"

太炎称:"凡立论欲其本名家,不欲其本纵横""大氏近论者取于名,近诗者取于纵横"。① 虽然早年以《尝试集》名世,但就精神气质和思维习惯而言,胡适确实是近名家而远纵横。当初陈源单从胡适论文学时一味强调"明白清楚",断言他的诗不能成家,而说理考据文字才是其真正的特长②,确实不无见地。

逻辑是里,结构为表,而作为贯串线索的,则是精密的心思与清晰的条理。单看《中国哲学史大纲》第一篇"导言",你就能大致明白胡适写文章的路数。从哲学的定义,到哲学史,再到通史与专史的区分(专史又分四种);讲清楚哲学史有明变、求因、评判三个目的(后两者各分三个层次),再落实到中国哲学在世界哲学史上的位置、中国哲学史的分期;接下来才说到此书的论述范围,以及具体操作时的方法论——如此由大到小,由远而近,确实有利于入门。为便于读者接受,步步为营,极少凌空跳跃,肯说多余话(在专家看来),而且说得不太让人讨厌,这是胡适述学之文的特点。

以《五十年来中国之文学》为例,五万字的长文(或曰小书),分成十章,先总论,后分述,前后互相勾连,结构十分完整。第一节属于总论,描述"这五十年来中国文学的变迁大势",其中的所有论点,都在以下各节中得到相当充分的展开。如此"纲举目张"的写作策略,肯定是事先做了周密计划,而不可能是信马由缰。好处是眉目清楚,前后呼应,不会有大的缺失;毛病则是平均用

---

① 《国故论衡·论式》,陈平原编校《中国现代学术经典·章太炎卷》80—81页。
② 《新文学运动以来的十部著作(上)》,《西滢闲话》335页。

力，难得深入开掘，更不可能有灵机一动的"天才发现"。胡颂平编《胡适之先生年谱长编初稿》时，为《〈水浒传〉考证》和《〈红楼梦〉考证》等长文做缩写或摘要，大致都能体现胡文的论述框架。可谁要是想为鲁迅的著述做摘要，肯定会碰到绝大的困难，因鲁迅的文字感觉渗透到论述框架中，很难将其剥离而不伤筋动骨。所谓"悲凉之雾，遍被华林，然呼吸而领会之者，独宝玉而已"①，此类常被史家引述的文字，如何摘要？胡适相信证据决定一切，不同的学者只要"能打破遗传的成见，能放弃主观的我见，能处处尊重物观的证据，我们一定可以得到相同的结论"②。对于如此乐观的判断，鲁迅很可能难以苟同。除非你把研究局限在考证，否则的话，不要说主义之争、方法之别，即便是述学文体的差异，都可能导致不同的结论。

当然，这是两种不同的述学文体，很难强分轩轾。但有一点，要说"组织"与"结构"，像鲁迅的《中国小说史略》那样，将自家的艺术感受与文字触觉渗透到具体论述中，那才是真正的浑然一体，无法条分缕析。一般说来，胡适的述学之文结构完整，边界清晰，可以重新组合，也可以互相替换，属于知识积累型的撰述。鲁迅的《中国小说史略》则更像胡适对陈衡哲的《西洋史》的描述：那是"一部带有创作的野心的著作"。从头翻阅《胡适红楼梦研究论述全编》（上海：上海古籍出版社，1988年），你不会有什么突兀的感觉；但如果将鲁迅关于小说的其他论述和《中国小说史略》汇

---

① 《中国小说史略》第二十四篇，《鲁迅全集》第九卷231页。
② 参见《〈水浒传〉后考》，《胡适古典文学研究论集》815页。

编,你很可能抱怨如此编排杂乱无章——这时候你就会明白,所谓的"精心结构",不仅仅是"逻辑",还包括"文体"与"精神"。

四 演讲兴趣与文章功底

晚清以降,中国人的述学文体发生了巨大变化,这里牵涉到文化立场、学科意识、概念术语以及发表途径——后者虽位列第四,却并非无关紧要。倘若主要着眼于"学问该如何表述",而不是"知识是如何获得",那么,发表途径——尤其是其中的报章刊载、学校讲义以及公开演讲,不说生死攸关,也是举足轻重。此前,传播学问的基本方式,包括书籍的传抄与刊刻,还有书院里的口耳相传,这些手段依旧有效。但相对而言,上述三者更为重要。

在各类专门学报出现以前,现代中国学者的述学之文,早已广泛出现在综合性的报纸杂志上。比起明清学者藏之名山传之后世、本人去世后才由门人或子孙整理刊刻的文集,现代中国学者随写随刊的"述学之文",不能不受报章特点的影响,相对注重文章的可读性。至于由课堂讲义整理而成的专业著作,更是在现代中国学术史上占据重要地位。鲁迅曾说过,"我的《中国小说史略》,是先因为要教书糊口,这才陆续编成的"[1],这话虽有自我调侃的意味,却也不无道理。假如没有教书这一职业,或者学校

---

[1] 《柳无忌来信按语》,《鲁迅全集》第八卷299页。

不要求教师提供讲义，我相信，许多日后声名显赫的著述都可能胎死腹中。演讲之成为晚清以降思想传播以及社会动员的重要工具，更是一直得到学界的普遍关注。谈论报馆、学堂、演说这"传播文明三利器"①，不只着眼于思想启蒙，更应该牵涉到述学文体。闭门著述，然后以专著形式问世的，与经常在报章上发表述学之文者，其文风一般来说会有很大差异——前者比较艰深而后者相对流畅。在大学教书的，与学校以外的学者，其著述也会不太一样——前者更讲学问的系统性，而后者则追求个人趣味。至于演讲对于学问表述的影响，更是显而易见——起码使得思路清晰，表达明快。

三者兼有，而且"劲往一处使"，那便是胡适的述学文体之所以格外"明白清楚"的原因。《竞业旬报》一年多作白话文的训练，对于胡适日后之提倡文学革命，起很大作用。正是在为报刊撰写文章的过程中，胡适意识到"我的长处是明白清楚，短处是浅显"，并因而抱定宗旨："做文字必须要叫人懂得，所以我从来不怕人笑我的文字浅显。"②《中国哲学史大纲》的写作，虽有博士论文的草稿做底，但真正得以完成，还是有赖于北大课程讲授的压力。蔡元培在为此书作序时，专门提到"先生到北京大学教授中国哲学史"；而顾颉刚对当初北大课堂上胡适讲授中国哲学

---

① 参见梁启超《自由书·传播文明三利器》，《饮冰室合集·专集》第二册，上海：中华书局，1936年。

② 参见《四十自述》，《胡适文集》第一卷80页。

第八章 "精心结构"与"明白清楚"

史的描述,与日后正式出版的著作正相吻合。① 至于另一部代表作《白话文学史》,也是胡适在教育部国语讲习所和天津南开学校的讲义。其中有些安排,明眼人一看就知道是为了迁就课堂讲授的需要。比如:"我这部文学史里,每讨论一人或一派的文学,一定要举出这人或这派的作品作为例子。故这部书不但是文学史,还可算是一部中国文学名著选本。"②

但真正让我们刮目相看的,还是胡适对于演讲的热爱,以及这一趣味对其述学文体的影响。在美国康奈尔大学念书时,胡适曾接受演讲的专门训练,此后便乐此不疲:"这一兴趣对我真是历四、五十年而不衰。"那是因为,胡适认定,公开讲演大有裨益:

> 我发现公开讲演常时强迫我对一个讲题作有系统的和合乎逻辑的构想,然后再作有系统的又合乎逻辑和文化气味的陈述。③

按照胡适的说法,公开讲演可以训练一个人的思维与写作,尤其是其思维的合乎逻辑以及写作的有系统。

1920年,胡适撰《中学国文的教授》,专门论述"演说与辩论"对于国文教学的作用,也算是一种经验之谈:

---

① 参见蔡元培《中国古代哲学史大纲序》和顾颉刚《古史辨》第一册"自序"(《古史辨》第一册36页,上海:上海古籍出版社,1982年)。
② 参见胡适《白话文学史·自序》,《白话文学史》(上卷),上海:新月书店,1928年。
③ 参见唐德刚译《胡适口述自传》58—60页。

> 须认明这两项是国语与国语文的实用教法。凡能演说，能辩论的人，没有不会做国语文的。做文章的第一个条件只是思想有条理，有层次。演说辩论最能帮助学生养成有条理系统的思想能力。①

关键在于演讲有助于"养成有条理系统的思想能力"，而这，正是胡适述学之文的最大特色。胡适的演说是否真有"邱吉尔作风"②，没有亲历现场，不好妄加评判。而胡适之喜欢演讲与擅长演讲，几乎是毋庸置疑的。胡适日记中大量关于演讲的记载，以及保存许多演讲大纲，而这些大纲又有不少是可以与日后正式发表的文章相对照的，这等于让我们得以窥见适之先生形成思路与完善写作的过程。

晚清以降，演讲风气日渐形成，对于"学问该如何表述"③，形成巨大的冲击。有强调借题发挥的，有突出感时忧国的，但更多的，还是像胡适所设想的，培养思路清晰、语言浅近的表达习惯。本就喜欢演讲的胡适，"暴得大名"后，更是应接不暇。而所有这些演讲，大都集中在思想文化领域，不难转化为述学之文。在《胡适文存三集》的"自序"中，胡适称："讲演的笔记，除非是我自己写的，我向来不收入《文存》里。这一集卷二有一篇《读

---

① 参见《中学国文的教授》，《胡适文存》卷一311页。
② 梁实秋在《胡适先生二三事》中转述一在场的美国学者的见解，见《梁实秋怀人丛录》197页，北京：中国广播电视出版社，1991年。
③ 参见拙文《学问该如何表述——关于〈章太炎的白话文〉》，《章太炎的白话文》，贵阳：贵州教育出版社，2001年。

第八章 "精心结构"与"明白清楚"

书》,是一篇讲演笔记,因为曾经我自己修改过,故收在这里。"[1]胡适生前所编"文存",确实很少收入演讲记录稿,可对于今天的读者来说,欣赏适之先生的演讲风采,并非十分困难。1966年台北文星书店和1969年台北传记文学出版社出版的《胡适选集》,均含有演讲分册;1970年台北"中研院"胡适纪念馆更编辑出版了《胡适演讲集》三册;而1998年北京大学出版社推出的十二卷本《胡适文集》,也包含六七十万字的演讲录。

阅读"胡适演讲",最直接的感受,很可能是高等常识丰富,文化立场坚定,举例中西兼顾,语言平易,思维敏捷,更重要的是,对自己的工作目标及表达能力充满自信。这是一个训练有素的演讲家,其英文演讲之大题小作,以及中文演讲之小题大做,均是有的放矢,而且口气也都恰如其分。唯一令人不太愉快的是,演讲者明显居高临下,动辄教训人,此乃"青年导师"的特殊地位造成,听众大概不会特别计较。但在我看来,这可是一个并不美妙的陷阱——演讲者只想着如何多举例,举好例,增加说服力,横扫千军如卷席;而极少自我质疑,迂回前进。春风得意的适之先生,其演讲中的极度自信,缺乏必要的自我反省意识,直接影响到其述学之文。这也是我们在欣赏胡适文章之清朗、畅达的同时,对其不够深邃、尖锐略表遗憾的缘故。

作为白话文的提倡者,胡适嘲笑章太炎古文的"诘屈聱牙",自在意料之中;反而是其表彰《国故论衡》里诸多述学之文"皆

---

[1] 参见《胡适文存三集·自序》,《胡适文存三集》。

有文学的意味,是古文学里上品的文章"①,让我们对胡适的文学观,需要一番重新的体贴与领悟。

在《建设的文学革命论》里,胡适主要讨论"国语的文学"与"文学的国语",其中对于"文学"的表述,颇让朱自清感到困惑:

> 我们有志造新文学的人,都该发誓不用文言作文:无论通信,做诗,译书,做笔记,做报馆文章,编学堂讲义,替死人作墓志,替活人上条陈……都该用白话来做。②

这里所列举的"各种文学",在朱自清看来,"除做诗和译书外,其实都是应用的文字"。不好说胡适概念不清,只能感慨"胡先生所谓'文学',范围是很广的"③。朱自清的感觉是对的,胡适对"文学"的理解,确实与众不同,即并不排除"应用的文字"。

这可不是一时的笔误,对于"什么是文学",胡适的解答出人意料地简单:"语言文字都是人类达意表情的工具;达意达的好,表情表的妙,便是文学。"引一段《老残游记》的文字,然后追问:"美在何处呢?也只是两个分子:第一是明白清楚;第二是明白清楚之至,故有逼人而来的影象。除了这两个分子之外,还有什么孤立的'美'吗?没有了。"以"明白清楚"作为"文学"的根本条件,必然出现两种局面:一是许多不够"明白清楚"的诗词文

---

① 参见《五十年来中国之文学》第七节,《胡适古典文学研究论集》126 页。
② 《建设的文学革命论》,《胡适古典文学研究论集》60 页。
③ 参见《〈胡适文选〉指导大概》,《朱自清全集》第二卷 290 页。

第八章 "精心结构"与"明白清楚"

章被以"不通"的罪名驱逐出境,二是不少足够"明白清楚"的述学之文被请进"文学殿堂"。而这正是胡适所要达到的目标,即打破其时十分流行的"纯文学"与"杂文学"对举的论述框架:

> 我不承认什么"纯文"与"杂文",无论什么文(纯文与杂文,韵文与非韵文)都可分作"文学的"与"非文学的"两项。①

如此胆识,可是朱自清所不具备的。在《背影》一书的序言中,朱自清是这么谈论散文的:"它不能算作纯艺术品,与诗,小说,戏剧,有高下之别。"因而,"真正的文学发展,还当从纯文学下手,单有散文学是不够的"。②从来没有人将"文学发展"的重任全部落实在散文身上,争论仅仅在于,文学是否有"纯""杂"之分,而且这种分别是否代表着品位或价值的高下。

胡适的这一文学观,同样带有明显的章太炎思想的印记。在《五十年来中国之文学》第七节中,胡适赞扬章太炎《文学总略》之"推翻古来一切狭陋的'文'论",尤其是破除所谓"应用文"与"美文"的区别,很合胡适口味。更重要的是,如此"不分文辞与学说的人",其"讲学说理的文章都很有文学的价值"。③有章太炎的理论与实践做榜样,所谓"不承认什么'纯文'与'杂文'",便很容易落实。回过头来,你也就不难明白胡适的文学观为什么

---

① 参见《什么是文学》,《胡适文存》卷一 297—301 页。
② 参见《背影·序》,《朱自清全集》第一卷 32 页。
③ 参见《五十年来中国之文学》第七节,《胡适古典文学研究论集》123—124 页。

会那么广泛。

谈论晚清以降的文学历程,我们一般比较欣赏现代文学意识的确立;出于对"文以载道"传统观念的反感,有意无意地偏向于所谓的"纯文学"。但章太炎以及胡适相对宽泛的文学观,代表了近代中国学人重新沟通文学与学术的尝试,同样值得重视。

基于不同的拟想读者与论述目标,章太炎强调持论之"必先豫之以学"[①],胡适则更愿意表扬从文章入手的"述学"。在《科学的古史家崔述》中,胡适征引崔述三十五岁那年自陈有志著述而先从熟玩韩愈、柳宗元、欧阳修三家文章入手的书信,然后大加发挥:

> 这一个意思,很可注意。崔述已决意要著书,但他还怕文不能达意,故先做一番古文工夫,熟玩韩、柳、欧阳三家之文,并且殷勤问业于古文家汪师韩。他这一番工夫实在不曾白费掉;他虽不以文名,但他的文章在清朝古文之中要算是第一流的了。和他同时的史学家,章学诚也讲究文章,故能自抒所见;那作《王荆公年谱考略》的蔡元凤因为文笔烦冗,便令读者生厌了。又如近代廖平与康有为,同治今文学;康的思路明晰,文笔晓畅,故能动人;廖的文章多不能达意,他的著作就很少人能读了。要知文章虽是思想的附属工具,但工具不良,工作也必不能如意。崔述于著作之先,力求能"自抒所见"的预备,这一层很可以做后人的模范。[②]

---

① 参见《国故论衡·论式》,陈平原编校《中国现代学术经典·章太炎卷》80页。
② 参见《科学的古史家崔述》,《胡适文集》第七卷176—177页。

第八章 "精心结构"与"明白清楚"

学问家之为了能"自抒所见"而着意经营文章，与文学家之专注于文学创作，其实还是很有区别的。胡适的论述，有效地破除了世人对于"纯文学"的迷信，并发掘了"述学之文"潜在的文学性；可反过来，对于新文学的健康发展，此说并不十分有利。

因此，我倾向于将"讲学说理的文章"很可能"很有文学的价值"的假设，留在学术史而不是文学史来论述。说到底，我更欣赏钱穆的思路，论学文字之所以"极宜着意修饰"，很大程度上在于"未有深于学而不长于文者"[①]。

[①] 参阅《钱宾四先生论学书简》，见余英时《犹记风吹水上鳞——钱穆与现代中国学术》252—253页。

附录一　关于现代中国的"述学文体"

葛兆光说他这一段恶补艺术史，我也是。因为，这几年，我做的是晚清画报研究。恶补的结果，像他刚才所说的，把画报研究做成了文化史，基本上不敢向美术史方面来靠。面对这个会议的论题，可以有两种选择，一个谈"美术"，一个谈"现代性"。想来想去，美术不敢谈，怕在这儿碰到真正的行家；现代性本来也不敢谈，但现在既然上来了，只能乱说。我说的可能和前面几位不太一样，因为，我不是这方面的专家；另外，我坚信，现代性是一种思想体系，一种思维方式，一种生活方式，同时，也是一种表述方式。所以，我是从"表述方式"入手，来讨论这个问题的。

我理解的"表述"，包括日常生活中的表述，文学家的表述，还有学者的表述。今天我们谈的，基本上是学问的表述。诸位今天所从事的工作，比如说在大学里面教书、写作，以及在学术会议上发言、讨论等等，这一系列的活动，从思路到姿态，从言词到术语，基本上都跟传统中国大相径庭。不止跟先秦不一样，跟宋元明清的书院都不一样。换句话说，我们不仅已经改变了观念与思想，而且改变了思维习惯；不仅改变了学问的内容，而且改变了讨论的方式。

所以，我今天讨论的问题是，现代性和现代中国人学术表达之间的关系。因为，这是我最近几年一直在讨论的问题。这一讨论，从哪几个方面入手，我稍微介绍一下；最后，再根据其中的一点，略为展开。

第一个，是刚才已经谈到的问题，即关于学科，学科的视野以及学科的建立。从四部之学发展到七科之学，到我们今天的文史哲，还有一级学科、二级学科、三级学科等，这个学科的建构本身，就是新的知识系统的确立。所以，我花比较多的时间去讨论晚清以后，我们是如何建立"文学"这个学科的。因为，今天我们讨论的"文学"，跟六朝时候的"文学"不一样；今天讨论的"小说"，跟明清的"小说"也不一样。所以，我讨论的是作为一种知识体系的文学，是怎么样被建立起来的。当然，除此之外，还涉及一个问题，不只是具体的知识，还包括这个知识的表达。比如我们说"学科"，包括今天所说的"跨学科"；跨学科是因为有学科的边界在，才有所谓的"跨"。古人没有这个问题，像明末清初的傅山，到底是属于什么学科的，他擅长诗文、书法，医学尤其是妇科特别厉害，但那个时候没有人揣摩他所属的学科。今天就不一样了，没有学科不行。葛兆光再三说他不是这个专业的，我在这儿也再三说，我不是学美术史的。之所以每个人都必须这么说，那是因为大家心目中，你是做什么研究的，你的学科背景是什么，那是你的阵地，你只能具有与之相应的知识系统。我们都相信，各自有各自的一摊子。像这一类的学科意识，我相信诸位多少都有。

我说的是另外一个问题。我们还假想，某一个特定的学科，其表达会有一套特定的文体。大家会说，这个人是中文系的，他文章怎么写得这么臭。意思是说，中文系的人，应该会写文章才对。还有，你是哲学系的，写文章应该逻辑很严密。这也是一个假想。诸如此类，对于每个学科有一套知识系统，某一学科的从业人员有一套特殊的表达方式，这个假定，我们基本上是接受的。所以，我做的工作，就是在清理学科知识建立的同时，探讨学科从业人员表达方式的确立。这是我做的第一个事情。

第二个事情，是去年我在浸会大学做过的一个演讲，里面提到关于教科书的编纂。以通史、概论为主要方式的教科书编纂，是接受西学教育才出现的。传统中国有"四书""五经"，我们还有各种各样的读本，但是没有哲学概论，也没有文学通史。换句话说，没有今天流行的让学生在一个学期内对某一学科综合把握的那种概论性的教材。以前没有。大概是1903年前后，我们才开始编纂这种教材。这种教科书出现以后，除了在各个大学里流通，影响每个学生知识结构的形成，更重要的是，这种编纂形式，影响到我们对知识的认定，以及我们写作论文的方式。所以，关于什么是"教科书心态"，以及世人是如何从教科书入手理解学问、从事研究的，这里面的陷阱与弊病，我谈得比较多。也就是说，教科书的编订，不仅意味着知识的规训，而且是一种学术表达方式的形成。

第三个，我想说说专著的压力。这里所说的专著的压力，是相对于论文、札记、语录、对话这一类的表达方式。换句话说，在我看来，晚清以降，我们建立起一套现代性的知识体系，其中一个，便是对于专著的迷信。胡适有一句名言，说传统中国两三千年，只有七八部可以称得上是著作的。《文心雕龙》算一部，《史通》算一部，《文史通义》也算一部，最后一部是章太炎的《国故论衡》。两千年呀，也就七八部，其他都不算，你说他怎么这么大胆？因为，在胡适的心目中，其他的书籍，要不是语录，要不是札记，要不就是诗品、画论，或者论文集。所有这些，都缺乏"系统性"，因而也就不算"著作"了，或者说，不能跟"著作"相提并论。这个思路，直到今天，还很有影响力。如果大家对大陆的学术评价体系略有了解，就会发现一个奇怪的评判标准，那就是凡事先追问是不是"专著"。

我来之前，刚好北大评学术奖。有两位先生学问做得很好，可评委一看，是单篇论文，不用说，剔出去，不可能获一等奖。为什么？人家是书，这么厚，你才一篇论文，怎么比？评奖的时候，根本就没时间认真看你的书，都是翻一下目录，看一下出版社，然后考虑作者的学术声誉怎么样，就做决定了。所以，这两篇很好的专业论文，到最后正式投票的时候，全都下来了，只能是二等。三种著述形式，第一是论文，第二是论文集，第三是专著；专著一定比论文和论文集好，这个假想，已经根深蒂固了。起码在现有的评价体系里是这样，这就是对于所谓"系统论述"的迷信。

胡适为什么说以前的绝大部分好书不能算是著作，就因为它没有"系统",它是点滴的、片断的,虽然很深刻,但没有系统,不行。对于系统的崇拜,对于"系统性知识"的迷信,是20世纪中国学术的一大特征。只有个别人可以不理睬这个规矩,那是因为这些人已经很有名气,大家都承认他学问好。比如说钱锺书,诸位今天要是把《管锥编》裁成一段一段,拿去投稿,保准没人要。《谈艺录》也一样,因为它没有起承转合,很不系统。而我们都知道,钱先生是有意为之的,他认为,总有一天,这些自认完备的理论大厦会倒塌,只剩下一地瓦砾;还不如只提供精美的只言片语,可供鉴赏把玩。或者说,"文明的碎片"反倒能够存活下来。可是像他这样的思路,是很个别的,而且,也是因为他新中国成立前就出名了,没有必要进入我们后来的评价体系。如果他今天需要评职称,那肯定会碰到很大的麻烦。

所以我说,这个评价体系,这个"独尊专著"的评价体系,使研究者有很大的压力。目前的状态是,很多学者会写书,好坏是一回事,但不会写论文。不会写一两万字的论文,就敢写三五十万字的大书,很奇怪。做学问,从写书入手,而不是从论文或札记入手。这一现象背后,就是我们对专著的迷信。而这,对我们的学术训练与表达,造成了很大的扭曲。

第四个,我谈谈标点符号的意义。不仅谈晚清以后,我们如何引进逗号、句号、感叹号、问号,更重要的是,每一个标点符号在不同时期所具有的特殊功能。比如说,感叹号,哪些人喜欢用感叹号,哪个时代遍地都是感叹号,这是值得认真辨析的。还有,着重号也很有意思,在句子下面密密麻麻加圈加点,唯恐读者不关注,耳提面命。什么时候流行感叹号,什么人喜欢用反问句,诸如此类的表达方式,可以帮助我们理解时代风气以及读者和作者之间的关系。

第五个,我谈的是演说。这个问题,自认为做得比较好,即专门讨论演说和文章的关系。我认为,白话文的建立,不仅仅是思想观念,或者说启蒙的思路,很大程度还立足于以下两个根基,一个就是报章。报章的建立,是白话文得以成功推行的关键。报章的特点,使得我们只能往这个方向走,文章只能越写越浅俗,而不可能相反。另外一个,大家很少谈到的,那就是演说。晚清以降,梁启超的思路很有影响,即传播文明有三种最有力的武器:一个是报馆,一个是学校,第三是演说。从晚清开始,大学、中学好多都开演说课,训练学生的口头表达能力。胡适建议,在中学里一定要设演说课,他的思路是,演说能让大家的头脑清楚,会演说的人,写文章必定是条理清楚。为什么呢?对话不必要,独白更不必要,但是演说一定要让下面的人听得下去,不打瞌睡,而且中间不走人,这个时候,"条理清晰"是很要紧的。很多人喜欢说话,但不见得会演说,不管是学界领袖,还是政府官员,最怕他们一上来就说:"对不起,我没准备,今天就随便谈几句。"一个小时后,你才听到第四个问题;再过半个小时,你会发现,第四个问题里还有五点。最后,就剩下一句话了,谈谈我们为什么必须是"一个中心,两个基本点"。什么叫一个中心呢?领导演说的劲头又起来了。诸如此类条理清楚、井然有序的论述风格,是训练出来的。我们现在大学里的教授,还有政府的官员，都会这一套。也就是说，声音传递，而不是文字阅读，成了思想动员以及知识传播的重要手段。

而这个能力，还会移植过来，影响论文的写作。你会发现，现在的论文，跟以前的比如说明清的文章很不一样。看20世纪的中国论文，你会发现，"演说腔"深刻地影响了我们的学术表达。明白、清楚、秩序井然，这些不仅是因为白话文的兴起，演说对于学术表达的潜在影响，也是一个原因。像胡适的《中国哲学史大纲》，余英时先生说这是一部建立典范的著作。可它还有一个功能，那就是开启了一种写作方法，引一段古书，加几个注解，把这段古文略为翻译评说一番，再接着往下走。诸如此类，在我看来，是受演说和课堂讲授的影响。

最后一个问题，我想谈谈"引文"。不久前，我们一个学生，受老师批评，说他的硕士论文跟我以前的一篇论文比较接近。那个学生辩解说，因为这段话我特别喜欢，而且我也很认同，已经内化为我自己的感觉了，写作时自然而然就出来了。老师非常愤怒，说这是"学术不端"，虽还没到"抄袭"的地步，但也很严重。按照现行规定，这学生确实不对，可在古代中国，这很正常。确实是这么回事。古代中国，读到喜欢的东西，不妨用自己的语言再表述一遍，甚至直接抄下来。什么时候，我们写文章，必须不断地给自己喜欢的东西、自己认同的东西，加一个注？那是晚清才开始的。所以，我谈的最后一个问题，就是如何做引文，或者说引文的出现，与整个学术表达的关系。

阅读20世纪前后的著作，最直接的感受，很可能就是引语的内容变了，引语的方式也变了。仔细分析，你对别人的言论是怎么处理的，怎样引录、如何衔接、能否驾驭，诸如此类，都关系重大。我谈一个掌故，大家马上意识到这个问题的严重性。几十年后，冯友兰回忆他早年在北京大学念书的时候，胡适的《中国哲学史大纲》刚出版。冯先生说读这书，有一种震撼，为什么？你以为是像蔡元培说的，简明的方法、扼要的手段、平等的眼光、系统的研究，不是的。冯先生说，最让他震撼的，是以前我们写文章都是孔子说什么，然后一个笺，一个证，再加一个按。而且，为了体现孔子的话最重要，前人的笺证次之，最后才是我个人的小小意见，字体越来越小。胡适整个把它倒过来，最关键的，是我个人的想法，下面的证明文字，包括孔子的话，都是用来证实我的见解的。因此，我是大字，孔子是小字。他说，这一下子把他们给震住了。在他看来，这体现了五四时代以个人为中心、以我为主的思想观念。我们都知道，上下文之间，旧学新知之间，其实不只是互相论述，这其中的停顿、过渡，隐含了权力，隐含了欲望，也隐含了美感。

当然，我必须做一个小小的补正，冯先生的回忆不太准确。前面说的没错，以我为主，孔子的话，不再高高在上，而是可以自由引用；但字体其实是一样的，没有说真的把孔子给变小了。以前孔子字大，我们字小，五四时期改变了，都平等了，大概是当年这冲击实在太大了，以至几十年后追忆，就成了我字大、孔子字小。

晚清中国，面对"三千年来未有之大变局"，读书人发现，知识纷至沓来，文本斑驳陆离，如何在自己的论述里，恰如其分地安置他人的言语，这个工作，远比明清时要困难得多。为什么这么说？凡是做学问，都得引，不是现在才有的，以前也引。所以，"引经据典"在传统中国，在古汉语里，是一个很重要的修辞方式。今天我们看元代陈绎曾的《文说》，或者是明代高琦的《文章一贯》，他们提到各种各样的引。但是这个"引"，主要是引事、引典，而不是直接引语。所以，今天的引用，和过去的是不太一样的。过去的引，主要是"事"；现在的引，主要是"言"。下面我主要讨论这个问题。

引言分为几种，一种是明引，注明出处；另一种，不注明出处，我们叫暗引；还有，属于正面表彰的，我们说是正引；反面批驳的，则为反引；再有，完整的引用，是全引；转述大意的，我称为略引。现在，我就把这三组六类的引用略为铺排，看看现代中国学者是怎么写论文的。

先说明引和暗引。传统中国读书人，也在思考，也讲知识的传递和创新，但并不刻意追求。所以，"含英咀华""述而不作"，在传统中国，是一种美德。那是因为，古人存在着虚拟的共同信仰，似乎读书人要做的，就是准确表述往世先贤的思想观念，并用来解决当下的困惑，这样就行了，没必要再推出自己的什么奇谈怪论。知识以及真理，都已经有了，我们的任务，是怎么样更好地去理解、融会贯通，并落实在实际行动中。你会发现，传统的中国文人，包括很多勤奋的学者，会用笔记的形式，"博采众长"，把前人各种各样的佳言妙语，全部抄在自己的书里面。宋人洪迈，就是这样撰写《容斋随笔》的。其实，宋元以降笔记，经常互相抄，而且不注明出处。可无论当世，还是后代，一般都不会被斥为"抄袭"。文论里确实有一句话，叫"忌剽窃"，可是请大家注意，"忌剽窃"指的是诗和文；为了一句好诗的"著作权"，甚至可以去杀人。反而是学术著作，包括考证性质的笔记，可以互相传示，互相转用，互相抄袭。到了清代，顾炎武在《日知录》里，才意识到这个问题的严重性，因此，说了这么一句话："凡引前人之言，必用原文。"希望以后我们引别人的话时，注明出处，且不要胡乱窜改。后来，章学诚做了一个补充，这个补充很重要。他说，著作之体，引用古书，袭用成文，不标出处没问题；考证之体，一字片言，必须标明出处。也就是说，说明道理，可以随便引；但若钩稽事实，那是不一样的，谁最先考出来，你必须说清楚。这个区分，他后来加了补充说明，说为了省去大家的麻烦，希望自注出处。

为什么这么说？传统中国人为了文章漂亮，不喜欢注出处。大家假想，你我都是读书人，我用的典故，你若不知道，那你就不配读我的文章。所以，大家看到那些不知道的典故，除非是小人物，你敢去怀疑，如果觉得对方有来头，不敢随便追问他"典出何处"。因为，看不懂，那是你的问题。举个例子，宋代的几部笔记如《石林燕语》《老学庵笔记》《诚斋诗话》等，都记载了这么一件事：梅尧臣做考官的时候，苏东坡作《刑赏忠厚之至论》，卷子里有这么几句话："当尧之时，皋陶为士，将杀人。皋陶曰杀之三，尧曰宥之三。故天下畏皋陶执法之坚，而乐尧用刑之宽。"这个说法，考官不知典出何处。梅尧臣跑去问欧阳修，也都不知道。等到揭榜了，问苏东坡，请问您那个典到底是从何而来的？苏东坡说：想当然尔，何必要有出处？

这是文人逸事，很好玩。一般情况下，不好随便追问人家出处在哪儿，显得自己特没学问。你我都应该知道的，不知道，那是你的问题。所以，我不注。只是到了清代后期，才强调写文章要注明出处。这个事情，到了章太炎、梁启超和夏曾佑，也就是1900年以后，才比较正规起来。

即使这样，中学和西学的书，加注的状态不一样。中学的著作，比如谈论中国文学、中国哲学的，大体上，1901年以后就逐渐这么做了；西学的则没有。一个日本学者曾撰文，指责梁启超"抄袭"，因为他的文章里面，有好多是日本人的说法。我承认梁启超确实大大得益于日本人的著作，但我否定这就是"抄袭"。因为，如果严格追究，晚清介绍西学的，绝大部分都有类似的问题。照这么说，鲁迅也是"抄袭"，因为《摩罗诗力说》中的很多说法，都是有来源的。早年介绍西学的，都是把当时读到的著作转译，摘抄，或者重新组织起来。当然，到了1980年代以后，就不该再这样了。今天做西学的，再这样随便抄人家的，或者以译代著，在学界会受到严厉批评。

第二个我想谈的是正引和反引。正面的引述和反面的引述，效果有天壤之别，这点，不用多加论证。我只想提醒，引什么？不难发现，国学中的经典，在不同的时期，容易上下其手；至于西学，则始终被我们作为正面引述的对象。我们的学生写论文，引经据典，什么哈贝马斯、德里达，多得很；再接下来引什么？

古的到王国维、鲁迅，今的则海外汉学家，包括郑培凯先生的著作，张隆溪的我们也引。在座的，如果是大陆出来的，大概都会同意我的观察：国人写论文，不大引同辈学者的，更不引下一辈的研究成果。这是一个很大的问题。表面上我们也有很多引文，但要么是老人，要么是死去的，要么就是远在天边。

最后一个问题，关于全引和略引。到底采用全引还是略引，古人很有讲究。宋人《论作文法》有云："经据不全两，史据不全三。"写文章的时候，引经别超过两句，引史不要超过三句。因为引文太多，文章会变得支离破碎。这跟我们现在整段整段地引，效果很不一样。整段整段引，会出现这样的问题：同一篇文章，糅合了三种不同文体，第一种白话，第二种文言，第三种欧化语——自己翻译的或者别人翻译的。你会发现，这样的文章，读起来很别扭，或者基本上没法读，只能看。这个时候，你就能理解古人为什么对略引感兴趣。这可能是不太尊重前人的"知识产权"，另一方面也有文章美感方面的考虑。如何既表达对前辈的敬意，同时完成自身学术建构，还保持文章的完整性，这不容易。这里只是提出问题，没有具体的答案。谢谢大家！

【此乃作者在香港城市大学举行的"现代性与20世纪中国美术转型"国际学术研讨会（2006年4月29日—5月1日）上的发言，初刊宋晓霞主编《"自觉"与中国的现代性》，香港：牛津大学出版社，2006年。】

附录二 如何"述学",什么"文体"

因痛感整个中国学界风气浮躁、积弊丛生,北大中文系学术委员会决定,从 2006 年春季学期起,为全体博士生(后兼及硕士生)开设"学术规范与研究方法"专题课。我临危受命,讲授此一学分的必修课(后改为限制性选修课)。北大中文系拥有三个专业、七个二级学科、几十个研究方向,各专业方向之间,不说"楚河汉界",也是学术趣味相差甚远。面对众多"各有自己的一套"(理论、眼光及趣味)的研究生,你的必修课(或限制性选修课)要想讲得不讨人嫌,还真的不太容易。我的策略是,尽量避免空洞的说教,更多地融入前辈以及自家的读书体会。具体做法是:每学年八讲,总主题不变,各轮换三分之一内容,且努力"旧瓶装新酒"。

说实话,上这门课,对我来说压力很大。因为,已经"术业有专攻"的博士生们,对任何有教诲意味的"非专业课",大都抱拒斥心理。当初设计的教学目标是:"通过本课程的教学,培养学生的学术道德,使其在日后的研究工作中,既遵守学术规范,又保有创新意识与突破能力。"即便我注重修辞,尽量正面立论,但谁都听得出其中"训诫"的意味。此课程很容易被误解为"第二政治课";若如是,效果肯定好不了。

一直惴惴不安的我,去年4月做了一次匿名的课程调查,结果出人意料地好。请看其中最关键的几项(数字代表认同此选项的人数):

您是否喜欢本课程?

☐非常热爱　42

☐比较喜欢　40

☐一般　7

☐不喜欢　2

通过学习本课程,您是否有所收获?

☐收获很大　64

☐略有收获　25

☐没什么收获　1

本课程是否激发了您的学术热情?

☐是的,我从此对学术充满热情　31

☐略有引导作用,使我在一定程度上增加了对学术研究的兴趣　50

☐没感到有这方面的效果,对学术仍持原来的态度　9

☐不仅没有激发热情,反而对学术更感无趣或是恐惧了　1

您认为本课程是否有必要为研究生持续开设？

☐非常必要　67

☐可设为选修　25

☐没必要　0

说实话，看到调查结果的那一瞬间，我真的"热泪盈眶"。熟悉目前中国的大学生态者，当能明白北大中文系开设这门课的良苦用心；而了解北大学生的志向及性情的，也当知晓此课程之不好讲授。

屈指算来，这已经是我第七次讲授此课程了。这一回的八讲，课目分别是："学者生涯与学术道德""何为'大学'——阅读《蔡孑民先生言行录》""永远的'笳吹弦诵'——关于西南联大的历史、追忆及其阐释""学术批评与'知识共同体'""国际视野与本土情怀——如何与汉学家对话""学问的积累与突破——引文·注释·参考书目""寻找的策略与乐趣——从工具书到数据库""如何'述学'/什么'文体'"。此前几年讲授的若干专题，因已整理成文公开发表，作为此课程的延伸阅读资料，提交给选课的学生们，就不再唠叨了。

课讲完了，按照规定，须组织考试。一百零几名博士生、硕士生，研究方向迥异，怎么考？不希望同学们为这门课花太多时间，我期中命题，期末收卷。这回的考试题目是：从"述学文体"

角度，研读并评论一部（篇）本专业的经典论著；题目自拟，篇幅在5000字以上，10万字以下。发放此考题，粗看近乎"放水"——哪个专业都有导师指定的"必读书目"，随便挑一本，不就可以侃侃而谈了吗？是的，要求不高；可并非无的放矢。如此命题作文，乃有感于北大学生喜欢天马行空，缺乏"细读"的习惯，大都粗粗翻阅，匆匆走过场，不把前辈或经典放在眼里；甚至书没读完，就已经开始构思如何展开批判。与其让学生们洋洋洒洒，不着边际地纵论中国学界如何如何，或本专业未来十年的发展方向，不如放低姿态，坐下来认真阅读并仔细评说一篇（部）大家公认的好文章（著作）。当然，不是一般性的阅读，要求选择"述学文体"这一特定角度。

"如何'述学'／什么'文体'"，此专题前两年我也讲过，但那是表演性质，并不要求学生跟着做。我最早涉及此话题的文章，是刊于《文学评论》2001年4期上的《现代中国的述学文体——以"引经据典"为中心》。此后十年，我先后撰写并发表了《学者的幽怀与著述的体例——关于〈陈寅恪集·书信集〉》《学问该如何表述——以〈章太炎的白话文〉为中心》《胡适的述学文体》《兼及"著作"与"文章"——略说〈国故论衡〉》《"元气淋漓"与"绝大文字"——梁启超及"史界革命"的另一面》《分裂的趣味与抵抗的立场——鲁迅的述学文体及其接受》《有声的中国——"演说"与近现代中国文章变革》等。上述诸文，有以问题为中心的，也有针对特定学者的，大都刊载在颇有影响的学术刊物上①。

一般认为,"治学"之得失成败,关键在政治立场、文化趣味、专业知识以及时代风潮;至于"述学文体",似乎无关紧要。可在我看来,如何恰如其分地"表达"自己的学养及思考,乃现代中国学者亟需锤炼的基本功。常被引用的鲁迅语录——"写完后至少看两遍,竭力将可有可无的字,句,段删去,毫不可惜"②,只是一般的写作要求,至多达成主旨明确、思路清晰、文字简洁的目标。而我所关注的"述学文体",牵涉整个现代学术生产机制,比如,什么才叫"论文"、为何需要"专著"、"教科书"意义何在、"演说"能否成为文章、"引文"的功能及边界、"报章之文"与"学者之文"如何协调、能否"面对公众"而又不失"专业水准"等,这一系列难题背后,牵涉到整个教育体制以及知识生产方式。若再说开去,则是全球化视野、西学东渐大潮、话语权争夺等在现代中国学界的自然投射。而这些,并不是一两句"学术独立"或"博学深思"就能解决的。

关于这个问题,不妨引用两篇已刊演讲稿——演讲之"粗枝

---

① 参见拙文《学者的幽怀与著述的体例——关于〈陈寅恪集·书信集〉》,《读书》2002年1期;《学问该如何表述——以〈章太炎的白话文〉为中心》,《现代中国》第二辑,武汉:湖北教育出版社,2002年3月;《胡适的述学文体》,《学术月刊》2002年7期及8期;《兼及"著作"与"文章"——略说〈国故论衡〉》,《浙江社会科学》2003年1期;《"元气淋漓"与"绝大文字"——梁启超与"史界革命"的另一面》,《文学评论》2003年3期;《分裂的趣味与抵抗的立场——鲁迅的述学文体及其接受》,《文学评论》2005年5期;《有声的中国——"演说"与近现代中国文章变革》,《文学评论》2007年3期。

② 《二心集·答北斗杂志社问》,《鲁迅全集》第四卷364页,北京:人民文学出版社,1981年。

附录二 如何"述学",什么"文体"

大叶",正好凸显大思路。2006年4月,我在"现代性与20世纪中国美术转型"国际学术研讨会[香港城市大学]上发言,开篇就是:"我坚信,现代性是一种思想体系,一种思维方式,一种生活方式,同时,也是一种表述方式。……诸位今天所从事的工作,比如说在大学里面教书、写作,以及在学术会议上发言、讨论等等,这一系列的活动,从思路到姿态,从言词到术语,基本上都跟传统中国大相径庭。不止跟先秦不一样,跟宋元明清的书院都不一样。换句话说,我们不仅已经改变了观念与思想,而且改变了思维习惯;不仅改变了学问的内容,而且改变了讨论的方式。所以,我今天讨论的问题是,现代性和现代中国人学术表达之间的关系。"接下来,此文粗粗勾勒以下问题:"学科"的建立及"话语体系"的形成、"教科书"的编纂及其影响力、"专著"为何被"独尊"、引进"标点符号"的意义、"演说"怎样转化成"论文"、"引经据典"之技巧及利弊等[①]。

2006年春季学期,我为北大中文系研究生开设"现代中国学术"专题课,第一讲题为"'学术文'的研习与追摹"。借助在法兰西学院图书馆发现的老北大讲义,此讲首先辨析"学术文章"是否需要"经营":"依我的浅见,'学术文'的研习与追摹,应该作为中文系的必修课,而且是重中之重。因为,中文系毕业生的看家本领,不外乎阅读与写作。前面已经说了,所谓的'写作课'

[①] 参见拙文《关于现代中国的"述学文体"》,初载宋晓霞主编《"自觉"与中国的现代性》466—474页,香港:牛津大学出版社,2006年,后收入拙著《学者的人间情怀——跨世纪的文化选择》89—99页,北京:三联书店,2007年。

不该局限于文学性的诗文小说戏曲,更应包括一般作为学问来看待的'学术文'。借用章学诚的说法:'夫史所载者,事也;事必藉文而传,故良史莫不工文。'(《文史通义·史德》)我略为发挥,不仅'良史',所有治人文学的,大概都应该工于文。"①

具体讨论时,我引述章太炎对"文章"的看法:发表在《民报》上并广获好评的"论事数首",不值得推崇,因其浅露粗俗,"无当于文苑";反而是那些佶屈聱牙、深奥隐晦的学术著作如《訄书》等,"博而有约,文不奄质",方才真正当得起"文章"二字②。照章氏的说法,自家所撰"文实闳雅"的,除了《訄书》,还有箧中所藏的数十首;这数十首,应该就是第二年结集出版的《国故论衡》。而日后胡适撰《五十年来中国之文学》,除表彰此书"精心结构"外,还称书中各章"皆有文学的意味,是古文学里上品的文章"③。另外,1960年5月,钱穆给时正负笈哈佛的得意门生余英时写信:"鄙意论学文字极宜着意修饰,近人论学,专就文辞论,章太炎最有轨辙,言无虚发,绝不支蔓,但坦然直下,不故意曲折摇曳,除其多用僻字古字外,章氏文体最当效法,可为论学文之正宗。"④对于政治立

---

① 参见拙文《"学术文"的研习与追摹》,初刊《云梦学刊》2007年1期,后收入拙著《当代中国人文观察(增订本)》164—180页,北京:北京大学出版社,2010年。

② 章太炎:《与邓实书》,《章太炎全集》第四卷169—170页,上海:上海人民出版社,1985年。

③ 胡适:《五十年来中国之文学》,《胡适古典文学研究论集》123—126页,上海:上海古籍出版社,1988年。

④ 《钱宾四先生论学书简》,见余英时《犹记风吹水上鳞——钱穆与现代中国学术》253页,台北:三民书局,1991年。

场迥异的胡适,钱穆也承认其文章"清朗""精劲"且"无芜词"①。其实,着力表扬胡适的"长篇议论文",陈西滢和朱自清早已有言在先②。为了讲授"现代中国学术"这门课,我选择了自己心仪的16位现代中国学者(章太炎、梁启超、王国维、刘师培、蔡元培、胡适、鲁迅、顾颉刚、傅斯年、陈寅恪、钱穆、郭沫若、郑振铎、闻一多、宗白华、朱自清),每人各挑三篇文章,构成了本课程的"阅读文选"。课堂上,我再三强调,这些既是"文献",也是"文章",希望同学们阅读时能兼及"学问"与"文章"两个不同维度。

若章太炎的《五朝学》、王国维的《国学丛刊序》、蔡元培的《致〈公言报〉函并答林琴南函》、胡适的《〈水浒传〉考证》、鲁迅的《魏晋风度及文章与药及酒之关系》等,体例不一,宗旨有别,但都是学术史上举足轻重的名篇。我的要求是,除了从思想史、学术史、教育史角度阐释,更希望转换思路,从"文学史"或"文章学"的角度阅读。记得当初编《中国散文选》及撰写《中华文化通志·散文小说志》《从文人之文到学者之文——明清散文研究》时③,我选了许多"学者之文"乃至历史、地理、农学、艺

---

① 《钱宾四先生论学书简》,见余英时《犹记风吹水上鳞——钱穆与现代中国学术》254页。

② 参见陈西滢《新文学运动以来的十部著作》(上),《西滢闲话》335—336页,上海:新月书店,1928年;朱自清《〈胡适文选〉指导大概》,《朱自清全集》第二卷299页,南京:江苏教育出版社,1988年。

③ 参见陈平原编《中国散文选》,天津:百花文艺出版社,2000年;拙著《中华文化通志·散文小说志》,上海:上海人民出版社,1998年;拙著《从文人之文到学者之文——明清散文研究》,北京:三联书店,2004年。

术等专门著作。在传统中国,"文章"与"学问"并未截然分离;只是最近一百年,随着现代化大潮汹涌,"专业性"成为主流,二者的分野才变得如此显豁。

为何需要从"文章学"的角度阅读"论著"?就因为同是"著书立说",作者既受制于自家立场及时代风气,也受制于论题与文体。进入数据库及电子检索时代,读书人手指一按,相关资料便"脱颖而出"。这些脱离了特定语境的"文本",在研究者笔下,成了可供任意驱遣的"孤魂野鬼"。今人喜欢引证鲁迅,但往往不考虑那些出自小说、诗文、著述、书信、日记的"语录",各有其特定功能及限制。鲁迅本人是有明确的文体意识的,不说写给自己看的"日记",有特定读者的"书信",即便同是"论述",也都量体裁衣:"学问须冷隽,杂文要激烈;撰史讲体贴,演讲多发挥——所有这些,决定了鲁迅的撰述,虽有'大体',却无'定体',往往随局势、论题、媒介以及读者而略有变迁。"[①] 不仅鲁迅如此,古今中外很多文人学者都有"随机(体)应变"的能力。因此,单说"由文字以通乎语言,由语言以通乎古圣贤之心志"还不够,照钱锺书的设想:"复须解全篇之义乃至全书之指('志'),庶得以定某句之意('词'),解全句之意,庶得以定某字之诂('文');或并须晓会作者立言之宗尚、当时流行之

---

① 参见拙文《分裂的趣味与抵抗的立场——鲁迅的述学文体及其接受》,《文学评论》2005年5期。

文风、以及修词异宜之著述体裁,方概知全篇或全书之指归"①。前半句说的是"阐释之循环",后半句视野更加开阔,兼及历史、文化与文类。也就是说,阅读前人著述,不管"宗尚""文风"与"体裁",一律当"史料"看待,实在是"暴殄天物"。

我曾刻意表彰"有学之文"与"有文之学",同时再三提及"尚友古人"的诀窍,不仅在"道德",更包括"文章"②。钱穆提醒余英时认真研读与自己精神气质及学术趣味相近的学者,如黄宗羲的《明儒学案》和全祖望的《鲒埼亭集》,并称揣摩这些"绝大文字","于弟此后治学术思想史行文,必有绝大帮助"③。而在《中国近三百年学术史》第八讲,梁启超论述清初史学之建立,也曾专门表彰全祖望的性情与文章:"若问我对于古今人文集最爱读某家,我必举《鲒埼亭》为第一部了!"④依然健在的史学家中,能兼及考据与论述,撰写酣畅淋漓的大文章者,为数实在不多;而余英时名列其间,当之无愧。

作为"述学文章",第一要务是解决学术史上关键性的难题,既要求"独创性",也体现"困难度",最好还能在论证方式上"出新意于法度之中"。这对作者的学识、修养、洞见、才情乃至"智

---

① 钱锺书:《管锥编》171—172页,北京:中华书局,1979年。
② 参见拙著《当年游侠人——现代中国的文人与学者》(北京:三联书店,2006年)中《当年游侠人——关于黄侃》《〈读书〉时代"的精灵——怀念金克木先生》《念王瑶先生》诸文;以及《读书的"风景"——大学生活之春花秋月》(北京:北京大学出版社,2012年)中的《人文学的困境、魅力及出路》。
③ 参阅《钱宾四先生论学书简》,见余英时《犹记风吹水上鳞——钱穆与现代中国学术》254—255页。
④ 梁启超:《中国近三百年学术史(新校本)》115页,北京:商务印书馆,2011年。

慧",有很高的要求。品鉴此类"绝大文字",最好兼及大目标(如学术史意义及学问的境界)与小技巧(如构思之妙与细节之美)。撰述中之"腾挪趋避",既为了学术思路的推进,也是文章趣味的体现。在内行人看来,好的考证或论述(无论文学、史学,还是数学、物理),用如此简洁的笔墨彻底解决某些悬而未决的难题,本身就是"优美"的。

比起文学作品来,述学文章的"美感",更是言人人殊。今天很多学者迷恋陈寅恪的文章,当初胡适、钱穆可都是一口咬定陈寅恪学问好,但不会写文章[①]。这种事情,很难说谁对谁错。今人欣赏的,古人或后人未必喜欢;反之亦然。在我看来,因各自性情、学科及教养的差异,谈论作为"文章"的学术著作,可以有"偏见",但不能没有"自觉"。会不会写文章,是否此中高手,一出手,明眼人就能看出来。不要说一两本书、三五篇论文,有时就是那么几段话,聪明人"闻"都能闻出来——尤其是坏文章,更容易露馅。

要求研究生们仔细阅读若干好书好文,不只关心其在学术史上的贡献,更努力领略其论证方式、写作技巧,乃至文章的气势与韵味等——如此琢磨,有利于自家文章趣味的养成。至于能否从此登堂入室,逐渐由追摹走向创新,还得看个人造化。

批阅完一百零几份作业,大致感觉是,学生们是认真读过书

[①] 参见《胡适的日记》下册539页,北京:中华书局,1985年;《钱宾四先生论学书简》,见余英时《犹记风吹水上鳞——钱穆与现代中国学术》253页。

才落笔的——能力有高低,才华有大小,初涉此道,能有几句真正属于自己的"深切体会",这就很不错了。仍像以前一样,选择十篇左右好作业,推荐给自己比较熟悉的学术刊物[①]。不过,这回选择的不是《社会科学论坛》或《云梦学刊》,而是更有影响力的《文史知识》。我曾这样谈论此类"课堂作业"的长与短:"比起正在(或即将)撰写的博士论文来,这些'随意挥洒'的课堂作业,只是路边的闲花野草。可对于读书人来说,'学问'与'心境',二者缺一不可。如此说来,笔调轻松、言说自由、不含高深学理,但更多地浸润学生们的泪水与笑声的短文,也自有其可观处。"[②] 在越来越讲求"专业化"与"引用率"的当下,《文史知识》愿意选刊这些"习作",扶植正艰难跋涉的年轻学者,我深感欣慰。

2012年9月5日于香港中文大学客舍

(初刊《文史知识》2012年11期)

---

① 此前的五组文章,分别刊《社会科学论坛》2007年5期、《云梦学刊》2008年3期、《云梦学刊》2009年5期、《云梦学刊》2011年1期、《社会科学论坛》2012年2期。

② 拙文《〈学术规范与研究方法〉小引》,《社会科学论坛》2007年5期。

引用及参考书目

期刊：

《白话》《东方杂志》《大成》《国粹学报》《教育今语杂志》《民报》《清议报》《思想与时代》《太白》《太平洋》《文学周报》《小说月报》《新教育》《新民丛报》《新青年》《新小说》《新月》《绣像小说》《学衡》《宇宙风》《月月小说》《中国白话报》《传记文学》

报纸：

《北京大学日刊》《北京画报》《晨报》《晨报副刊》《大公报》《国立清华大学校刊》《国民公报》《警钟日报》《申报》《世界日报》《时事新报·学灯》《顺天时报》

巴赫金（Михаил Михайлович Бахтин）著、钱中文主编：《巴赫金全集》，石家庄：河北教育出版社，1998 年。

北冈正子著、何乃英译：《〈摩罗诗力说〉材源考》，北京：北京师范大学出版社，1983 年。

北京大学校刊编辑部编：《精神的魅力》，北京：北京大学出版社，1988 年。

北京大学校史研究室编：《北京大学史料》，北京：北京大学出版社，1993年。

北京大学校友联络处编：《筱吹弦诵情弥切——国立西南联合大学五十周年纪念文集》，北京：中国文史出版社，1988年。

布莱恩·麦基（Bryan Magee）编，周穗明、翁寒松译：《思想家——当代哲学的创造者们》，北京：三联书店，1987年。

蔡元培著、高平叔编：《蔡元培全集》，北京：中华书局，1984—1989年。

曹聚仁：《文坛三忆》，北京：三联书店，1999年。

曹聚仁：《中国学术思想史随笔》，北京：三联书店，1986年。

曹述敬：《钱玄同年谱》，济南：齐鲁书社，1986年。

陈骙、李涂著，王利器校点：《文则 文章精义》，北京：人民文学出版社，1960年。

陈平原：《触摸历史与进入五四》，北京：北京大学出版社，2005年。

陈平原：《从文人之文到学者之文——明清散文研究》，北京：三联书店，2004年。

陈平原：《当代中国人文观察》，北京：人民文学出版社，2004年。

陈平原：《二十世纪中国小说史》第一卷，北京：北京大学出版社，1989年。

陈平原：《老北大的故事》，南京：江苏文艺出版社，1998年。

陈平原：《小说史：理论与实践》，北京：北京大学出版社，1993年。

陈平原：《中国大学十讲》，上海：复旦大学出版社，2002年。

陈平原：《中国现代学术之建立——以章太炎、胡适之为中心》，北京：北京大学出版社，1998年。

陈平原、黄子平、钱理群：《二十世纪中国文学三人谈》，北京：人民文

347

学出版社，1988年。

陈平原、夏晓虹编：《北大旧事》，北京：三联书店，1998年。

陈平原、王枫编：《追忆王国维》，北京：中国广播电视出版社，1997年。

陈平原、杜玲玲编：《追忆章太炎》，北京：中国广播电视出版社，1997年。

陈平原、郑勇编：《追忆蔡元培》，北京：三联书店，2009年。

陈望道：《修辞学发凡》，上海：上海教育出版社，2002年。

陈望道著、池昌海主编：《陈望道文集》，上海：上海人民出版社，1980年。

陈寅恪：《金明馆丛稿二编》，上海：上海古籍出版社，1980年。

陈源：《西滢闲话》，上海：新月书店，1931年3版。

陈垣著，陈乐素、陈智超编校：《陈垣史学论著选》，上海：上海人民出版社，1981年。

陈智超编：《陈垣先生往来书札》，台北："中研院"中国文哲研究所筹备处，1992年。

陈智超编：《励耘书屋问学记》，北京：三联书店，1982年。

程湖湘编：《演讲学》，上海：商务印书馆，1933年。

程千帆：《文论要诠》，上海：开明书店，1948年。

程千帆：《文论十笺》，哈尔滨：黑龙江人民出版社，1983年。

崔国良编：《张伯苓教育论著选》，北京：人民教育出版社，1997年。

丁履进：《国立南开大学》，台北：南京出版社有限公司，1981年。

丁文江、赵丰田编：《梁启超年谱长编》，上海：上海人民出版社，1983年。

冯友兰：《三松堂自序》，北京：三联书店，1984年。

复旦大学校志编写组编：《复旦大学志》，上海：复旦大学出版社，1985年。

福泽谕吉著、北京编译社译:《文明论概略》,北京:商务印书馆,1982年。

福泽谕吉著、群力译:《劝学篇》,北京:商务印书馆,1984年。

冈野英太郎著、钟观浩译:《演说学》,广州:文明书局,1923年;上海:国光书局,1925年。

高乃同编著:《蔡孑民先生传略》,重庆:商务印书馆,1943年。

高平叔撰著:《蔡元培年谱长编》,北京:人民教育出版社,1996年。

顾潮编著:《顾颉刚年谱》,北京:中国社会科学出版社,1993年。

顾颉刚编:《古史辨》第一册,上海:上海古籍出版社,1982年。

顾炎武著、黄汝成集释:《日知录集释》,上海:世界书局,1936年。

古奇(G. P. Gooch)著、耿淡如译:《十九世纪历史学与历史学家》,北京:商务印书馆,1989年。

郭良夫编:《完美的人格:朱自清的治学和为人》,北京:三联书店,1987年。

汉尼·柯恩(Hennig Cohen)编、朱立民等译:《美国划时代作品评论集》,北京:三联书店,1988年。

郝理思特(R.D.T.Hollister)著、刘奇编译:《演说学》,上海:商务印书馆,1930年。

贺麟:《五十年来的中国哲学》,沈阳:辽宁教育出版社,1989年。

侯外庐:《中国近代思想学说史》,上海:生活书店,1947年。

侯外庐:《中国近代启蒙思想史》,北京:人民出版社,1993年。

胡适:《白话文学史》,长沙:岳麓书社,1986年。

胡适:《胡适全集》,合肥:安徽教育出版社,2003年。

胡适:《胡适文存》,上海:亚东图书馆,1921年。

胡适：《胡适文存二集》，上海：亚东图书馆，1924年。

胡适：《胡适文存三集》，上海：亚东图书馆，1930年。

胡适著、欧阳哲生编：《胡适文集》，北京：北京大学出版社，1998年。

胡适：《胡适的日记》（手稿本），台北：远流出版事业公司，1990年。

胡适著、上海古籍出版社编：《胡适古典文学研究论集》，上海：上海古籍出版社，1988年。

胡适：《中国哲学史大纲》，上海：商务印书馆，1919年。

胡适著，中国社会科学院近代史研究所中华民国史研究室编：《胡适的日记》，北京：中华书局，1985年。

荒井健主编：《中華文人の生活》，东京：平凡社，1994年。

黄遵宪著、钱仲联笺注：《人境庐诗草笺注》，上海：上海古籍出版社，1981年。

吉本（Edward Gibbon）著、戴子钦译：《吉本自传》，北京：三联书店，1989年。

纪昀等：《四库全书总目》，北京：中华书局，1965年。

蒋梦麟：《西潮》，台北：世界书局，1962年。

克罗齐（Benedetto Croce）著、傅任敢译：《历史学的理论和实际》，北京：商务印书馆，1982年。

昆廷·斯金纳（Quentin Skinner）编，王绍光、张京媛等译：《人文科学中大理论的复归》，香港：社会理论出版社，1991年。

李霁野：《李霁野文集》，天津：百花文艺出版社，2004年。

李妙根编：《刘师培论学论政》，上海：复旦大学出版社，1990年。

李孝悌：《清末的下层社会启蒙运动：1901—1911》，石家庄：河北教育出版社，2001年。

李宗侗等：《中国历代大学史》，台北：台湾中华文化出版事业委员会，1958年。

梁启超著、林志钧编：《饮冰室合集·专集》，上海：中华书局，1936年。

梁启超：《梁任公近著第一辑》，上海：商务印书馆，1923年。

梁启超：《梁任公学术讲演集》第二辑，上海：商务印书馆，1922年。

梁启超著、朱维铮校注：《梁启超论清学史二种》，上海：复旦大学出版社，1985年。

梁启超著、夏晓虹编校：《中国现代学术经典·梁启超卷》，石家庄：河北教育出版社，1996年。

梁任公讲演，卫士生、束世澂笔记：《中学以上作文教学法》，上海：中华书局，1925年。

梁实秋：《梁实秋怀人丛录》，北京：中国广播电视出版社，1991年。

梁漱溟：《东西文化及其哲学》，北京：商务印书馆，1987年。

刘大櫆、吴德旋、林纾：《论文偶记 初月楼古文绪论 春觉斋论文》，北京：人民文学出版社，1959年。

刘坚主编：《二十世纪的中国语言学》，北京：北京大学出版社，1998年。

刘师培著、舒芜校点：《中国中古文学史 论文杂记》，北京：人民文学出版社，1962年。

鲁迅：《鲁迅全集》，北京：人民文学出版社，1981年。

罗家伦：《逝者如斯集》，台北：传记文学出版社，1967年。

罗家伦：《文化教育与青年》，上海：商务印书馆，1945年。

罗素（Bertrand Russell）著、何兆武等译：《论历史》，北京：三联书店，

1991年。

罗新璋编:《翻译论集》,北京:商务印书馆,1984年。

罗志田:《裂变中的传承》,北京:中华书局,2003年。

马蹄疾:《鲁迅讲演考》,哈尔滨:黑龙江人民出版社,1981年。

马相伯著、方豪编:《马相伯先生文集》,北平:上智编译馆,1947年。

马相伯著、朱维铮主编:《马相伯集》,上海:复旦大学出版社,1996年。

马一浮:《复性书院讲录》,南京:江苏教育出版社,2005年。

牟宗三:《中国哲学的特质》,台北:台湾学生书局,1987年。

南开大学校史编写组编:《南开大学校史》,天津:南开大学出版社,1989年。

欧阳哲生编:《追忆胡适》,北京:社会科学文献出版社,2000年。

彭明:《五四运动史(修订本)》,北京:人民出版社,1998年。

彭明辉:《历史地理学与现代中国史学》,台北:东大图书公司,1995年。

钱基博:《现代中国文学史》,长沙:岳麓书社,1986年。

钱穆:《八十忆双亲 师友杂忆》,长沙:岳麓书社,1986年。

钱穆:《国史大纲》,北京:商务印书馆,1996年。

钱穆:《宋明理学概述》,台北:中华文化出版事业委员会,1953年。

钱穆:《中国历史研究法》,北京:三联书店,2001年。

钱穆:《中国史学名著》,北京:三联书店,2004年。

秋瑾著、中华书局上海编辑所整理:《秋瑾集》,上海:上海古籍出版社,1979年新1版。

任毕明:《雄辩术》,桂林:实学书局,1943年。

任毕明:《谈话术》,桂林:实学书局,1945年。

任毕明：《演讲·雄辩·谈话术》，桂林：实学书局，1946年。

任鸿隽著，樊洪业、张久春选编：《科学救国之梦——任鸿隽文存》，上海：上海科技教育出版社，2002年。

桑兵：《清末新知识界的社团与活动》，北京：三联书店，1995年。

桑兵：《晚清学堂学生与社会变迁》，上海：学林出版社，1995年。

单演义：《鲁迅小说史大略》，西安：陕西人民出版社，1981年。

申丹：《叙述学与小说文体学研究》，北京：北京大学出版社，2001年。

申泮文主编：《黄钰生同志纪念集》，天津：南开大学出版社，1991年。

宋恕著、胡珠生整理：《宋恕集》，北京：中华书局，1993年。

苏云峰：《从清华学堂到清华大学（1911—1929）》，台北："中研院"近代史研究所，1996年。

台湾大学编：《傅故校长哀挽录》，台北：台湾大学，1950年。

汤普森（J.W. Thompson）著、谢德风译：《历史著作史》上卷，北京：商务印书馆，1988年。

汤普森（J. W. Thompson）著、孙秉莹等译：《历史著作史》下卷，北京：商务印书馆，1992年。

汤志钧编：《章太炎年谱长编》，北京：中华书局，1979年。

王汎森：《中国近代思想与学术的系谱》，石家庄：河北教育出版社，2001年。

王力：《古代汉语》，北京：中华书局，1962年。

汪励吾：《实验演说学》，上海：人生书局，1928年；

王学珍等主编：《北京大学纪事》，北京：北京大学出版社，1998年。

王瑶著、《王瑶全集》编辑小组编：《王瑶全集》，石家庄：河北教育出版社，2000年。

韦勒克（René Wellek）、沃伦（Austin Warren）合著，刘象愚等译：《文学理论》，北京：三联书店，1984年。

闻一多著，孙党伯、袁謇正主编：《闻一多全集》，武汉：湖北人民出版社，1993年。

吴讷、徐师曾著，于北山、罗根泽校点：《文章辨体序说 文体明辨序说》，北京：人民文学出版社，1982年。

夏晓虹：《觉世与传世——梁启超的文学道路》，上海：上海人民出版社，1991年。

夏晓虹：《诗骚传统与文学改良》，杭州：浙江文艺出版社，1998年。

夏晓虹编：《追忆梁启超》，北京：中国广播电视出版社，1997年。

夏晓虹、王风等：《文学语言与文章体式》，合肥：安徽教育出版社，2006年。

显克微支（H.Sienkiewica）等著、周作人辑译：《点滴》，北京：北京大学出版部，1920年。

香港岭南学院翻译系编译：《社会科学的措辞》，香港：牛津大学出版社，1997年。

萧超然：《北京大学与五四运动》，北京：北京大学出版社，1986年

萧超然等编著：《北京大学校史》，北京：北京大学出版社，1988年。

小森阳一著、陈多友译：《日本近代国语批判》，长春：吉林人民出版社，2003年。

谢曼诺夫（В.И. Семанов）著、李明滨译：《鲁迅和他的前驱》，长沙：湖南文艺出版社，1987年。

徐松石编著：《演讲学大要》，上海：中华书局，1928年。

严复著、王栻编：《严复集》，北京：中华书局，1986年。

亚理斯多德（Αριστοτέλης）著、罗念生译：《修辞学》，北京：三联书店，1991年。

杨炳乾编：《演说学大纲》，上海：商务印书馆，1928年。

杨天石、王学庄编：《拒俄运动》，北京：中国社会科学出版社，1979年。

杨扬、陈引驰、傅杰选编：《学人自述》，杭州：杭州大学出版社，1998年。

叶圣陶：《叶圣陶语文教育论集》，北京：教育科学出版社，1980年。

余楠秋：《演说学ABC》，上海：ABC丛书社，1928年。

余楠秋：《演说学概要》，昆明：中华书局，1941年。

余英时：《犹记风吹水上鳞——钱穆与现代中国学术》，台北：三民书局，1991年。

章念驰编：《章太炎生平与学术》，北京：三联书店，1988年。

章太炎：《国故论衡》，东京：国学讲习会，1910年。

章太炎著、汤志钧编：《章太炎政论选集》，北京：中华书局，1977年。

章太炎著、朱维铮编校：《章太炎全集》第3卷，上海：上海人民出版社，1984年。

章太炎著、徐复等编校：《章太炎全集》第4卷，上海：上海人民出版社，1985年。

章太炎著、陈平原编校：《中国现代学术经典·章太炎卷》，石家庄：河北教育出版社，1996年。

章太炎著、陈平原编校：《章太炎的白话文》，贵阳：贵州教育出版社，2001年。

章太炎主讲、曹聚仁记述：《国学概论》，香港：学林书店，1971年。

章太炎主讲、张冥飞笔述：《章太炎国学讲演集》，上海：新文化书社，1935年。

章太炎：《章太炎先生自定年谱》，上海：上海书店，1986年影印。

张玉法：《清季的立宪团体》，台北："中研院"近代史研究所，1971年。

张中行：《负暄琐话》，哈尔滨：黑龙江人民出版社，1986年。

张中行：《文言和白话》，哈尔滨：黑龙江人民出版社，1988年。

郑奠、谭全基编：《古汉语修辞学资料汇编》，北京：商务印书馆，1980年。

郑子瑜：《中国修辞学史稿》，上海：上海教育出版社，1984年。

钟敬文著译、王得后编：《寻找鲁迅　鲁迅的印象》，北京：北京出版社，2002年。

中国人民政治协商会议全国委员会文史资料研究委员会编：《文史资料选辑》第83辑，北京：文史资料出版社，1982年。

中国社会科学院近代史研究室编：《五四运动回忆录（续）》，北京：中国社会科学出版社，1979年。

中国社会科学院近代史研究室中华民国史组编：《胡适来往书信选》，北京：中华书局，1979年。

周策纵著、周子平等译：《五四运动：现代中国的思想革命》，南京：江苏人民出版社，1996年。

周谷城著：《周谷城史学论文选集》，北京：人民出版社，1983年。

周予同著、朱维铮等编：《周予同经学史论著选集（增订本）》，上海：上海人民出版社，1996年。

周作人：《苦竹杂记》，上海：良友图书公司，1936年。

周作人：《谈虎集》，上海：北新书局，1928年。

周作人：《艺术与生活》，上海：群益书社，1931年。

周作人：《永日集》，上海：北新书局，1929年。

周作人：《中国新文学的源流》，北平：人文书店，1934年订正三版。

周作人：《周作人日记》（鲁迅博物馆藏），郑州：大象出版社，1996年。

周作人：《周作人回忆录》，长沙：湖南人民出版社，1982年。

朱杰人、严佐之、刘永翔主编：《朱子全书》，上海：上海古籍出版社，合肥：安徽教育出版社，2002年。

朱金顺辑录：《鲁迅演讲资料钩沉》，北京：北京师范大学中文系，1979年。

朱有瓛主编：《中国近代学制史料》，上海：华东师范大学出版社，1986年。

朱自清著、朱乔森编：《朱自清全集》，南京：江苏教育出版社，1988年。

人名索引

A

爱罗先珂 109

B

巴赫金 15

柏拉图 203

保尔·孟禄（Paul Monroe）74

北冈正子 22

毕沅 235

彬彬 223

波德莱尔 109

博晨光 73

布尔达克 220

布尔特奇 215, 217

C

蔡尚思 227

蔡锡勇 88

蔡元培 2, 14, 39, 40, 53, 59, 75, 76, 79, 85, 87, 89, 95, 96, 97, 144, 145, 147, 148, 150, 151, 153, 154, 155, 157, 158, 159, 160, 161, 162, 163, 164, 165, 166, 167, 168, 169, 170, 171, 172, 173, 174, 175, 176, 177, 178, 180, 182, 183, 184, 185, 187, 188, 266, 280, 281, 291, 295, 299, 315, 329

蔡璋 88

曹聚仁 70, 81, 99, 100, 119, 120, 124, 125, 140, 141, 205, 261

曹丕 245

曹述敬 77, 294

陈宝泉 85

陈大齐 86, 152

陈独秀 89, 125, 126, 173, 180, 294, 296, 298

陈黻宸 209

陈衡哲 309, 312

陈骙 15

陈澧（兰甫）192, 198

陈亮 29

陈启修 68, 73, 86

陈汉章 359

陈绎曾 16, 330

陈寅恪 7, 9, 31, 208, 226, 229, 271, 272, 283, 308, 337, 338

陈垣（援庵）7, 31, 226, 227, 309

陈源（陈西滢）76, 77, 282, 283, 307, 311

陈政 90, 91

陈智超 227

陈钟凡 101

程道德 137

程湖湘 76

程千帆 208

程廷祚 291

崔实 206

崔述 291, 303, 320

D

戴名世 235

戴震（戴东原）120, 291, 292

戴子钦 241

汉斯·德里斯赫（Hans Driesch）74

德富苏峰 22, 212

邓萃英 86

邓恭三（邓广铭）91, 136

邓康（中夏）71

邓正来 23

邓中夏 74

狄平子（平等阁主人）75

丁文江 40, 95, 102, 103, 104, 117, 125, 139

杜威 25, 74, 98, 291, 292, 300

段玉裁 198

F

范晔 205

范缜 205

方豪 90, 227

费希特 170

冯文炳 149

冯友兰 7, 14, 26, 145, 146, 272, 291, 329

冯玉祥 116

浮田和民 209, 210

福柯 26

福泽谕吉 38, 50, 51, 52

傅斯年 194

傅增湘 303

G

冈野英太郎 76

高鲁 86

高乃同（高平叔） 87, 153, 158, 162, 175, 176, 180, 187

高琦 16, 29, 330

高一涵 73, 310

郜元宝 272

格林 218, 239

龚宝铨 192

龚自珍 199

古奇 218

顾潮 193

顾颉刚 7, 193, 309, 314, 315

顾寔 101

顾亭林 115

顾炎武 17, 20, 30, 235, 292, 293, 331

郭良夫 70

郭沫若 277

H

海德格尔 25, 26

韩愈 32, 206, 320

郝理思特（R.D.T.Hollister） 76

何九盈 201

何乃英 22

何兆武 238, 240

何植三 112

贺麟 32, 91, 202, 203

赫胥黎 25

侯外庐 190, 191, 196, 202, 203

胡适 3, 4, 6, 9, 12, 14, 30, 31, 32, 33, 54, 73, 76, 77, 78, 79, 86, 95, 98, 100, 105, 106, 107, 108, 111, 120, 121, 122, 123, 124, 125, 126, 127, 128, 131, 132, 133, 134, 135, 136, 137, 138, 142, 147, 157, 178, 179, 181, 182, 184, 194, 195, 196, 197,

202, 204, 207, 208, 222, 226, 228, 254, 260, 264, 265, 266, 267, 272, 279, 280, 282, 283, 284, 285, 286, 287, 288, 289, 290, 291, 292, 293, 294, 295, 296, 297, 298, 299, 300, 301, 302, 303, 304, 305, 306, 307, 308, 309, 310, 311, 312, 313, 314, 315, 316, 317, 318, 319, 320, 321, 325, 326, 327, 328, 329, 337, 338

胡颂平 303, 310, 312

胡先骕 101, 122

怀特海 203

荒井健 278

黄伯易 100, 101

黄晦闻（黄节） 115

黄侃 100

黄汝成 30

黄世晖 157

黄炎培 40, 59, 75, 97, 174

黄钰生 61, 62

黄宗羲（黄黎洲） 78, 115, 156, 229, 230, 232, 235, 297

黄遵宪 39, 126, 207

J

嵇康 205

吉本（吉朋） 215, 216, 217, 218, 238, 239, 240, 241

纪昀 156

季羡林 146

蒋梦麟 170

蒋维乔 175

金和 126

K

康白情 74

康宝忠 86

康有为 39, 53, 154, 199, 207, 226, 293, 320

克罗齐 217

孔广森 198

L

黎锦明 243

黎锦熙 77, 108, 124, 133, 294, 298

李伯元 37

李大钊（李守常） 95, 310

李二曲 115

李鸿章 214, 221

李霁野 56

李剑农 310

李妙根 48

李明滨 250

李去病 44

李盛铎 39

李文海 44

李小峰 152, 153, 156

李孝悌 45, 48, 52, 58, 97

李煜瀛 86

李兆洛 206

梁令娴 103, 139

梁启超（饮冰室主人） 20, 22, 31, 32, 36, 37, 38, 39, 40, 43, 44, 46, 53, 54, 57, 58, 71, 77, 78, 79, 87, 88, 98, 100, 101, 102, 103, 104, 105, 111, 113, 114, 115, 116, 117, 120, 122, 124, 125, 126, 127, 128, 129, 130, 131, 133, 135, 137, 138, 139, 142, 174, 183, 191, 198, 200, 202, 204, 209, 210, 211, 212, 213, 214, 215, 216, 217, 218, 219, 220, 221, 222, 223, 224, 225, 228, 230, 231, 232, 233, 234, 235, 236, 237, 238, 239, 240, 241, 264, 268, 273, 302, 304, 314, 327, 332, 337, 338

梁容若 114, 115, 120

梁实秋 110, 112, 113, 114, 115, 122, 252, 268, 269, 316

梁漱溟 54, 90, 91, 95

梁思成 113, 114

廖平 226, 320

廖书仓 74

林纾 29, 30, 184, 222, 299

林泰辅 199

凌士礼（Lindsley） 88

刘半农 119, 246, 295, 296

刘坚 201

刘奇 76

刘师培 21, 42, 48, 49, 54, 78, 79, 80, 82, 209, 232, 280, 281, 296, 297

刘象愚 244

刘永翔 156

刘知几 7, 20, 233

柳亚子 53

柳诒徵 101, 120

柳宗元 320

卢那察尔斯基 269

鲁迅 21, 22, 25, 33, 35, 36, 54, 55, 56, 57, 79, 108, 109, 110, 112, 117, 123, 128, 152, 175, 178, 181, 189, 242, 243, 244, 245, 246, 247, 248, 249, 250, 251, 252, 253, 254, 255, 256, 257, 258, 259, 260, 261, 262, 263, 264, 265, 266, 267, 268, 269, 270, 271, 272, 273, 274, 275, 276, 278, 279, 281, 286, 288, 301, 312, 313, 314, 332, 333, 338

陆九渊 293

罗常培 82, 90

罗家伦 74, 152, 154

罗念生 74, 83

罗素 25, 74, 237, 238, 240

罗新璋 32

罗振玉 27, 199, 308

罗志田 80, 308

M

马克思 15, 25, 26, 96

马廉 252

马蹄疾 57, 254

马相伯 60, 61, 90

马叙伦 209

马一浮 87

马幼渔 100, 119

麦可莱 218, 239, 240

麦克洛斯基 13

毛泽东 176, 177

毛子水 194

茅盾 245, 250

梅光迪 122

梅兰芳 252

牟宗三 93

缪凤林 101

N

纳兰性德 274

南山（陈望道） 16, 236, 244, 251, 261, 262

尼采 24, 25, 279

尼尔逊 13

O

欧阳修 18, 320, 331

欧阳哲生 121

P

裴颁 205

彭明 21, 70

彭明辉 21

皮锡瑞 191

普鲁塔克 216, 217, 221, 238

Q

启功 227

钱基博 222, 241

钱穆 7, 31, 78, 92, 93, 94, 201, 208, 224, 225, 226, 227, 229, 230, 231, 241, 283, 308, 321

钱玄同 40, 77, 100, 108, 115, 118, 119, 184, 253, 264, 266, 294, 295, 296, 298

钱锺书（中书君）32, 92, 267, 301, 326

邱吉尔 122, 316

秋瑾 40, 41, 48, 49

裘锡圭 201

屈原 102, 256

全祖望 229, 230, 231, 232

犬养毅 38, 174, 213

R

任毕明 76

任昉 205

任鸿隽 52, 53, 139, 140

任继愈 146

任启圣 140

阮籍 205

S

桑兵 44, 63

单不庵 81, 115

单演义 265

邵力子 100, 125

申丹 244

申泮文 62

沈从文 245

沈兼士 91, 100

沈延国 81

沈雁冰（雁冰）244, 245

沈尹默 193

沈约 205

矢野龙溪 87

舒新城 65

束世澂 130, 137

司马迁 9, 220, 221

斯提（叶圣陶） 153, 276, 277

宋恕（宋平子） 41, 42

宋玉 256

苏雪林 121, 305

苏云峰 62

素痴 305

孙诒让 195

孙中山 95, 199

孙周兴 23

T

谭全基 16

谭嗣同 39, 207

汤炳正 89, 117, 181

汤尔和 85

汤普森 217, 218, 240

汤志钧 192

唐德刚 282, 287, 298, 305, 315

唐作藩 200

陶履恭 86

陶希圣 193, 194

陶行知 54, 73

陶渊明 251

童益临 76

托尔斯泰 275

W

汪精卫 154, 155, 170

汪励吾 76

汪中（汪容甫） 192, 206, 284

王弼 205

王船山 78, 115, 297

王汎森 42

王枫 27

王国维 9, 27, 31, 53, 78, 208, 226, 283, 307, 333

王宏志 269

王闿运 207

王力 15, 149

王若虚 245

王桐龄 116

王星拱 86, 152

王学珍 70, 71, 73

王学庄 63

王瑶 11, 277

王引之 198, 284

王照 116

韦勒克 244

卫士生 129, 130, 137

魏中林 94

闻一多 54, 63

沃伦 244

吴大猷 62

吴检斋 119

吴敬恒 292

吴君遂 228

吴梅 101, 187

吴蒙 37

吴宓 122

吴稚晖 182, 183, 260, 264, 292

吴组缃 70

X

夏曾佑 20, 209, 332

夏晓虹 22, 46, 48, 64, 101, 102, 113, 114, 115, 116, 120, 126, 185, 194, 198, 200, 211, 214, 215, 220, 222, 223, 230, 232, 233, 234, 235

萧超然 63, 70, 72, 146

小森阳一 50, 87

叶德辉 308

叶龙 92

谢国桢 223

谢曼诺夫 249, 250

徐訏 121

徐佛苏 138

徐凌霄 223

徐念慈 22

徐松石 76

徐则陵 21

许德珩 74

许寿裳 117, 175

许广平 55

宣炳善 60

Y

亚里士多德（亚理斯多德）74, 83

严范孙 155

严复 31, 32, 53, 78, 155, 175, 213, 269

严佐之 156

颜元 292

燕树棠 73

杨炳乾 76

杨鸿烈 114, 115, 116

杨树达 115

杨天石 42, 63

杨振声 149

以赛亚·伯林 167

于右任 60, 61

余楠秋 76

余英时 8, 31, 208, 224, 225, 226, 227, 228, 229, 230, 231, 282, 283, 299, 308, 321, 328

俞旦初 209

俞平伯 8, 70, 259

俞同奎 64, 86

俞樾 198

庾信 205

郁达夫 277

Z

曾鲲化 209

增田涉 265

张百熙 64

张伯苓 61, 107, 155

张国焘 74

张继 42

张谨 85

张冥飞 81, 99, 124, 140, 141

张其昀 20, 21, 101, 102, 104, 145, 146, 229

张汝伦 23

张天翼 245

张荫麟 218, 239, 305

张玉法 43, 44

张元济 126, 155

张政烺 179

张中行 119, 120

章炳麟（章绛、章太炎） 2, 3, 4, 8, 20, 25, 27, 30, 31, 40, 52, 53, 54, 78, 79, 81, 82, 89, 97, 98, 99, 110, 117, 118, 119, 120, 122, 124, 125, 135, 139, 140, 141, 142, 175, 181, 184, 189, 190, 191, 192, 194, 195, 196, 197, 198, 199, 200, 201, 202, 203, 204, 205, 206, 207, 208, 209, 213, 226, 227, 228, 241, 253, 261, 273, 276, 284, 287, 288, 294, 297, 298, 307, 311, 316, 318, 319, 320, 325, 332, 337, 338

章念弛 201

章士钊 84, 86, 223, 310

章学诚 7, 8, 18, 19, 20, 21, 23, 190, 198, 233, 291, 292, 320, 331

赵尔巽 58

赵丰田 40, 102, 103, 104, 117, 125, 139

赵启霖 80

郑奠 16

郑振铎 8, 221, 222, 223, 224, 225, 241, 252, 254

郑子瑜 16

中岛长文 272, 278

中夏 71, 74

钟观浩 76

钟敬文 265

周策纵 74

周谷城 36

周桂笙 41, 58

周世钊 176

周予同 191

周作人（仲密）32, 33, 40, 54, 79, 80, 87, 91, 92, 98, 99, 100, 105, 108, 109, 110, 111, 112, 113, 117, 118, 119, 122, 123, 125, 134, 135, 136, 142, 152, 153, 172, 184, 200, 250, 253, 259, 260, 266, 271, 279, 280, 286

朱光潜（明石）260, 273

朱杰人 156

朱金顺 56, 57, 254

朱舜水 115

朱维铮 60, 90, 202, 231, 232, 236

朱务善 69, 70

朱熹 53, 156, 293

朱英 44

朱有瓛 59, 60

朱自清 7, 54, 70, 76, 77, 153, 154, 157, 158, 182, 183, 184, 187, 188, 277, 283, 304, 305, 318, 319

竺可桢 21

庄士敦 73

书名、篇名索引

A

《安徽俗话报》 296

B

《八十年来》 59

《八十忆双亲　师友杂忆》 229

《巴赫金全集》 15

《跋〈梁任公别录〉》 218, 239

《白话》 41

《白话文学史》 108, 132, 301, 307, 315

《白话文学史·自序》 108, 132, 315

《稗边小缀》 266

《帮忙文学与帮闲文学》 56

《保守文言的第三道策》 262

《北大传统：另一种阐释》 187

《北大的"老"与"大"》 146

《北大第二十二年开学式演说词》 164, 169, 170

《北大国语演说会、北大国语辩论会启事》 73

《北大国语演说会简章》 73

《北大旧事》 64, 185, 194

《北大平民教育讲演团常年大会纪事》 72

《北京大学二十周年纪念册》 147

《〈北京大学二十周年纪念册〉序》 147

《北京大学纪事》 71, 73

《北京大学平民教育讲演团简章》 70, 72

《北京大学平民教育讲演团缘起及组织大纲》 69, 70

《北京大学日刊》 66, 67, 68, 69,

70, 71, 72, 73, 84, 86, 96, 176, 183

《北京大学史料》 64, 65, 70, 71

《北京大学五十周年》 147

《北京大学校史》 63

《北京大学雄辩会国语第一支部细则》 67

《北京大学与五四运动》 70, 72

《北京大学预科》 194

《〈北京大学月刊〉发刊词》 167, 183

《北京画报》 46, 48

《背影·序》 319

《本馆第一百册祝辞并论报馆之责任及本馆之经历》 87

《逼上梁山》 295

《敝帚集》 277

《敝帚千金》 46

《壁下译丛》 247, 286

《辨性》 192, 202

《辩论会开成立会纪事》 69

《辩论会启事》 69, 72

《辩论会通告第三号》 69

《不肯再任北大校长的宣言》 168, 177

C

《蔡孑民先生传略》 153

《蔡孑民先生传略·编者叙言》 153

《〈蔡孑民先生传略〉叙言》 87

《蔡孑民先生言行录》 87, 145, 151, 152, 153, 155, 157, 160, 170, 176, 177, 181, 183, 184, 185, 186, 187, 188, 336

《〈蔡孑民先生言行录〉指导大概》 153, 182, 183

《蔡孑民先生在信教自由会之演说》 89

《蔡孑民先生之欧战观——政教会欢迎会之演说》 89

《蔡先生著述目录》 157

《蔡元培年谱长编》 158, 162, 175, 176, 180

《蔡元培全集》 97, 147, 148, 154, 155, 158, 159, 160, 161, 162, 163, 164, 165, 166, 167, 168, 169, 170,

书名、篇名索引

171, 172, 173, 174, 177, 182, 183, 184, 187, 266, 280, 295, 299

《蔡元培文集》 187

《蔡元培文选》 153

《差不多先生传》 283

《尝试集》 77, 127, 128, 282, 296, 304, 311

《朝花夕拾》 246

《〈朝花夕拾〉小引》 246

《陈望道文集》 16

《陈寅恪学术表述臆解》 308

《陈垣史学论著选》 227

《陈垣先生的学术贡献》 227

《陈垣先生往来书札》 227

《晨报》 73, 104

《晨报副镌》 110

《程千帆选集》 208

《〈出了象牙之塔〉后记》 270

《触摸历史与进入五四》 8, 79, 187

《传音快字》 88

《创设宣讲传习所议》 41, 42

《春觉斋论文》 29, 30

《春末闲谈》 247

《从帮忙到扯淡》 256

《从清华学堂到清华大学（1911—1929）》 62

《崔述的年谱》 303

D

《答KS君》 252

《答北斗杂志问》 248

《答鲁迅先生》 268

《答苏雪林书》 305

《大公报》 40, 45, 46, 48, 61, 64, 97, 176

《大公报·文学》 305

《大学改制之事实及理由》 164

《大学教育》 166

《大学令》 162

《大学排名、大学精神与大学故事》 186

《大学演讲与自我启蒙》 60

《当代中国的文言与白话》 80, 274

《当代中国人文观察》 1, 7, 80

《莳汉微言》 203

《蓟汉微言结语》 203

《悼梁任公先生》 102

《悼梁卓如先生（1873—1929）》 101

《道德教育》 106

《灯下漫笔》 247

《典论·论文》 245

《点滴》 152, 271

《订孔》 195

《东方杂志》 20, 135, 293, 300

《东南大学课毕告别辞》 103

《东塾读书记》 192, 197

《东西文化及其哲学》 90, 91

《〈东西文化及其哲学〉自序》 91

《读〈草堂〉》 123

《读〈呐喊〉》 244, 245

《读书》 4, 10, 186, 194, 200, 267, 338

《读书与爱国——在杭州之江大学演说词》 169, 170

《读书指导》 153

《读仲密君〈思想界的倾向〉》 100, 125

《读周春狱君〈大学改制之商榷〉》 164

《杜威先生与中国》 292

《对于新教育之意见》 171

《对于学生的希望》 176

《盾鼻集》 216

E

《儿童的文学》 109

《二十年目睹之怪现状》 131, 255

《二十史朔闰表》 309

《二十世纪初年中国的新史学思潮初考》 209

《二十世纪的中国语言学》 200, 201

《二十世纪中国小说史》 46, 270

《〈二十四孝图〉》 261

《二心集》 247, 248

《〈二心集〉序言》 248, 251

《二心集·宣传与做戏》 252

《二心集·"硬译"与"文学的阶级性"》 252

F

《翻译论集》 32

《翻译文学与佛典》 268

《反西方的西方主义与反传统的传统主义——刘师培与"社会主义讲习会"》 42

《分裂的趣味与抵抗的立场——鲁迅的述学文体及其接受》 57, 337, 338, 342

《坟》 247, 252, 286

《坟·论照相之类》 252

《〈坟〉题记》 247, 248, 253

《冯友兰〈中国哲学史〉上册审查报告》 272

《夫子循循然善诱人》 227

《负暄琐话》 119, 120

《复旦大学志》 61

《复旦公学章程》 60

《复古的反动》 135

《复季常书》 103

《复性书院讲录》 86, 87

《傅故校长哀挽录》 194

《傅孟真先生传略》 194

G

《改造》 130, 139

《改组雄辩会之提议》 68, 69

《改组雄辩会之提议·公启》 68

《工学互助团的大希望》 183

《估学衡》 123

《古代汉语》 15

《古汉语的修辞》 15

《古汉语修辞学资料汇编》 16

《古今中外派》 135

《古史辨》 193, 309, 315

《古史辨第一册自序》 193

《古书与白话》 259, 261

《古文学》 135

《故事新编》 245, 246

《〈故事新编〉序言》 245

《顾颉刚年谱》 193

《关于翻译的通信》 270, 271

《关于太炎先生二三事》 189

《关于章太炎先生的回忆》 99, 125

《关于震旦与复旦种种》 60

《关于最早油印本〈小说史大略〉讲义的说明》 265

《官场现形记》 131, 255

《管锥编》 32, 301, 326

《广论语骈枝》 118

《国朝名臣言行录》 157

《国粹学报》 198, 200, 201, 228, 232, 280, 297

《国粹与欧化》 135

《国风》 107

《国风报》 222

《国故论衡》 2, 8, 9, 30, 53, 81, 189, 190, 191, 192, 193, 194, 195, 196, 197, 198, 199, 200, 202, 203, 207, 228, 273, 288, 317, 325

《〈国故论衡〉出版广告》 198

《国故论衡·理惑论》 199

《国故论衡·论式》 204, 205, 206, 284, 311, 320

《国故论衡·文学总略》 208

《国立美术学校成立及开学式演说词》 177

《国立南开大学》 62

《国立西北大学、陕西教育厅合办暑期学校讲演集（二）》 255

《国民丛书》 212

《国民公报》 61

《国史大纲》 229

《国外勤工俭学会与国内工学互助团》 183

《国文之将来》 181, 182, 280

《国学概论》 81, 99, 124, 136, 141, 195, 205, 261

《国学讲演录》 195

《国学入门书要目及其读法》 221

《国语改造的意见》 80, 135, 259

《〈国语讲习所同学录〉序》 124

《国语教学的兴趣》 106

《国语为什么应该研究》 105

《国语文学史》 106, 107, 108, 132, 136, 293

《〈国语文学史〉代序》 108

《国语文学谈》 80, 259

《国语运动》 124

《国语运动的历史》 142

《过客》 246

《过去的生命》 109

H

《骸骨之迷恋》 276

《海宁王忠悫公传》 27

《海上花列传》 305, 306

《〈海上花列传〉序》 306

《海外天》 22

《汉宋学术异同论》 297

《汉魏六朝专家文研究》 82

《汉文学史纲要》 33, 54, 254, 256, 263, 266, 301

《汗漫录》 212

《呵旁观者文》 221

《河南》 247, 253

《恨海》 131

《红楼梦》 130, 131, 278, 279, 305, 306

《红楼梦考证》 77

《红楼梦评论》 27

《溽南遗老集》 245

《胡适的日记》 106, 107, 123, 126, 131, 134, 181, 197, 308, 309

《胡适的述学文体》 196, 226, 337, 338

《胡适古典文学研究论集》 31, 78, 123, 196, 207, 228, 289, 306, 307, 310, 312, 318, 319

《胡适红楼梦研究论述全编》 305, 312

《胡适口述自传》 282, 298, 315

《胡适来往书信选》 125, 126, 292

《胡适留学日记》 284, 285, 309, 310

《胡适留学日记·自序》 284

《胡适论学近著》 286, 288

《胡适论学近著·自序》 286

《胡适全集》 147, 280

《胡适文存》 77, 131, 157, 282, 283, 285, 286, 287, 288, 292, 307, 310, 316, 319

《胡适文存二集》 131, 132, 133, 136, 287, 288

《胡适文存二集·序》 285

《胡适文存三集》 265, 288, 292, 302, 307, 316, 317

《胡适文存三集·自序》 317

《〈胡适文存〉四部合印本自序》 288

《胡适文存四集》 288

《胡适文存·序例》 285, 286, 287

《胡适文集》 108, 142, 293, 302, 314, 317, 320

《胡适文选》 77, 283

《〈胡适文选〉指导大概》 77, 283, 304, 305, 318

《胡适先生二三事》 316

《胡适学术文集·中国哲学史》 291

《胡适演讲集》 317

《胡适杂忆》 282, 287, 305

《"胡适之体"和"鲁迅风"》 272

《胡适之先生给我两项最深的印象》 121

《胡适之先生年谱长编初稿》 303, 312

《胡适之先生晚年谈话录》 310

《胡适致陈独秀》 125, 126

《湖南自修大学介绍与说明》 177

《湖南自修大学组织大纲》 176

《护国之役回顾谈》 102

《花边文学·看书琐记》 252

《花边文学·略论梅兰芳及其他（上）》 252

《华盖集》 249

《〈华盖集〉题记》 249

《〈华盖集续编〉小引》 249, 257

《华工学校讲义》 155, 158, 170, 181

《〈华工学校讲义〉序》 154

《黄黎洲先生的学说》 78, 297

《黄钰生同志纪念集》 62

《回任北大校长在全体学生欢迎会上的演说词》 168

《回忆梁启超先生》 114, 115, 116

《回忆鲁迅先生·鲁迅先生两次回北京》 56

《惠施公孙龙之哲学》 293, 294

《惠兴女士传》 47

J

《吉本自传》 241

《集外集·文艺与政治的歧途》 252

《〈集外集〉序言》 54, 57, 181, 254

《几个反理学的思想家》 292

《记蔡子民先生的事》 87, 153

《记京师大学堂学生拒俄事》 64

《记梁任公先生的一次演讲》 113, 114

《记章太炎先生》 140

《迦茵小传》 184

《箫吹弦诵情弥切》 185

《甲寅》 252

《假如我的年纪回到二十岁》 159

《"兼容并包"的大学理念》 187

《检论》 81, 191, 192, 196, 228

《检论·通程》 205

《建设的文学革命论》 306, 318

《将来之日本》 212

《教会学校与中国文化》 106

《教民榜文》 45

《教育大辞书》 166

《教育的根本要从自国自心发出来》 199

《教育家的自家田地》 102

《教育讲演团征集团员启》 70

《教育今语杂志》 52, 78, 97, 294, 296

《教育今语杂志章程》 97

《教育应用的道德公准》 103

《孑民文存》 180

《鲒埼亭集》 230

《鲒埼亭集·答问南雷学术帖子》 232

《介绍几部新出的史学书》 309

《今古学考》 197

《金明馆丛稿二编》 272

《近世第一女杰罗兰夫人传》 216, 217, 218, 219, 221, 222

《京华百二竹枝词》 44

《经典是怎样形成的——周氏兄弟等为胡适删诗考》 128

《经国美谈》 87, 88

《经学历史》 191

《经义述闻》 197

《精读指导举隅》 153

《精神的魅力》 146, 185

《警钟日报》 44, 48, 76

《竞业旬报》 314

《敬悼吾师蔡子民先生》 97

《敬告宣讲所主讲的诸公》 45

《敬业学报》 177

《九辩》 256

《九命奇冤》 131

《旧戏台上的文明戏——田际云与北京"妇女匡学会"》 48

《就任北京大学校长演说》 161

《拒俄运动》 63

《觉世与传世——梁启超的文学道路》 22

K

《看镜有感》 247

《康熙圣谕》 45

《科培尔哲学要领》 157

《科学的古史家崔述》 303, 320

《科学的人生观》 106

《科学方法论》 152

《科学救国之梦——任鸿隽文存》 53

《孔子改制考》 197

《〈苦闷的象征〉引言》 270

《苦竹杂记》 33

《〈苦竹杂记〉后记》 33

L

《老北大的故事》 185

《老残游记》 131, 305, 318

《老学庵笔记》 18, 331

《李鸿章》 214, 221

《李霁野文集》 56

《历代名臣言行录》 157

《历史地理学与现代中国史学》 21

《历史统计学》 102

《历史学的理论和实际》 217

《历史学作为一种艺术》 238

《历史与实践》 23

《历史著作史》 217, 218, 240

《励耘书屋问学记》 227

《练习演说会之发达》 44

《梁启超》 223

《梁启超论清学史二种》 202, 231, 232, 236

《梁启超年谱长编》 40, 102, 103, 104, 117, 125, 139

《梁启超启事》 104

《梁启超早期史学思想与浮田和民的〈史学通论〉》 210

《梁任公近著第一辑》 268

《梁任公先生》 222, 223, 224

《梁任公先生印象记》 114, 115, 120

《梁任公学术讲演集》 102, 103

《梁实秋怀人丛录》 112, 113, 122, 316

《两地书》 55

《裂变中的传承》 80

《刘师培论学论政》 48

《刘师培生平和著作系年》 48

《刘知几与章实斋之史学》 20

《柳无忌来信按语》 313

《鲁迅的小说类型研究》 264

《鲁迅的印象》 265

《鲁迅和他的前驱》 250

《鲁迅辑校古籍手稿》 267

《鲁迅讲演考》 57, 254

《鲁迅论外国文学》 251

《鲁迅论中国古典文学》 251

《鲁迅论中国现代文学》 251

《鲁迅全集》 35, 54, 55, 57, 152, 181, 189, 243, 245, 246, 247, 248, 249, 251, 252, 253, 254, 255, 256, 257, 258, 259, 260, 261, 262, 263, 264, 267, 269, 270, 271, 275, 279, 286, 312, 313, 338

《鲁迅日记》 264

《鲁迅小说史大略》 265

《鲁迅演讲资料钩沉》 56, 57, 254

《鲁迅著译书目》 247

《鲁迅自传》 247

《略读指导举隅》 153

《伦理学原理》 163

《论白话报与中国前途之关系》 48

《论国文的趋势及国文与外国语及科学的关系》 182

《论激烈的好处》 297

《论近世文学之变迁》 232

《论历史》 238, 240

《论历史学之过去与未来》 239

《论鲁迅先生的"硬译"》 268

《〈论七略别录与七略〉跋》 223

《论人望》 51

《论式》 30, 207, 289, 310

《论书法》 215, 222

《论速记法》 87
《论提倡演说》 50
《论体裁描写与中国新文艺》 243
《论文偶记 初月楼古文绪论 春觉斋论文》 30
《论文十六忌·忌剽袭》 30
《论文杂记》 80, 280, 297
《论小诗》 110
《论小说与群治之关系》 211
《论中国学术思想变迁之大势》 191, 218
《论中国宜遍设白话演说所》 41, 50, 58
《论作文法》 29, 333
《罗兰夫人传》 214
《罗马帝国衰亡史》 216, 240
《罗马史》 215
《罗马兴亡史》 216
《罗壮勇公年谱》 303

M

《马克思主义与语言哲学》 15
《马上日记之二》 246, 252
《马相伯集》 60, 90

《马相伯先生文集》 90
《马相伯先生文集·凡例》 90
《毛主席语录》 25
《美国山格夫人在北大讲演启事》 96
《美术的价值》 176
《美术的起源》 183
《美文》 109
《美育》 172
《门外文谈》 246, 262
《迷信与心理》 152
《民报》 189, 207, 253
《名臣言行录》 156
《名教》 288
《名人和名言》 262
《〈名人与北大〉序》 146
《明见》 192, 195, 202
《明解故上》 207, 289
《明儒学案》 156, 229, 230
《明儒言行录》 156
《摩罗诗力说》 22, 253, 332
《〈摩罗诗力说〉材源考》 22
《墨子间诂》 195

书名、篇名索引

N

《呐喊》 244

《南北学派不同论》 297

《南海康先生传》 214, 221

《南开大学校史》 62

《南雷文案·李杲堂文钞序》 232

《念人忆事》 121

《念朱自清先生》 277

《努力周报》 105

《女子与文学》 110, 136

O

《欧洲战役史论》 239

P

《佩弦先生》 70

《平民教育讲演团报告》 71

《平民教育讲演团分组单》 70

《平民教育讲演团广告》 67

《平民教育讲演团开第三次常会纪略》 71, 72

《平民教育讲演团启事》 70, 72

《"评尝试集"匡谬》 123, 135

《评胡适〈白话文学史〉上卷》 305

Q

《齐白石年谱》 303

《齐物论释》 192, 193, 194, 195, 196

《前尘琐记》 53

《钱宾四先生论学书简》 31, 208, 225, 226, 227, 229, 230, 283, 308, 321

《钱穆与新儒家》 229

《钱玄同年谱》 77, 294, 298

《钱玄同先生传》 77, 294, 298

《钱仲联论清诗》 94

《钱仲联先生跋语》 94

《且介亭杂文》 246

《〈且介亭杂文〉序言》 246, 248

《青年必读书》 263

《清代学术概论》 125, 198, 200, 214, 218, 222, 225, 230, 232, 240, 273

《清代学术概论·自序》 222

《清季的立宪团体》 43, 44

《清末的下层社会启蒙运动：1901—1911》 45, 48, 52, 58

《清末新知识界的社团与活动》 44

381

《清议报》 87, 212

《秋瑾集》 41, 48

《秋夜纪游》 246

《訄书》 30, 190, 191, 192, 193, 194, 197, 207, 228, 288

《訄书·学变》, 205

《屈原研究》 102

《劝学篇》 50, 51

R

《热风》 247

《人间词话》 27

《人间世》 303

《人权论集序》 288

《人权与女权》 102

《人之历史》 247

《壬子日记》 55

《仁学》 197

《日本的小诗》 110, 112

《日本近代国语批判》 50, 87

《日知录》 17, 20, 30, 227, 293, 331

《日知录集释》 30

S

《三松堂自序》 14, 291

《〈三闲集〉序言》 249

《上海文艺之一瞥》 248

《少读中国书，做好事之徒》 56

《少年中国》 183

《少年中国说》 221

《社会科学的措辞》 13

《社会主义讲习会资料》 42

《申报》 81, 99, 119, 124, 140, 141

《申报·自由谈》 246

《神灭论》 205

《胜业》 109

《圣书与中国文学》 109

《圣谕广训》 45

《省教育会通告》 99

《失落在异邦的"国故"》 194

《师友杂忆》 229

《诗骚传统与文学改良》 126

《十二个》 246

《〈十二个〉后记》 246

《十九世纪历史学与历史学家》 218

《十年的"南开"生活》 62

《十五年来我国大学教育之进步》 161

书名、篇名索引

《〈十五小豪杰〉译后语》 22
《什么是文化》 103
《什么是文学》 319
《石头记索隐》 157, 178, 184
《时报》 223
《时事新报》 183, 245
《时事新报·觉悟副刊》 181
《时事新报·文学旬刊》 276
《实验演说学》 76
《实验主义》 292
《实用主义》 98
《史地学报》 21, 98
《史通》 9, 193, 196, 325
《史学史研究》 209
《史学通论》 209
《史学原论》 209
《世界日报》 253
《市民对于教育之义务》 97
《逝者如斯集》 154
《述学》 284
《水浒传考证》 77
《顺天时报》 41, 48, 49, 50, 58, 265
《说常识》 216

《说林》 18
《说儒》 291
《说宣讲所》 46
《说演说》 40
《思想革命》 259
《思想界的倾向》 100, 135
《思想训练的原理》 106
《思想与时代》 218, 239
《厮役演说》 43
《四库全书总目》 156
《四十六年前我考进母校的经验》 64
《四十年南开学校之回顾》 155
《宋明理学概述》 229
《宋恕集》 42
《宋元的白话韵文》 106
《宋元戏曲考》 27
《宋元学案》 229

T

《太白》 262
《太平洋》 196
《"太学"传统——老北大的故事之一》 186

《太炎先生自定年谱》 206, 207, 228

《谈虎集》 259, 286

《谈话术》 76

《谈龙集》 286

《谈龙集·序》 286

《谈谈文风和资料工作》 227

《唐宋传奇集》 266

《题记》 262

《"题未定"草（二）》 270, 271

《"题未定"草（六）》 251

《〈天演论〉译例言》 32

《天义报》 42

《听梁任公讲演》 114

《通程》 204

《通典》 9, 205, 206

《通信》 89, 90, 295, 296, 298

《退庵日记》 175

W

《完美的人格》 70

《晚清两大家诗钞题辞》 126, 128

《晚清学堂学生与社会变迁》 63

《万木草堂口说》 53, 293

《（汪容甫）行状》 284

《亡友鲁迅印象记·从章先生学》 117

《王船山先生的学说》 78

《王荆公》 221

《王荆公年谱考略》 320

《为北大音乐会代拟章程》 177

《为组织学术讲演会呈教育部文》 177

《〈伪自由书〉前记》 248, 249

《魏晋风度及文章与药及酒之关系》 254

《文变》 182

《文辨》 245

《文论要诠》 208

《文明论概略》 51

《文明小史》 37, 59, 131

《文史通义》 8, 9, 18, 19, 193, 196, 197, 233, 325

《文说》 16, 330

《文坛三忆》 70

《文心雕龙讲录》 82

《文学的讨论》 134

《文学改良刍议》 267, 293, 295

《文学理论》 244

《文学论略》 228

《文学上的俄国与中国》 109

《文学史的形成与建构》 27

《文学史视野中的"大学叙事"》 185

《文学语言与文章体式》 46

《文学周报》 243

《文学总略》 319

《文艺的统一》 134

《文艺上的宽容》 134

《文艺与批评》 269

《文则》 15

《文则　文章精义》 15

《文章一贯》 16, 29, 330

《闻一多全集》 63

《我的歧路》 288

《我对于周豫才君之追忆与略评》 253

《我国自成体系的翻译理论》 32

《我们的政治主张》 95, 122, 288

《我为什么反对一流学者当校长》 187

《我在北京大学当学生的时候》 145, 146

《我在北京大学的经历》 164, 165, 167, 170, 173, 186

《我怎么做起小说来》 242, 243

《无声的中国》 35, 257, 261

《无题》 193

《吾人所受于欧战之教训》 175

《吾师蔡孑民先生哀悼辞》 40, 174

《五朝名臣言行录》 156

《五朝学》 208

《五十年来的中国哲学》 91, 202, 203

《五十年来中国之文学》 31, 78, 108, 123, 196, 207, 228, 287, 289, 301, 304, 307, 310, 311, 318, 319

《"五四"时期的自由辩论》 36

《五四运动回忆录（续）》 153, 156

《五四运动史（修订本）》 70

《五四运动：现代中国的思想革命》 74

《戊戌政变记》 39

X

《西潮》 170

《西洋史》 309, 312

《西滢闲话》 77, 283, 311

《希腊和罗马名人传》 238

《戏园子进化》 46, 47, 48

《侠隐记》 131

《夏威夷游记》 212

《先秦名学史》 291

《先秦名学史·前言》 291

《先秦政治思想史》 103, 139

《现代电影与有产阶级》 248

《现代评论》 309

《现代中国文学史》 222

《详请奏设存古学堂文》 80

《〈小说旧闻钞〉再版序言》 266, 271

《小说史：理论与实践》 46, 264

《小说月报》 222, 224

《小学答问》 193

《校雠通义》 190

《校风》 177

《校园里的"真精神"——老北大的故事之二》 186

《写在〈坟〉后面》 247, 258, 260, 261, 262

《新潮》 151, 152, 160, 183

《新潮社的始末》 153, 156

《新村的理想与实际》 109

《新方言》 192, 193

《新教育》 124

《新民丛报》 20, 22, 191, 210, 211, 214, 222, 223, 224, 228

《新民说》 216, 221

《新青年》 25, 77, 78, 79, 89, 90, 151, 152, 171, 180, 267, 294, 295, 296, 298

《新生》 253

《新史学》 209, 210, 211, 214, 215, 216, 222, 238

《新文学的要求》 109

《新文学运动以来的十部著作》 77

《新小说》 37, 41, 44, 46, 49, 50, 58, 59, 75, 88, 211, 214

《新学伪经考》 197

《新月》 92, 268

《新中国未来记》 36, 37, 44, 57, 75, 87, 88

《〈新中国未来记〉第三回总批》 75

《新中国未来记·绪言》 46

《信史上》 199

《雄辩会布告·北京大学法科雄辩会国语辩论成绩表》 68

《雄辩会开会》 67

《雄辩会通告》 73

《雄辩术》 76

《修辞学》 74, 83

《修辞学发凡》 16, 244

《绣像小说》 37

《徐懋庸作〈打杂集〉序》 248, 249, 275

《叙述学与小说文体学研究》 244

《续侠隐记》 131

《学部为遵旨不许学生干预国家政治、联盟纠众、立会演说等知照大学堂》 65

《学灯》 245

《学衡》 20, 98, 100, 111, 122, 123, 239, 265

《学界镜》 37, 59

《学究新谈》 37, 59

《学人自述》 82

《学术讲演会启事一》 86

《学术讲演会特别启事》 86

《学术讲演与白话文学——1922年的风景》 82

《学问该如何表述——关于〈章太炎的白话文〉》 316

《学问寻绎的措辞学》 13

《学问之趣味》 102, 103

《学务纲要》 64

《寻找鲁迅 鲁迅的印象》 265

Y

《严复的翻译》 32

《严复集》 32

《言行杂录》 157

《研究国故的方法》 181

《研究文化史的几个重要问题》 103

《演讲·雄辩·谈话术》 76

《演讲学》 76

《演讲学大要》 76

《演说》 41, 58, 59
《演说的好处》 40, 41, 48
《演说的要点》 105
《演说规则》 60
《演说集》 155, 158
《"演说现场"的复原与阐释——"现代学者演说现场"丛书总序》 179
《演说学》 76
《演说学ABC》 76
《演说学大纲》 76
《演说学概要》 76
《演说学讲义》 76
《燕知草》 259
《〈燕知草〉跋》 33, 79, 260
《杨刘二士合传》 236
《要籍解题及其读法》 221
《野草》 246
《叶天寥年谱》 303
《〈叶天寥年谱〉研究》 303
《叶紫作〈丰收〉序》 275
《一般》 260
《伊凡和马理》 246, 252

《仪老日记》 63
《以美育代宗教说》 87, 171
《以美育代宗教说——在北京神州学会演说词》 171
《艺术论》 269
《〈艺术论〉译本序》 248
《艺术与生活》 80, 110, 259
《忆东南大学讲学时期的梁启超》 100, 101
《忆刘半农君》 246
《忆岂明先生》 112
《忆史学家柳诒徵先生》 120
《忆太炎先生》 89, 117, 181
《忆韦素园君》 246
《忆周作人先生》 112, 113
《益森画报》 43
《益世报》 223
《意大利建国三杰传》 214, 219, 220, 221
《〈音乐杂志〉发刊词》 177
《饮冰室合集》 126, 239
《饮冰室合集·文集》 128
《饮冰室合集·专集》 38, 39, 130,

138, 174, 213, 217, 219, 220, 221, 314

《饮冰室文集》 113

《饮冰室自由书·传播文明三利器》 38, 39, 174

《英文演说奖金条例》 67

《英雄传》 215, 216, 217, 220

《硬译与文学的阶级性》 248

《"硬译"与"文学的阶级性"》 268, 269

《永日集》 33, 79, 260

《由南高到东大》 117

《犹记风吹水上鳞——钱穆与现代中国学术》 31, 208, 225, 226, 227, 228, 229, 230, 283, 308, 321

《犹贤博弈斋诗钞》 277

《有声的中国——"演说"与近现代中国文章变革》 179, 337, 338

《有思想的学问家》 189

《余杭章氏学别记》 201

《与邓实书》 207, 288

《与高阳书》 305

《与梁启超书》 32

《与罗振玉书》 199

《与思顺书》 104

《与王鹤鸣书》 284

《与学者结缘》 187

《宇宙风》 118, 120

《雨天的书·生活之艺术》 172

《语丝》 172, 246

《语言缘起说》 203, 207, 287, 289

《域外小说集》 266, 269

《袁崇焕传》 221

《原道》 195, 202

《原法》 195

《原名》 192, 195, 202, 203

《原墨》 195

《原学》 207, 289

《源远流长之南京国学》 145, 146

《月月小说》 37

《粤东名儒言行录》 157

Z

《杂忆》 247

《再论中学的国文教学》 131, 132, 133, 136

《再论中学国文的教授》 106, 131

《在爱国女校之演说》 177

《在卜技利中国学生会演说词》 148

《在杭州方言学社开学日演说词》 174

《在旧金山华侨欢迎会的演说词》 148

《在南开学校敬业励学演说三会联合讲演会上的演说词》 177

《在南开学校全校欢迎会上的演说词》 177

《在燕京大学男女两校联欢会上的演说词》 183

《早期的南开中学》 62

《怎样阅读和理解历史》 238

《张伯苓教育论著选》 155

《张元济日记》 126

《章实斋年谱》 292, 302, 303

《章氏之学》 81

《章太炎的白话文》 53, 79, 199, 316

《章太炎的讲学》 118, 120

《章太炎国学讲演集》 124, 141

《章太炎讲学第三日纪》 124

《章太炎讲学第一日记》 99

《章太炎来简》 228

《章太炎年谱长编》 192

《章太炎全集》 199, 205, 207, 284, 288

《章太炎生平与学术》 201

《章太炎先生国学讲演集》 99

《章太炎先生晚年在苏州讲学始末》 140

《章太炎先生在苏州》 81

《章行严先生苌雄辩会演说纪要》 84

《哲学大纲》 157

《这一周》 287

《征集全国近世歌谣启事》 177

《整理国故与"打鬼"》 265, 292, 302, 307

《知堂回想录·民报社听讲》 117

《知新室新译丛》 41, 58, 59

《知新室新译丛·演说》 41, 49

《职业的国会代替省城的国会》 73

《治国学的两条大路》 102

《致方豪》 227

书名、篇名索引

《致〈公言报〉函并答林琴南函》 167, 184, 186, 265, 299
《致龚未生书十五》 192
《致国粹学报社书》 201, 276
《致汪精卫君书》 170
《致汪兆铭函》 154, 170
《中国白话报》 78, 297
《中国大学十讲》 82
《中国古代哲学史》 307
《中国古代哲学史大纲序》 299, 315
《〈中国古代哲学史〉台北版自记》 310
《中国近代教育史资料》 65
《中国近代启蒙思想史》 191, 202, 203
《中国近代思想史上的胡适》 282, 299
《中国近代思想学说史》 190, 191
《中国近代思想与学术的系谱》 42
《中国近代学制史料》 59, 60
《中国近六十年史讲义》 87
《中国近三百年学术史》 53, 202, 218, 231, 232, 235, 236
《中国经学史讲义》 191
《中国理学大家颜习斋先生的学说》 78, 297
《中国历代大学史》 146
《中国历代大学学制述》 147
《中国历史》 20
《中国历史研究法》 92, 93, 216, 220
《中国历史研究法补编》 216, 232, 233, 234, 235
《〈中国历史研究法〉序》 93
《中国伦理学史》 157, 178, 184
《中国前途之希望与国民责任》 216
《中国神话研究》 245
《中国史学名著》 78, 94
《中国速记学》 88
《中国速记应用的历史、现状、问题及建议》 88
《中国现代学术经典·梁启超卷》 198, 200, 211, 214, 215, 220, 222, 230, 232, 233, 234, 235

391

《中国现代学术经典·章太炎卷》 192, 194, 199, 203, 204, 206, 207, 311, 320

《中国现代学术之建立》 5, 6, 8, 10, 206, 253, 288

《中国小说的历史的变迁》 252, 254, 255, 278

《中国小说发达史》 106

《中国小说史略》 33, 54, 242, 252, 254, 255, 256, 262, 265, 266, 273, 278, 279, 301, 312, 313

《〈中国小说史略〉题记》 262

《〈中国小说史略〉序言》 264

《中国新文学大系》 294

《〈中国新文学大系·建设理论集〉导言》 280

《中国新文学大系·建设理论集》 295

《〈中国新文学大系〉小说二集序》 152

《〈中国新文学的源流〉》 92

《中国新文学的源流》 92, 136, 266, 280

《中国修辞学史稿》 16

《中国学家的小说史研究》 27

《中国学术思想史随笔》 81, 120

《中国韵文里头所表示的情感》 113

《中国哲学的特质》 93

《〈中国哲学的特质〉小序》 93

《中国哲学史大纲》 14, 26, 33, 77, 125, 195, 202, 266, 282, 284, 289, 290, 291, 292, 299, 300, 301, 303, 307, 310, 311, 314, 328, 329

《中国哲学史大纲·再版自序》 287

《中国政治思想史》 103

《中国中古文学史》 21

《中国中古文学史 论文杂记》 21, 280, 297

《中華文人の生活》 278

《中学国文的教授》 106, 131, 310, 315, 316

《中学修身教科书》 157

《中学以上作文教学法》 103, 128, 129, 130, 136, 137, 139

《〈中学以上作文教学法〉序言一》 130

《〈中学以上作文教学法〉序言二》 137

《重释"信达雅":二十世纪中国翻译研究》 269

《周谷城史学论文选集》 36

《周予同经学史论著选集(增订本)》 191

《周作人回忆录》 40, 118, 200

《周作人日记》 108, 109, 110

《周作人谈往事》 253

《朱子全书》 156

《朱子语类》 271

《朱自清全集》 77, 153, 158, 183, 277, 283, 304, 305, 318, 319

《诸子不出于王官论》 196

《诸子学略说》 25, 196, 200

《庄子哲学浅释》 300

《追念相伯夫子并略述其言行》 61

《追忆蔡元培》 40, 87, 153, 174, 187

《追忆胡适》 121

《追忆梁启超》 101, 102, 113, 114, 115, 116, 120, 223

《追忆王国维》 27

《追忆章太炎》 81, 89, 99, 117, 125, 140, 181, 189

《准风月谈》 246

《自定年谱》 192

《自立门户与径行独往》 200

《自述学术次第》 192, 193, 194, 202, 206, 207

《自写年谱》 154, 158, 176, 186

《〈自选集〉自序》 246

《自由书·不婚之伟人》 216

《自由书·传播文明三利器》 213, 314

《左忠毅公传》 236

《作为文学史家的鲁迅》 272

《作为"文章"的"著述"》 253

《作文教学法》 130, 138, 216, 220, 221

《做"杂文"也不易》 249

后 记

十八年前酝酿此书，原本不该拖到现在才草草收兵的。只怨自己胃口太大，想做的事情太多，于是，东奔西跑、南征北战，反而耽搁了主业。头两年写得比较顺畅，最近几年则没有什么进展。除了其他研究计划的挤压，还有就是继续推进中碰到了若干障碍，具体情况我在前言中做了交代。

将诸多文章编辑成书，为凸显整体感，各文后面的写作时间及刊发状态理应删去，留在这里集中呈现：

第一章《现代中国的述学文体——以"引经据典"为中心》，2001年4月2日撰于京北西三旗，系作者在"多元之美"比较文学国际学术研讨会（北京，2001年4月8—10日）上的发言稿，初刊《文学评论》2001年4期，又见《2001中国年度文论选》（桂林：漓江出版社，2002年1月）、乐黛云与孟华编《多元之美》（北京：北京大学出版社，2009年6月）等。

第二章《有声的中国——演说与近现代中国文章变革》，初稿2005年4月28日在"亚洲视野中的中国学"（"东京大学论坛2005 AT北京大学"）上宣读；二稿于2006年1月20日在韩国成均馆大学召开的"东亚近代言语秩序的形成与再编"国际学术研讨会上发表;三稿提交给东京大学主办的"近代东亚的知识生产与演变"国际学术研讨会(2006年7月21日)。与会诸君的评议及提问,使我的思考得以不断深入,此文2006年8月16日定稿于京西圆明园花园。初刊《文学评论》2007年3期,《新华文摘》2007年17期转载;收入王汎森编《中国近代思想史的转型时代》,台北:联经出版事业公司,2007年12月;韩文译本刊《大东文化研究》58号,首尔:大东文化研究院,2007年6月;英译本 *An audible China: Speech and the innovation in modern Chinese writing*,载 *Frontiers of Literary Studies in China*,3:2, June 2009。

第三章《学术讲演与白话文学——1922年的"风景"》,2002年4月1日演讲于华东师范大学,同年5月整理成文,部分记录稿曾以《1922年的"风景"——四位文化名人的演讲风采》为题,刊2002年5月31日《文汇读书周报》;全文刊《现代中国》第三辑,武汉:湖北教育出版社,2003年5月。

第四章《何为"大学"以及如何"大学"——蔡元培的学术立场及文体意识》,2009年7月23日初稿于香港中文大学客舍,2010年2月15日(大年初二)改定于京西圆明园花园,最初以《何为"大学"——阅读〈蔡子民先生言行录〉》为题,发表于《学术月刊》2010年4期;此文原为《何为大学——〈蔡子民先生言行录〉》(台北:大块文化出版公司,2011年;北京:海豚出版社,2012年)的"导读",作为论文刊发时,第六节有较大改动。相比此前若干种《蔡子民先生言行录》,如北京大学出版部1920

年版、台北文海出版社1973年版（收入"近代中国史料丛刊"第九十四辑940册）、上海书店1990年版（收入"民国丛书"第二编综合类96，与《吴虞文录　吴虞文续录　别录》合订成册）、山东人民出版社1998年版、广西师范大学出版社2005年版，"大块文化"版乃是配插图的普及读物，仅收入《就任北京大学校长之演说》（1917年1月）、《〈北京大学月刊〉发刊词》（1918年1月）、《〈北京大学二十周年纪念册〉序》（1918年4月）、《〈新闻学大意〉序》（1918年8月）、《在北京大学新闻学研究会成立之演说》（1918年10月）、《在北京大学画法研究会之演说词》（1918年10月）、《致〈公言报〉函并答林琴南函》（1919年3月）、《回任北京大学校长在全体学生欢迎会演说》（1919年9月）、《北大二十二周年开学式之训词》（1919年9月）、《国文之将来》（1919年11月）、《燕京大学男女两校联欢会的演说》（1920年10月）、《与北京大学学生话别》（1920年10月）等短文。正因篇幅有限，精心挑选的结果，更凸显了作为教育家的蔡元培之远见卓识。

第五章《兼及"著作"与"文章"——关于章太炎的〈国故论衡〉》，2002年8月25日撰于京北西三旗，本文乃上海古籍出版社2003年版《国故论衡》的"导读"，删去第五节"本书体例"，以《兼及"著作"与"文章"——略说〈国故论衡〉》为题，初刊《浙江社会科学》2003年1期。

第六章《"元气淋漓"与"绝大文字"——梁启超及"史界革命"的另一面》，2002年8月13日初稿于京北西三旗，2002年9月7日修订于台大长兴街寓所，初刊《文学评论》2003年3期，又见

（台湾）《古今论衡》九辑（2003年7月）；人大报刊复印资料《中国近代史》2003年8期；《21世纪中国文学大系·2003年文学批评》（沈阳：春风文艺出版社，2004年2月）等。

第七章《分裂的趣味与抵抗的立场——鲁迅的述学文体及其接受》的写作及发表比较复杂，2001年11月9日演讲于日本东方学会第51届年会，2002年12月20—29日二稿于台北长兴街客舍，2003年12月25—31日三稿于京北西三旗，2005年1月6—10日定稿于京西圆明园花园；初刊《文学评论》2005年5期，又见人大报刊复印资料《中国现代、当代文学研究》2006年1期；《2005文学评论》（北京：人民文学出版社，2006年1月）；英译本 *Taste and Resistance : Lu Xun's Scholarly Style and its Reception, Frontiers of Literary Studies in China,* Volume 1, Number 2, May 2007；《十年论鲁迅——鲁迅研究论文选（2000—2010）》（南京：南京大学出版社，2015年7月）等。

第八章《"精心结构"与"明白清楚"——胡适述学文体研究》，2001年12月4日撰成于京北西三旗，最初以《胡适的述学文体》（上、下）为题，刊《学术月刊》2002年7、8期；又见人大报刊复印资料《中国现代、当代文学研究》2002年12期；《"精心结构"与"明白清楚"：胡适述学文体研究》，刊台北《"中央研究院"近代史研究所集刊》38期，2002年12月。

上述文章之得以完成并问世，除了感谢上述各次会议的组织者、各刊物及出版社的编辑，我想特别向《文学评论》编辑部致意——直到编辑成书，我才注意到全书有一半篇章是在此大刊发表的。需要说明的是，当初两岸学术交流很不通畅，大陆、台湾两地杂志同时（或交叉）刊文，是得到双方允许的。另外，附录一《关于现代中国的"述学文体"》曾入三联书店版《学者的人间情怀——跨世纪的文化选择》，附录二《如何"述学"，什么"文体"》曾入三联书店版《花开叶落中文系》，因与本书的形成过程及整体构思密切相关，故破例重收。

与往常一样，作为本书各章的第一读者，夏晓虹教授曾给予作者很多鼓励与指点，特此致谢。

2019 年 9 月 21 日于京西圆明园花园